Andalusien

W0222565

Eine Übersichtskarte von Andalusien mit den eingezeichneten Reiseregionen finden Sie in der vorderen Umschlagklappe.

Karoline Gimpl

Andalusien

Andalusien – Kunst und Natur

Andalusien

Kunst und Natur wie aus dem Bilderbuch

Schon die Erwähnung seines Namens löst tiefe Emotionen aus und weckt unzählige Erinnerungen: Andalusien heißt das Zauberwort – ein Land der Kontraste mit magischer Kraft und Feuer, entfacht durch Jahrtausende von Geschichte, und ein Schmelztiegel der Kulturen. Keltiberer, Phönizier, Griechen, Römer, Vandalen und Mauren, sie alle haben ihre Fußspuren hinterlassen. Die Schönheiten ihrer Kunst- und Naturdenkmäler lassen einen wünschen, die Zeit bliebe stehen, um noch mehr davon in sich aufzusaugen. Doch das beste Argument, eine Reise nach Andalusien zu unternehmen, sind die Andalusier selbst. Die Leute sind eine Einladung aus Fleisch und Blut. Sie lassen ihre Lebensfreude und Vitalität und eine Mischung aus Ironie, Respekt und Klugheit spüren.

Sich Andalusiens Eigenart anzunähern ist eine Herausforderung, so groß ist seine geographische und seine kulturelle Vielfalt, zu der die maurische Architektur wie aus Tausendundeiner-nacht genauso gehört wie hämmernder Flamenco-Rhythmus. In unserer romantischen Phantasie entzünden sich Bilder von glutäugigen Señoritas mit einer roten Nelke im Haar, dem stolzen Caballero, der das hautenge Jackett knapp über der schmalen Hüfte trägt, den breitkrempigen Hut tief in die Stirn gerückt. Majestätische Pferde und einsame Matadore, die in der sonnendurchglühten Arena ihr Leben gegen das des Stieres setzen, fromme Büßer mit spitzen Hüten und rauschende Kleider in der Semana Santa, in den Karwochenprozessionen. Man denkt an Tavernen mit dicken Schinkenkeulen, die von der Decke hängen, gestapelten Sherry-Fässern und Karaffen voller Olivenöl. All diese Klischees treffen zu, doch Andalusien ist noch viel mehr: Und das erklärt sich aus der glanzvollen Vergangenheit, der Zeit der Kalifen und der Seefahrer, von denen die Bauwerke erzählen. Postkartenmotive in wild zerklüfteten Landschaften, endlose Olivenhaine vor Bergkulissen, Weinberge und Stierherden sind Andalusiens Bühne.

»Andalucía sólo hay una«, wirbt das Tourismusamt, denn nur Andalusien ist so einmalig, das es sich aufgrund der kulturellen und landschaftlichen Bandbreite dieses Etikett anheften darf! Dabei wäre es doch gar nicht nötig, das noch zu erwähnen! Die arabische Palaststadt Alhambra in Granada ist bereits das meistbesuchte Monument Spaniens, Andalusiens Hauptstadt Sevilla holte mit der Expo 1992 die Welt ans Ufer des Guadalquivir und die Costa del Sol eroberten Tausende von Sonnenhungrigen schon in den 60er Jahren. Der Tourismus ist und bleibt für Andalusien der Motor seiner wirtschaftlichen Entwicklung. Etwa 15 Prozent des Bruttosozialprodukts der Region wird vom Tourismus erzielt. Und jedes Jahr bestätigen sich diese Zahlen.

Unbestrittenes Juwel der Alhambra in Granada ist der Löwenhof

In erster Linie sind es die Spanier, die ihre Sommerferien im eigenen Land verbringen wollen, nämlich 70 Prozent, gefolgt von 20 Prozent Briten. Eine wesentliche Veränderung der letzten Jahre stellt die Entwicklung zum sogenannten Residentialtourismus dar, das heißt schon 40 Prozent aller Urlauber verbringen die Urlaubszeit entweder im eigenen Häuschen oder in einer Casa Rural, einem gemieteten Landhaus mit Selbstverpflegung. Ohnehin ist das Interesse an Kulturangebot und Naturparks gegenüber dem Strandurlaub stark gestiegen. Doch trotz allen Massenandrangs bewahrte sich Andalusien erstaunlicherweise seinen Charme und seine Originalität. Die Klischeebilder von Don Juan und Carmen bleiben Abziehbilder, hinter denen sich nach wie vor das echte Andalusien zeigt – »Andalucía sólo hay una!«

Arcos de la Frontera, »Weiße Königin der Sierra«

Um seine Bedeutung als geographischer Raum zu unterstreichen, reicht ein Blick auf die Landkarte: Es ist von der Fläche her das zweitgrößte spanische Bundesland, nur Kastilien-León überbietet noch die 87 268 Quadratkilometer des Landstrichs im Süden. Gemessen an der Einwohnerzahl, beinahe acht Millionen, ist Andalusien die Nummer eins, das heißt fast 20 Prozent aller Spanier leben dort. Acht Provinzen teilen sich das Land: Cádiz und Huelva am Atlantik, Málaga und Almería am Mittelmeer, Granada mit den höchsten Gipfeln der Iberischen Halbinsel in der Sierra Nevada, Jaén und Córdoba, das Land der Olivenbäume, und Sevilla, die quirlige Hauptstadt am Guadalquivir.

Weder klimatisch noch geologisch stellen Andalusiens Provinzen eine Einheit dar. Die Spanne reicht von der sonnenüberfluteten Mittelmeerküste, den stets windigen Atlantikstränden bis hin zu den hochalpinen schneebedeckten Regionen der Sierra Nevada. Sie umfasst die Sümpfe des Coto de Doñana und die Vulkanlandschaften von Cabo de Gata. Und in der Sierra de Grazalema liegt die regenreichste Region der gesamten Iberischen Halbinsel.

Ein Meisterwerk maurischer Baukunst: Säulenwald der Mezquita in Córdoba

Playa Calas Occidentales in Nerja – ein Paradies für Badefreunde

Daneben herrscht extreme Dürre in den Halbwüsten von Tabernas bei Almería. Das »braune« Gebirge, die Sierra Morena, trennt Andalusien von Kastilien und von Westen nach Südosten durchzieht die Betische Kordillere die Region, deren Zentrum die Sierra Nevada bildet. Zwischen den beiden Gebirgszügen verläuft das fruchtbare Tal des Guadalquivir. Für den Fächer an Klimabedingungen ist das gebirgige Relief verantwortlich, das einen wirklich erstaunt. Wer denkt bei Andalusien schon an Skipisten, kurvenreiche Bergstraßen und Regenschauer? Immerhin ist Spanien nach der Schweiz das gebirgigste Land Europas!

Die Tier- und Pflanzenwelt zeigt sich deshalb nicht weniger abwechslungsreich: Flamingos und andere Zugvögelscharen bevölkern genauso wie Mönchsgeier und iberische Kaiseradler Lagunen und Steineichenwälder. Zistrosen, Ginster, Schopflavendel und Klatschmohn sind die bunten Tupfer in Rot, Gelb, Lila und Weiß auf einem goldgelben Teppich von Getreidefeldern. Orangenbäume, Baumwolle und Weinstöcke reichen sich die Hand. Und im Februar schlüpft Andalusien in ein weißes Kleid aus Mandelblüten.

Ein paar Jahrhunderte lang war Andalusien der Schauplatz eines einmaligen Experiments in der Weltgeschichte, ein Brückenschlag zwischen Morgen- und Abendland. Friedlich und fruchtbar verlief das Zusammenwirken dreier Kulturkreise, aus der sich Spaniens Identität erklärt: islamisch, jüdisch und christlich. Córdoba heißt die glaubenstolerante Stadt der Superlative, das Mekka des Westens, das Europa im Mittelalter eine kulturelle Blütezeit bescherte und in jeder Hinsicht überlegen war. Wenn man in seiner grandiosen Moschee, in der Mezquita, steht, wird einem bewusst, welche Hochkultur von Spanien ausging. Den Sepharden, den Juden der Iberischen Halbinsel, verdankt Andalusien brillante Denker, allen voran Moses Maimonides, der als Berater am Kalifenhof fungierte. Außer der Synagoge im jüdischen Viertel Córdobas ist kaum etwas von ihnen übrig geblieben.

Mit der Christianisierung verschwanden fast alle Synagogen und die allein in Córdoba auf 300 geschätzten Moscheen. Aber das

strahlendste Erbe der Maurenherrschaft blieb: die Palaststadt Alhambra in Granada und ihre Kopie, der christliche Alcázar von Sevilla. Siegreich war am Ende das Christentum nach einem 800 Jahre dauernden Glaubenskrieg, der Reconquista. 1492 hissten die Katholischen Könige Isabella und Ferdinand das Banner auf der Alhambra und schufen erstmals einen spanischen Nationalstaat, der sich durch den katholischen Glauben legitimierte. Die Inquisition wachte wie eine Staatspolizei über dem Reich und kontrollierte die Neuchristen, Juden und Moslems, die konvertieren mussten, denn sonst drohte ihnen Scheiterhaufen oder zumindest Vertreibung.

1492 war Spaniens größtes Jahr, in dem zudem Kolumbus für die Krone Amerika entdeckte. Gold und Silber flossen aus den Kolonien – Spaniens Geburtsstunde zum Weltreich, in dem die Sonne wahrlich niemals unterging. Sevilla mauserte sich zur größten Stadt mit dem Handelsmonopol nach Übersee. Dieses Weltreich überdauerte nur gute 100 Jahre, wesentliche wirtschaftspolitische Fehler der angeheirateten Habsburgerdynastie, die rund 200 Jahre Spaniens Geschicke lenkte, ließen es scheitern. Gefolgt von einem Erbfolgekrieg und den Bourbonen geriet das Land in eine soziale Misere. Aus seinem Dornröschenschlaf erwachte Andalusien erst wieder zur Epoche der Industrialisierung und wurde abermals durch Bürgerkriege und Putschversuche gebeutelt. In den 60er Jahren entdeckten Urlauber das arme Land mit ewig blauem Himmel und Sonne. Stolz und wohlhabend präsentiert es sich heute, modern und aufgeschlossen. Mit der Expo von Sevilla feierte man 1992 500 Jahre Entdeckung Amerikas, Andalusiens gelungene Visitenkarte.

Reiter im Mohnfeld – farbige Blütenteppiche bestimmen im Frühling die andalusische Landschaft

Chronik Andalusiens

Daten zur Landesgeschichte

Grabstätte aus dem Megalithikum: die Cueva de la Menga östlich von Antequera

40 000–20 000 v. Chr.
Felszeichnungen in Ronda, in der Pileta-Höhle, und in den Cuevas de Nerja, aber auch in Nordspanien, in der Altamira-Höhle, sind erste Zeichen von Kultur auf der iberischen Halbinsel, die so belegen, dass Menschen seit der Jungsteinzeit in Andalusien lebten. Die Zeichnungen zeigen Tier- und Jagddarstellungen.

ab 2500 v. Chr.
Mit dem Beginn der Bronzezeit findet die Megalithkultur in weiten Teilen Europas und im Mittelmeerraum ihre Ausbreitung: Bei Antequera trifft man auf die enormen Cuevas de Menga, Viera und El Romeral, Grabhöhlen mit riesigen Deckplatten.

ab 1100 v. Chr.
Die Städte Gadir (Cádiz) und Malaka (Málaga) werden von den Phöniziern als strategische Stützpunkte und Umschlagplätze gegründet, angelockt von Kupfer- und Zinnvorkommen, unverzichtbare Güter für die Waffenproduktion. Die phönizischen Kaufleute machen gute Geschäfte mit den Iberern, den ersten geschichtlich bezeugten Bewohner Andalusiens, die schließlich der gesamten Halbinsel ihren Namen geben sollten. Der antike Geograph Strabo beschreibt sie als Stamm der Turdetanos, die bei den »Säulen des Herkules«, also Gibraltar und die Anhöhe bei Ceuta, jenseits der Meerenge, leben und zudem mit Gold- und Silberfunden das damalige Weltinteresse wecken. Etwa im selben Zeitraum dringen aus Zentraleuropa die Kelten auf die Iberische Halbinsel ein und vermischen sich mit den Iberern zur sogenannten keltiberischen Urbevölkerung.

Ein Zeugnis römischer Vergangenheit ist die Necrópolis Romana in Carmona

6. Jh. v. Chr.
Es kommt punktuell zur Gründung griechischer Handelsstützpunkte, die den Phöniziern ihren Rang streitig machen. In Katalonien liegt Empúries, die Ausgrabungsstätte der ehemaligen Griechen-Stadt Ampurias.

3./2. Jh. v. Chr.
Mit den Karthagern aus Nordwestafrika rückt Südspanien ins Blickfeld der Weltgeschichte. Nachdem sie Griechen, Phönizier und Iberer unterworfen haben, gründen sie als die dominante See- und Handelsmacht im Mittelmeerraum ein neues Karthago, das heutige Cartagena, östlich von Almería gelegen.

Auf Sizilien kollidieren sie mit den Römern: Es beginnen die Punischen Kriege.

201 v. Chr.
Der Karthagerfeldherr Hannibal zieht mit Elefanten über die Alpen und steht *ante portas*, vor den Toren Roms. Er wird besiegt und die Iberische Halbinsel ein Teil des Imperium Romanum. Noch fast 200 Jahre lang leisten vor allem die Bergvölker im Norden erbitterten Widerstand gegen die Römerherrschaft.

ab 19 v. Chr.
Unter Kaiser Augustus erlebt Hispania eine Zeit des Friedens und

Reste des römischen Itálica bei Sevilla – das Amphitheater war einst Schauplatz unzähliger Gladiatorenkämpfe

der Blüte. Es werden Tausende von Kilometern an Straßen angelegt, zum Beispiel die berühmte Nord-Süd-Achse Vía de la Plata, die an Kantabriens Küste von Gijón beginnt und in Sevilla endet. Transportiert wird auf dieser Straße aber nicht nur die Plata, das Silber, sondern auch Gold, das Tausende von Sklaven in Nordspanien bei León (Las Médulas) abbauen. In Sevilla auf dem Guadalquivir eingeschifft und Richtung Rom transportiert finanzieren die Edelmetalle und Erze Spaniens das Römerreich. Das Land erhält eine einheitliche Amts- und Rechtssprache: Latein. In der Kriegsveteranenstadt Itálica bei Sevilla erblicken gar zwei spätere Kaiser das Licht der Welt: Trajan und Hadrian.

5.–7. Jh.
Das Römerreich zerfällt, und es kommt zum dunklen Jahrhundert der Völkerwanderungszeit. Die ostgermanischen Vandalen bemächtigen sich Andalusiens. Als Al-Andalus, Land der Vandalen, interpretieren manche die Bezeichnung Andalusien. Den Vandalen folgen die Westgoten, die zunächst Sevilla, und dann Toledo in Kastilien zu ihrer Hauptstadt machen.

587
Westgotenkönig Rekkared I. tritt zum katholischen Glauben über und erklärt ihn zur Staatsreligion, ein wesentlicher historischer

Römisches Mosaik mit dem Haupt der Medusa aus dem einstigen Itálica

Kaiser Hadrian erblickte in Itálica das Licht der Welt

Chronik Andalusiens

Der Gibraltar-Felsen, Kupferstich um 1700

Impuls, der Hispano-Romanen und Westgoten eint. Kulturell bewahren die Westgoten die römische Ordnung und Sprache.

711
Über die Meerenge von Gibraltar (arabisch: Berg des Tarik) gelangt Heerführer Tarik auf die Iberische Halbinsel und erobert in Windeseile das Westgotenreich und mit ihm Berber aus dem Atlasgebirge, aus dem ehemals römischen Mauretanien. Ihm folgen Araber aus Damaskus und der gestärkte Omaijade Abd-ar-Rahman, der später eine 800 Jahre andauernde glanzvolle maurische Herrschaft begründet.

722
In den asturischen Bergen Nordspaniens wehrt sich die Bevölkerung gegen die moslemischen Eindringlinge. König Pelayo schlägt die überlegenen Mauren in der Schlacht von Covadonga unter Mithilfe, wie die Legende sagt, von Apostel Jakobus: der Startschuss der sogenannten Reconquista, ein Glaubenskrieg, der bis 1492 dauern wird.

Spaniens Schutzpatron: der heilige Apostel Jakobus der Ältere (1168–1217, Skulptur am Hauptportal der Kathedrale in Santiago de Compostela)

756
In Damaskus wird die Omaijaden-Dynastie von den Abbasiden aus Bagdad gestürzt. Abd ar-Rahman I. flüchtet und gründet das Emirat von Córdoba. Der Grundstein für eine große Versammlungsmoschee, die Mezquita, wird gelegt.

929
Unter Abd ar-Rahman III. erreicht das maurische Spanien seinen politischen und kulturellen Höhepunkt. Er begründet das abendländische Kalifat und macht sich zum höchsten Stellvertreter Allahs in Konkurrenz zu Bagdad. Die Palaststadt Medina Azahara bei Córdoba wird errichtet.

1002
Nach Almansors Tod, ein Emporkömmling, der einen verwüstenden Eroberungszug bis in das christlich dominierte Nordspanien führt, zerfällt das Kalifat aus Streitigkeiten um die Nachfolge in 20 sogenannte Taifas, voneinander unabhängige Fürstentümer.

ab 1031
Die Taifa-Fürsten können dem christlichen Ansturm der Reconquista aus dem Norden nicht standhalten und erbitten Hilfe von den fanatischen Almoraviden aus Nordafrika.

ab 1147
Die maurisch-berberische Dynastie der Almohaden ergreift das Ruder und macht Sevilla zu seiner Residenzstadt. Das Wahrzeichen Sevillas, die Giralda, wird in ihrer Blütezeit gebaut.

1212
In der Schlacht von Las Navas de Tolosa werden die Almohaden unter den vereinten katholischen Heeren Kastiliens, Aragoniens und Navarra geschlagen.

1232
Das maurische Königreich Granada und die Herrschaft der Nasriden beginnt. Ein Pakt zwischen Mohammed I. von Granada und Ferdinand III. von Kastilien verhilft den Christen unter Teilnahme eines moslemischen Söldnerheeres zur Eroberung von Sevilla 1248. Schon vorher fielen weite Teile Andalusiens, nämlich Jaén, Córdoba, Baeza und Úbeda.

ab 1350
Pogrome gegen die jüdische Bevölkerung: Kastiliens Krone schürt den Hass gegen Andersgläubige, auf die man sich nun innenpolitisch im Zuge der Reconquista nicht mehr stützt. Viele treten aus Angst vor Übergriffen pro forma zum katholischen Glauben über.

1469–1503
Mit der Heirat von Isabella von Kastilien und Ferdinand von Aragonien entsteht erstmals ein spanischer Nationalstaat, der sich durch den katholischen Glauben legitimiert. Die Katholischen Könige, so ihr päpstlicher Ehrentitel, bringen die Reconquista unter der Prämisse »ein Reich, ein Glaube, ein Schwert« zu Ende.

So sah Francisco de Goya die spanische Inquisition auf seinem Gemälde »Das Inquisitionstribunal« (1812–19, Museo de la Real Academia de San Fernando, Madrid).

Maurisches Erbe: die Fliesenmalerei

Chronik Andalusiens

1481
Tomás de Torquemada wird zum ersten Großinquisitor ernannt. Ketzerverbrennungen, die sogenannten Autodafés, verbreiten Angst und Schrecken.

Kaiser Karl V. auf einem Porträt von Tizian (1548, Alte Pinakothek, München)

1492
Christoph Kolumbus bricht zu seiner Entdeckungsfahrt nach Westindien auf. Mit den Kolonien in Amerika beginnt die Zeit des Weltreichs Spanien. Im selben Jahr fällt Granada, das letzte maurische Königreich. Ein Dekret gegen die Sepharden (Juden der Iberischen Halbinsel) zwingt sie, sich taufen zu lassen oder das Land zu verlassen.

1494
In Tordesillas (Kastilien) schließen Spanien und Portugal einen Vertrag ab über die Aufteilung der Neuen Welt.

1500
In Gent (Belgien) kommt der spätere Kaiser Karl V. des Heiligen Römischen Reiches deutscher Nation zur Welt, der Enkel Isabellas und Ferdinands. Mit ihm beginnt die Dynastie der Habsburger, die bis 1700 Spaniens Geschicke lenken wird.

1503
Die Stadt Sevilla erhält über 200 Jahre lang das Handelsmonopol mit Übersee. Quasi der Absatzmärkte im eigenen Land beraubt, sollte das einer der Gründe für das Scheitern des Weltreichs sein.

1504
Nun müssen per Dekret auch die Moslems katholisch werden oder das Land verlassen. Die Inquisition wacht wie eine Art Stasi über die Einheit des Glaubens, die die Einheit des Reiches garantieren soll. Den Königen bietet sie die Möglichkeit, an das Vermögen der wohlhabenden Juden und Moslems zu gelangen.

1516
Tod Ferdinands und Krönung des 16-jährigen Karls zu König Carlos I. von Spanien.

Sir Francis Drake (1540–96): Seeräuber, Eroberer und Entdecker

1519
Karl reist zur Kaiserwahl nach Aachen. In Augsburg verpfändet er den Fuggern das Gold aus Amerika, um die Wahl finanzieren zu können.

1520/21
Angeführt vom einflussreichen Schafzüchterverband, der in den Cortes, dem »Parlament«, vertreten ist, kommt es zum Aufstand gegen Karl. Das Haus Habsburg soll verhindert werden, stattdessen wird seiner Mutter, Johanna der Wahnsinnigen, eingesperrt im Kloster von Tordesillas, die Krone angetragen. Der sogenannte Comuneros-Aufstand wird niedergeschlagen, Karl regiert absolutistisch über sein Reich; er stirbt 1558.

Chronik Andalusiens

Den Auftakt des Krieges zwischen Spanien und dem napoleonischen Frankreich schildert Goya auf dem Gemälde »Die Erschießung der Aufständischen am 3. Mai 1808 in Madrid« (1814, Museo del Prado, Madrid) erst sechs Jahre, nachdem die französischen Truppen Spanien wieder verlassen hatten

1588
Die größte Seeflotte der Welt, Spaniens Armada, wird von dem später geadelten Piraten Sir Francis Drake vor den Küsten Englands versenkt. Spaniens Stern als Weltmacht ist ebenfalls gesunken. Das *Siglo de Oro* jedoch, das goldene Zeitalter der Künste, beginnt zu blühen.

1609
Die Vertreibung der getauften Moslems, der Morisken, bedeutet für die Situation der spanischen Landwirtschaft einen schweren Verlust, hinzu kommt 1649 eine Pestepidemie, die fast ein Drittel der Bevölkerung hinwegrafft.

1701–14
Mit dem impotenten und schwachsinnigen Karl II. stirbt der letzte der Habsburgerkönige und es entzündet sich in Europa ein Erbfolgekrieg. Mit dem Vertrag von Utrecht beginnt die Herrschaft der Bourbonen, Gibraltar wird den Briten zugesprochen. Spaniens Bevölkerung, ausgezehrt von Kriegen, lebt am Rande des Subsistenzminimums, während der Hof in Madrid mit immer höheren Steuerlasten sein Leben in Pomp finanziert.

1808–14
Am 2. Mai beginnt in Madrid der Unabhängigkeitskrieg gegen die Truppen Napoleons. Der Hof geht ins Exil nach Mexiko. Joseph Bonaparte wird König von Spanien.

1812
In Cádiz wird von den Cortes eine liberale Verfassung ausgearbeitet. Der Hof kehrt aus Mexiko zurück. Ferdinand VII. wird König und löst die Verfassung wieder auf.

1835
Das Gesetz der »desamortización«, Ergebnis liberaler Politik, bedeutet die Enteignung des kirchlichen Landbesitzes. Die Guardia Civil wird zur Sicherung der neuen Eigentumsverhältnisse gegründet.

»Ferdinand VII. im Krönungsornat« auf einem Gemälde von Goya (1814, Museo del Prado, Madrid)

Chronik Andalusiens

1868–74
Spanien erlebt eine kurze Zeit der Ersten Republik.

1898
Mit Kuba, der »Perle«, und den Philippinen verliert Spanien seine letzten Kolonien. Die Generation '98 schreibt Literaturgeschichte.

1918–19
Streiks und Landbesetzungen unter der Regie der anarchosyndikalistischen CNT, in der 80 % der Landarbeiter und Kleinbesitzer organisiert sind, erschüttern Andalusien.

1923–30
General Primo de Rivera ruft die Republik aus.

1931–39
In den Aprilwahlen triumphieren die Republikaner; nach dem Sieg der Volksfrontparteien und einer kurzen Zeit der Zweiten Republik putschen die Falangisten unter General Franco und Mola 1936. Ein blutiger Bürgerkrieg treibt viele ins Exil.

1939–75
Unter der Diktatur Francos gerät das Land in eine internationale Isolierung. In den 60er Jahren beginnt mit finanzieller Unterstützung aus den USA eine wirtschaftliche Liberalisierung. Die Küsten Andalusiens entwickeln sich zum Tourismuszentrum. Mit der Industrialisierung setzt Spaniens bislang größte Migrationsbewegung in die Großstädte und Landflucht ein.

1975
Franco stirbt, Juan Carlos de Borbón wird König von Spanien und führt das Land in die Demokratie.

1977
Es finden freie Wahlen statt, eine Verfassung nach Vorbild des deutschen Grundgesetzes wird verabschiedet. Adolfo Súarez heißt der erste demokratisch gewählte Präsident.

1981
Andalusien erhält einen weitgehenden Autonomiestatus, genauso wie die übrigen spanischen »Bundesländer«: *Comunidades Autónomas*. In Madrid erschüttert der Militärputschversuch von Oberstleutnant Tejero die junge Demokratie. Juan Carlos setzt sich unermüdlich für die Demokratie ein.

1982
Ein Andalusier, Felipe González von der sozialistischen Arbeiterpartei (PSOE), wird zum Ministerpräsidenten gewählt und führt Spanien in die NATO und 1986 in die EU.

1992
Sevilla feiert Weltausstellung, die Expo '92, und 500 Jahre Entdeckung Amerikas.

1996
Regierungswechsel: José María Aznar und die konservative Volkspartei (PP) gewinnen die Wahlen.

2002
Der Euro wird offizielles Zahlungsmittel.

2003
Der Konflikt um die Petersilieninsel rückt Spaniens Verhältnis zu Marokko und den Maghrebländern ins öffentliche Interesse.

2004
Am 10. März erlebt Spanien den größten Terroranschlag seiner Geschichte. Millionen Bürger demonstrieren am 11. März in ganz Spanien, in der Hauptstadt zwei Millionen, ihre Solidarität mit den Opfern von Madrid. Der Anschlag beeinflusst den Ausgang der Parlamentswahlen vom 14. März: Zapatero, von der sozialistischen PSOE, wird neuer Ministerpräsident. In Andalusien erzielt die PSOE wiederholt die absolute Mehrheit. Regionalpräsident wird Manuel Chaves.

Prinz Felipe de Borbón heiratet am 22. Mai in der Kathedrale von Madrid die bürgerliche Journalistin Letizia Ortiz.

Die spanische Ein-Euro-Münze mit dem Bildnis von König Juan Carlos

2008
Bei den nationalen Parlamentswahlen gewinnt erneut die PSOE. Zapatero wird zum zweiten Mal Regierungschef. Die jüngste Ministerin in der Geschichte stammt aus Cádiz: Bibiana Aído, 1977 geboren, wird Ministerin für Gleichstellung. In Zaragoza wird die Expo eröffnet; das Leitthema ist Wasser.

2009
In Málaga wird die Metro gebaut. – Córdoba und Málaga kandidieren für den Titel »Europäische Kulturhauptstadt« 2016.

Sevilla feierte 1992 die Weltausstellung Expo

Die Alhambra in Granada

Die schönsten Reiseregionen Andalusiens

REGION 1
Von Málaga nach Ronda

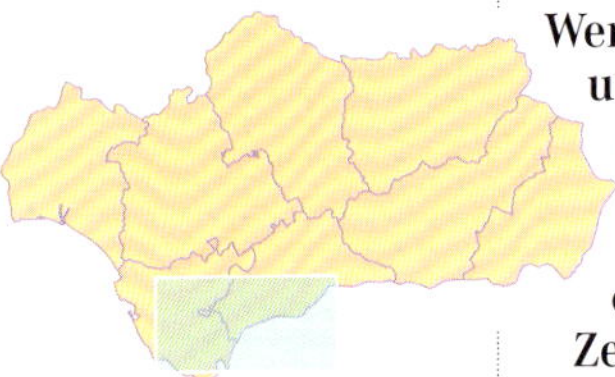

Von Málaga nach Ronda

Auf der Straße der weißen Dörfer

Wer nach Andalusien möchte, fliegt nach Málaga, egal ob Badeurlaub oder Kulturtourismus. Von dort aus gelangt man an der Küstenstraße schnell nach Granada oder, in der anderen Richtung, in die Heimat des Jetsets, nach Marbella. Und natürlich, in beiden Richtungen, an die zahlreichen Badeorte der Costa del Sol. Doch Málaga selbst kann seit einiger Zeit mit einem ganz besonderen kulturellen Leckerbissen aufwarten: Im Oktober 2003 öffnete das Picasso-Museum im Buenavista-Palast seine Pforten. Zwei Fahrstunden von Málaga entfernt, liegt das schönste aller weißen Dörfer: Ronda. Das spanische Tourismusamt hat sogar eine eigene Route ausgeschildert für die Dörfer, die nach ihren weiß getünchten Fassaden so genannt werden. Zweigeteilt durch eine atemberaubend tiefe Schlucht und umgeben von Bergmassiv war die Stadt mehr als einmal Filmkulisse und wird von vielen als der Höhepunkt ihrer Andalusienreise beschrieben. Zwei Naturparks liegen vor Rondas Haustür: die schroffe Sierra de Grazalema und die Sierra de las Nieves. Und auf dem Weg Richtung Jerez liegt noch eines der schönsten weißen Dörfer: Arcos de la Frontera, das berühmt wurde durch Manuel de Fallas Komposition »Der Dreispitz«.

❶ Arcos de la Frontera

Weiß und glänzend erhebt sich Arcos über dem Río Guadalete. 160 Meter ist der Hügel hoch, auf dem das Dorf gebaut wurde. Und steil ist auch der Anstieg, wenn man nach oben will, um das schöne *pueblo blanco* zu besichtigen. Bei all der Anstrengung ist es vielleicht ein kleiner Trost, dass die Dorfbewohner die Strecke tagtäglich zurücklegen. Kaum vorstellbar, dass zur Karwoche tonnenschwere Altäre auf dem Rücken der Bruderschaftler durch die Straßen getragen werden.

Die Semana Santa hat in Arcos nicht nur deshalb ihren ganz besonderen Reiz. Statt großer Ansammlungen von Menschen erlebt man sie hier intim und ursprünglich. Manchmal muten die Häuser in der Altstadt arabisch an. Wenn man Glück hat und der Hausherr die Tür öffnet, sind blumengeschmückte Patios zu erspähen. Der weiße Kalkanstrich ist so dick aufgetragen, dass man meinen könnte, die Wände seien geknetet. Kleine Bögen, orientalisch enge Gassen, Eisengitter und Geranientöpfe begleiten den Weg zum höchsten Punkt von Arcos. Oben angelangt schweift der Blick über endlose Olivenbaumhaine, den aufgestauten Guadalete und das Hochland von Ronda.

Arcos de la Frontera am Felsabbruch über dem Río Guadalete

Die Turmfassade der Kirche Santa María de la Asunción beherrscht Arcos de la Frontera

Liegt auf dem Weg … eine der zahllosen »Bodegas«

Mit zwei interessanten Kirchen kann der Ort aufwarten: **San Pedro** ist Teil der maurischen Befestigungsanlage, Gotisches vermischt mit Renaissance zeigt sie innen. **Santa María de la Ascunción** geht auf die Westgotenzeit zurück, weist aber heute ebenso ein Stilgemisch wie San Pedro auf.

Im dazugehörigen Museum besitzt sie ein Marienbild, eine *Maria lactans*, auf dem das Jesuskind nur allzu realistisch gesäugt wurde. Die Brust übermalte man später und Christus saugt vergeblich an einem Stück Leinwand. Die Kirche steht ganz oben auf der Plaza del Cabildo mit Aussichtsterrasse. Am Platz befinden sich auch das **Ayuntamiento**, das Rathaus, und die Reste der erhaltenen Burganlage.

Seit der Römerzeit war Arcos de la Frontera ein strategisch genutzter Ort. Das Haus des *Corregidors*, des Kronfeldherrn, ist heute ein Parador. Manuel de Falla machte den Corregidor von Arcos de la Frontera zum Akteur in seiner Ballettbearbeitung »Der Dreispitz«. Dort machte sich der Dorfhonoratior zum Gespött der Leute, als er seine Amtsauszeichnung, nämlich den Dreispitz, bei seinem Stelldichein bei der schönen Müllerin vergaß.

Die bei den Restaurants angegebenen Preiskategorien gelten für Vor- und Hauptspeise ohne Getränke:

€ - unter 15 Euro
€€ - 15 bis 30 Euro
€€€ - über 30 Euro

Service & Tipps:

Oficina Municipal de Turismo
Plaza del Cabildo 2
11630 Arcos de la Frontera (Cádiz)
✆ 956 70 22 64, Fax 956 70 22 26
www.ayuntamientoarcos.org

Ayuntamiento
Plaza del Cabildo
Arcos de la Frontera (Cádiz)
Eindrucksvolles Mudéjar-Portal, das den Erzengel Michael zeigt.

Santa María de la Asunción
Plaza del Cabildo
Arcos de la Frontera (Cádiz)
✆ 956 70 00 06
Mo–Sa 10–13 und 15.30–18.30, im Sommer nachmittags 16–19 Uhr
Eintritt € 1,50
Gotik, Renaissance und Klassizismus sind hier vereint. Wertvolles Chorgestühl aus dem 17. Jh. von Roldán.

Castillo de los Duques de Arcos
Plaza del Cabildo
Arcos de la Frontera (Cádiz)
Eine gut erhaltene Grafenburg, die allerdings von seinen Besitzern noch bewohnt wird.

San Pedro
Arcos de la Frontera (Cádiz)
✆ 956 70 11 07
Mo–Sa 10.30–14 und 16–19 Uhr, So/Fei nur vormittags, Eintritt € 1,50
Eine barock ausgestattete Kirche mit Gemälden von Zurbarán.

Galería de Arte Arx-Arcis
C/Marqués de Torresoto
Arcos de la Frontera
Typisches Kunsthandwerk aus Arcos: Keramik und Teppiche.

Markt
Jeden Freitag Straßenmarkt.

El Convento
Marqués de Torresoto 7
Arcos de la Frontera
✆ 956 70 32 22
Ein andalusischer Patio in einem Ex-Konvent, der heute außer Restaurant auch ein kleines Hotel ist. Hier stimmen Preis und Leistung: regionale Küche wie Knoblauchsuppe, Täubchen mit Reis und Wildgerichte. €€

Parador
Plaza del Cabildo s/n
Arcos de la Frontera
✆ 956 70 05 00
Die Hotelterrasse des Paradors eröffnet die schönsten Ausblicke auf die Sierra. Mittelalterliches Mobiliar und elegante Atmosphäre: So lassen sich die landestypischen Gerichte genießen. €€-€€€

Hacienda El Santiscal
Avda. El Santiscal 173
Arcos de la Frontera
✆ 956 70 83 13
www.santiscal.com
Eine Hacienda aus dem 15. Jh. direkt am Stausee von Arcos. Die Hacienda organisiert auch Ausflüge

in den Naturpark von Grazalema mit oder ohne Pferd. 12 Zimmer und Restaurant. €€

Feste
Ostern: Die Semana Santa trägt den offiziellen Titel »Interés turístico nacional«.
Ostersonntag: *Encierro*, Stierlauf durch den Ort.
29. September: Fest des Stadtpatrons San Miguel.

2 Costa del Sol

Auf der N 340 bzw. E 15, einer gut ausgebauten Schnellstraße, verlässt man Málaga und fährt an den aneinandergereihten Badeorten gleich internationalen Touristenghettos entlang, dort, wo man Deutsch spricht und Andalusien am wenigsten Andalusien ist.

Torremolinos heißt seit den 1960er Jahren die preiswerte Erfüllung des Traums von Sonne, Sand und Meer. Das Dorf selbst ist längst von Bettenburgen verschluckt. Das milde Klima im Winter mit Temperaturen um die 12 Grad und Sommern, in denen immer eine frische Brise weht, lockt Tausende in die Badebuchten, geschützt zum Landesinneren durch das Gebirge Serranía de Ronda. Seit den 80er Jahren versucht man Bausünden wieder gutzumachen durch reizvollere Architekturlösungen, Ladenstraßen und Feinschmeckerrestaurants, aber auch über 20 Golfplätze entstanden zwischen Marbella und Málaga für den Exklusiv- statt Massentourismus.

Wem nach dem Duft der weiten Welt zumute ist, der ist in **Marbella** und **Puerto Banús** gut aufgehoben. Kastiliens große Königin Isabella soll entzückt ausgerufen haben: »Qué mar bella«, »Welch schönes Meer«. Der Yachthafen und ein alter Leuchtturm bilden das Zentrum der Reichen dieser Welt, von de-

Eine Spezialität an der Costa del Sol: über offenem Holzfeuer gegrillte »Espetos«

Für Sonnenhungrige genau das Richtige: die Playa Punta Ladrones in Marbella

Im Hafen von Estepona flicken die Fischer ihre Netze

ren Anwesen, geschützt und umzäunt, der Gemeinsterbliche nichts zu sehen bekommt.

Von **Fuengirola** aus führt eine Seitenstraße in den vielleicht einzigen nennenswerten Urlaubsort eine Bergstraße hinauf, wo das weiße Dörfchen **Mijas** wie auf einer Terrasse liegt und die Küste überblickt. Steile Gassen schlängeln sich durch den Ort, wem's zu anstrengend ist, der nimmt einfach ein Burro-Taxi und erklimmt Mijas auf Eselsrücken.

Estepona bildet den westlichen Abschluss der Sonnenküste und ist vielleicht noch etwas weniger überlaufen als seine östlich gelegenen Nachbarorte. Schön ist der Blick auf die Berge, die Sierra de Bermeja, im Rücken der Strand. Auf der A 376 geht es bei San Pedro de Alcántara die kurvige Bergstraße nach Ronda hinauf, die unlängst nach vielen Motorradunfällen ausgebaut wurde. Am höchsten Punkt der Passstraße, auf etwa 1400 Metern Höhe, bietet ein Mirador, ein Aussichtspunkt, die Möglichkeit, von dort aus den Felsen von Gibraltar zu sehen. Oft ist die Sicht allerdings nicht klar genug, übrig bleibt der Blick aufs Meer.

Aktivitäten im oder über dem Wasser: unterwegs mit dem »Wet Bike« oder …

Service & Tipps:

Golf
www.valderrama.com
www.golfsotogrande.com
www.golfdunasdedonana.com
www.golf-andalucia.net
Die Costa del Sol ist das erste Reiseziel Spaniens in Sachen Golf. 60 Plätze spielen dem Landstrich an der Küste jährlich 780 Millionen Euro ein, so die Zahlen für das Jahr 2002. Tatsächlich erlaubt das milde Klima Málagas ganzjährig den Sport zu betreiben. In der Hotelliste sind die besten Golfhotels aufgeführt.
In Sotogrande, Provinz Cádiz, trifft man auf den Golfclub Valderrama, der als einer der besten Europas eingeschätzt wird. Dort wurde erstmals außerhalb der USA und Großbritanniens der Ryders Cup ausgetragen, allerdings mit beschränkter Teilnahme. Und endlich gibt es in der Provinz Huelva, gleich neben dem Naturschutzgebiet Coto de Doñana, einen Öko-Golfclub mit Recyclingwasser zum Rasensprengen und Alternativprodukten statt Chemie gegen Schädlinge.

Abenteuersport
Pangea Active Nature (Ronda, ✆ 952 87 34) und Exploramás (Mijas, ✆ 952 59 90)
Mit Kanus durch die Flüsse paddeln und von Klippen herabklettern unter Anleitung einheimischer Führer.

Tauchen
Happy Diver's Club
Atalaya Park Hotel, Marbella

✆ 609 57 19 20 und 952 88 90 00
Tauchkurse, auch für Kinder ab fünf Jahren.

H$_2$0 Sports
Avda. El Fuerte, Hotel El Fuerte
Marbella
✆ 952 77 82 49
www.h2Osports.es
Experten im Modesport *kite surf*, aber auch Tauchen, Wasserski, Kursangebote und Bergausflüge.

El Mirlo Blanco
Plaza de la Constitución 2, Mijas
✆ 952 48 57 00
Traditionelle Küche auf einer Terrasse genießen oder an kühlen Tagen in der lauschigen Kaminstube. €€

El Lido
Ctra. Cádiz, km 1635
Estepona
✆ 952 80 94 00
Ein Luxusrestaurant im Hotel Las Dunas von Estepona, das keinem Geringeren als Heinz Winkler untersteht. Die Küche führt sein Schüler Peter Knogl. Auf der Terrasse mit Meerblick lassen sich Köstlichkeiten wie Entenleberpraline mit iberischem Schinken oder Hummer mit Zitronengras genießen. €€€

El Roqueo
C/Carmen 35, La Carihuela
✆ 952 38 49 46, Di Ruhetag
Unter allen Strand-Chiringuitos an der Playa La Carihuela besticht El Roqueo mit der Qualität seiner Frituras, der frittierten Fischgerichte. Auch Fisch in Salz ist sehr zu empfehlen! €

El Copo
C/Trasmayo 2
La Línea de la Concepción
✆ 956 67 77 10, So geschl.
10 m vom Strand Palmones ist El Copo schon eine Institution geworden: Garnelen-Algen-Plätzchen, Seewolf und Muscheln sind seine Spezialität. €€

... Paragliding – an der Costa del Sol ist beides möglich

Südseeflair am Puerto Cabo Pino in Marbella

❸ Málaga

Sie ist die zweitgrößte unter den andalusischen Städten mit gut 560 000 Einwohnern und besitzt den größten andalusischen Hafen. 300 Sonnentage im Jahr und mildes Klima versprechen perfekte Ferienbedingungen. Kommt man vom Flughafen, passiert man zuerst das Industriegewerbegebiet mit Bierbrauerei San Miguel, Sportpalast und neu eingeweihter Messehalle. Im Zentrum angelangt, überragt die »kleine Einarmige« die Silhouette, wie die Malageños liebevoll ihre **Kathedrale** mit unvollendetem zweiten Turm bezeichnen. Das gewaltige Gotteshaus entwarfen u.a. Diego de Siloé und Enrique Egas, die berühmtesten Architekten Spaniens im 16. Jahrhundert. Die Säulen im Inneren simulieren einen Palmenhain - tatsächlich sind im Gewölbe richtige Palmwedel gemeißelt. Das Juwel der Kathedrale ist das geschnitzte Chorgestühl mit seinen 103 Sitzen, eines der größten in Spanien überhaupt, von denen Pedro de Mena 1658 die Mehrheit schuf. Wenn man Gefallen an Málagas Kathedrale findet, kann man sich auf Granada freuen, wo dasselbe Künstlerteam am Werk war und eine noch gewaltigere Kirche gebaut wurde.

Drehscheibe des Südens: der Hafen von Málaga

Auf der Flaniermeile **Alameda Principal**, gesäumt von Blumenständen, steht das Denkmal des Marqués de Larios, und dort zweigt auch die Haupteinkaufsstraße Marqués de Larios mit ihren schicken Schuhgeschäften und

Boutiquen ab. Die gleichnamige Bodega Larios war einst berühmt für den süßen Malaga-Wein, heute ist sie mehr durch Gin, das typischste Getränk der jugendlichen Kneipengänger bekannt.

Süßwein kann man gleich in der Nähe der Figur, bei der **Markthalle Atarazanas** probieren (zurzeit in Restaurierung), in der ehemaligen Wache aus dem 19. Jahrhundert, **Antigua Casa de la Guardia**, die heute eine urige Kneipe ist. Die Zahl der konsumierten Gläschen werden noch immer mit Kreide auf den Tresen geschrieben. Der *Mercado* ist für sich schon eine Sehenswürdigkeit, erbaut im Stile eines Gustave Eiffel, wartet er im Inneren mit einem Rausch an Farben der vielen Früchte und Gemüse auf, liebevoll drapiert und aufgetürmt. Die Markthalle steht auf den Fundamenten der arabischen Werft, das bedeutet auch ihr Name, in der im 14. Jahrhundert die Schiffe gebaut wurden. Ein Portal in Form eines Hufeisenbogens stammt noch von der ursprünglichen Anlage.

Rings um die Kathedrale sind Fußgängerzonen angelegt, die Calle San Agustín führt direkt zum Buenavista-Palast, dem neuen **Museo Picasso**. Picassos Schwiegertochter und sein Enkel stifteten die Werke ihres Privatbesitzes für die Geburtsstadt des Malers, der immer schon von einem Museum in Málaga träumte. Der Streit um das Erbe verhinderte das lange Zeit. An der Plaza de la Merced steht das Elternhaus von Picasso, die **Casa Natal Pablo Picasso**, in dem heute einige Graphiken des Künstlers ausgestellt sind. 1881 kam Pablo in dieser Wohnung zur Welt und verbrachte dort seine ersten Lebensjahre. Auf der Plaza hat Picasso gespielt, in der benachbarten Santiago-Kirche wurde er getauft. Sein Vater war ein Zeichenlehrer, der allerdings den Stift nicht mehr anrührte, weil ihn sein kleiner Sohn bereits als Sechsjähriger in allem übertraf. Später lebte die Familie in Barcelona.

Nur ein paar Schritte von der Plaza entfernt grub man in den 1950er Jahren ein römisches Theater aus. Dahinter erstreckt sich der Berg des **Gibralfaro**. Die Araber bauten hier einen Leuchtturm, verbunden mit einer Burganlage, der **Alcazaba**, in der ein kleines archäologisches Museum eingerichtet wurde. Alcazaba und Gibralfaro verbindet ein außerhalb der Anlage gelegener Spazierweg. Von oben hat man einen traumhaften Blick auf Meer, Hafenanlagen, Stierkampfarena und Altstadt. Dort liegt, von Zypressen umgeben, der Parador, eines der staatlichen Hotels, die meist in historischen Gebäuden untergebracht sind. In diesem Fall ist es ein modernes Haus und der Paradesitz mit Terrassencafé für einen Logenblick über die Stadt. Wenn gerade Stierkampf stattfindet, dann sieht man ihn auch von dort. Für Fußmüde: Natürlich führt auch eine Fahrstraße nach oben.

Die Maurenburg Alcazaba in Málaga ist über einen Mauerring mit dem Gibralfaro-Kastell verbunden

REGION 1
Von Málaga nach Ronda

Playa de la Malagueta in Málaga

Die Casa Natal Pablo Picasso mit dem Konterfei des wohl berühmtesten Malagueño (Málaga)

Service & Tipps:

Oficina de Turismo de Andalucía
- Pasaje de Chinitas 4, 29015 Málaga
✆ 952 21 34 45, Fax 952 22 94 21
Mo–Fr 9–19, Sa/So 10–14 Uhr
- Aeropuerto, ✆ 952 04 84 84

Oficina Municipal de Turismo
- Avenida Cervantes 1
29016 Málaga
✆ 952 20 96 03
-Plaza Márina 11
29016 Málaga
✆ 952 12 20 20
www.malagaturismo.com

Kathedrale
C/Molina Lario s/n, Málaga
✆ 95 221 59 17
Mo–Fr 10–18, Sa 10–17 Uhr, So geschl., Eintritt € 4
Zur Kathedrale gehört auch ein kleines Museum mit Baurissen. Das Chorgestühl (16. Jh.) von Pedro de Mena ist eines der qualitätsvollsten der Zeit.

Museo Picasso Málaga
Palacio de Buenavista
C/San Agustín 8, Málaga
✆ 902 44 33 77
www.museopicassomalaga.org
Di–Do, So/Fei 10–20, Fr/Sa bis 21 Uhr
Eintritt € 6
200 Werke aus dem Besitz von Christine und Bernard Ruiz Picasso sind in einem Adelspalast des 16. Jh. untergebracht. Die Werke spiegeln die frühe Schaffensphase des Künstlers wieder, als er mit Bernards Mutter, der russischen Tänzerin Olga Kokhlova, verheiratet war, ebenso die letzten Jahre seines Lebens. Auf Warteschlangen sollte man sich einstellen.

Alcazaba
C/Alcazabilla s/n, Málaga
✆ 952 22 51 06
Di–So 9.30–20, Winter 8.30–19 Uhr
Eintritt € 2,10, Kombikarte mit Gibralfaro € 3,50
Eine Kopie der Alcazaba Granadas mit Keramikfundstücken, Exponaten der Vor- und Frühgeschichte sowie der Römer und Westgoten in den Schaukästen. Dieses archäologische Museum ist in den ehemaligen Palasträumen der Nasridenherrscher eingerichtet.

Gibralfaro
✆ 952 22 51 06
Tägl. 9–20, Winter 9–18 Uhr
Eintritt € 2,10
Der Gibralfaro ist über einen Mauerring mit der Alcazaba verbunden und stammt als Verteidigungsanlage aus der Zeit Jussufs I. (14. Jh.). Die Phönizier errichteten hier schon einen Leuchtturm, daher auch der arabische Name »Berg des Leuchtturms«.

Casa Natal Pablo Picasso
Plaza de la Merced 15, Málaga
✆ 952 06 02 15
www.fundacionpicasso.es
Tägl. 9.30–20 Uhr, Eintritt € 1
Hier kam der vielleicht berühmteste Maler des 20 Jh. zur Welt. Zeitgenössisches Mobiliar der Familie sucht man allerdings vergeblich. Einige Graphiken und Fotos sind in dem kleinen Museum ausgestellt, das zugleich Sitz der Picasso-Stiftung ist.

Centro de Arte Contemporáneo (CAC Málaga)
C/Alemania s/n, Málaga
✆ 952 12 00 55
www.cacmalaga.org
Di–So 10–20, Sommer Di–So 10–14 und 17–21 Uhr, Eintritt frei
Interessante Sonderausstellungen zeitgenössischer Kunst, wie z.B. Gerhard Richter, in interessanter unlängst eröffneter Architektur.
300 Werke gehören zur ständigen Ausstellung, u.a. Chillida, Miquel Barceló und Antoní Tàpies.

Café de Paris
C/Vélez Málaga s/n
Málaga
✆ 952 22 50 43
www.rcafedeparis.com
So und Mo geschl.
Málagas kulinarischer Stern ist mit Jungkoch José Carlos aufgegangen, der Kreatives zubereitet wie z.B. Langüstchen mit Zucchini-Carpaccio, Sardinen mit Knoblauch-Orangensorbet und zum Nachtisch Erdbeeren in Olivenöl mit Minzschnee. Vorzügliches Degustationsmenü. €€€

El Chinitas
C/Moreno Monroy 4–6
Málaga
✆ 952 21 09 72
Das Chinitas ist das Restaurant Málagas mit der größten Tradition: Vor allem Stierkämpfer sind und waren hier zu Gast, außerdem Literaten wie Federico García Lorca. Seeteufel mozarabisch, Stierschwanzragout und frittierte Fischplatte sind einige der typisch andalusischen Gerichte.
€€

Gorki
C/Strachan 6, Málaga
✆ 952 22 14 66
Eine Edelweinkneipe, in der man verschiedenste *Tostas*, Toastbrote mit z.B. Lachs, Kaviar oder Schinken, bekommt. Auch tolle Salate und Handfestes für den großen Hunger. €

Adolfo
Paseo Marítimo Pablo Ruiz Picasso 12, Málaga, ✆ 952 60 19 14
Ein gemütliches Lokal, in das man immer wieder gerne geht. Stammkunden begrüßt Chef Adolfo persönlich. Traditionelle Gerichte werden von ihm kreativ serviert. €€

An der Strandpromenade findet man zahlreiche Fischlokale, im Zentrum konzentrieren sich Bars und Restaurants in den Fußgängerzonen wie Pasaje Chinitas, C/Strachan und Plaza de la Constitución. In der C/San Agustín beim Picasso-Museum gibt es Teestuben im arabischen Stil und Cafeterias.

Antigua Casa de Guardia
C/Alameda 18, Málaga
150 Jahre alte Taverne und alte Wache, direkt am Markt. Die ganze Palette an Süßweinen lässt sich hier probieren.

Casa Mira
Marqués de Larios 8, Málaga
✆ 952 21 91 50
Hier gibt es Turrón, eine Art Karamellkuchen, und unglaubliche Eissorten in großer Vielfalt.

Cosmópolis
C/Marqués de Larios 2, Málaga
In Málaga gibt es außer süßem Wein leckeres Feigenbrot mit Mandeln. In diesem Laden bekommt man beides!

Edelweiss
C/Prim 3, Málaga
✆/Fax 952 22 61 45
In der Nähe der Markthalle findet man diesen Laden, in dem eine Argentinierin mit großer Sorgfalt ausgewählten Modeschmuck, spanisches Kunsthandwerk und »Natur«-Kleidung anbietet.

Feste
Semana Santa: prunkvolle Karwochenumzüge, manchmal bis zu sieben gleichzeitig.
Feria de Agosto: Sommerfest in der dritten Augustwoche.
Festival de Cine Español: Ende April eines der wichtigsten nationalen Filmfestspiele.
Velada de San Juan: am 23. Juni Stadtfest für San Juan.
Fiesta de Verdiales: am 28. Dezember.

Über einhundert Türme zählte einst die Alcazaba von Málaga

Die »Fiesta de Verdiales« findet am 28. Dezember statt (Málaga)

4 Ronda

Eine 160 Meter tiefe Schlucht trennt in Ronda die Alt- von der Neustadt

Der unlängst verstorbene Prinz Alfons von Hohenlohe hatte in Ronda seinen Feriensitz, Julia Migenes drehte in den Altstadtgassen »Carmen« und Rilke kurierte sich vom Asthma im Victoria-Hotel. Ein kühles Bergklima auf einem Hochplateau von 780 Metern zur Erholung von Hitze am Strand und Berge zum Wandern: Ronda ist der ideale Zweitferiensitz des Jetsets aus Marbella. Die Baukräne am Stadtrand beweisen es: Rund 35 000 Einwohner zählt das weiße Dorf, doch viele verbringen hier nur den Urlaub. Die malerischen Gässchen, weiß getünchte Fassaden und die 160 Meter tiefe Schlucht mitten durch die Stadt verliehen ihr den Titel Weltkulturerbe der Menschheit – man könnte sagen Spaniens Rothenburg am Guadalevín-Fluss.

Wer mit dem Auto kommt, parkt am besten außerhalb, entweder an einem der Stadttore oder an der Bahnstation. Historisch korrekt sollte man einen Altstadtspaziergang in der Unterstadt, zum Beispiel den **Camino de los Molines**, an der Puerta de Almocabar beginnen. Das hufeisenförmige Tor aus dem 13. Jahrhundert ist der Zugang zur arabischen Burg, der nicht mehr erhaltenen Alcazaba, gewesen und ist Teil der trutzigen Stadtmauer. Man fragt sich heute, wie es den Christen in der Reconquista möglich gewesen ist, die Stadt, die damals von diesem Tor aus bis zur Schlucht reichte und einer natürlichen Festung glich, einzunehmen. Isabella von Kastilien und Ferdinand von Aragonien setzten auf ihre Artillerie: Kanonenkugeln aus Pech, Öl und Schießpulver bombardierten die Stadt 1485 unaufhörlich. Kaum ein arabisches Haus blieb erhalten. Stolz ritten die spanischen Soldaten danach durch die Puerta de Almocabar ein und pflanzten auf das Minarett der Freitagsmoschee das Banner Kastiliens, das Kreuz und die Fahne des Reconquista-Schutzpatrons Santiago, also des Apostels Jakobus. Das Minarett ist heute der Glockenturm der Kirche **Santa María la Mayor**, die anstelle der Moschee errichtet wurde. Im Vorraum und Bücherladen ist die erhaltene Kibla-Wand mit Gebetsnische Mhirab integriert. Ein Spiegel zeigt, was sonst nicht sichtbar wäre: feinste Stuckarbeiten, über die christliches Mauerwerk gestülpt wurde. In der Kirche fällt

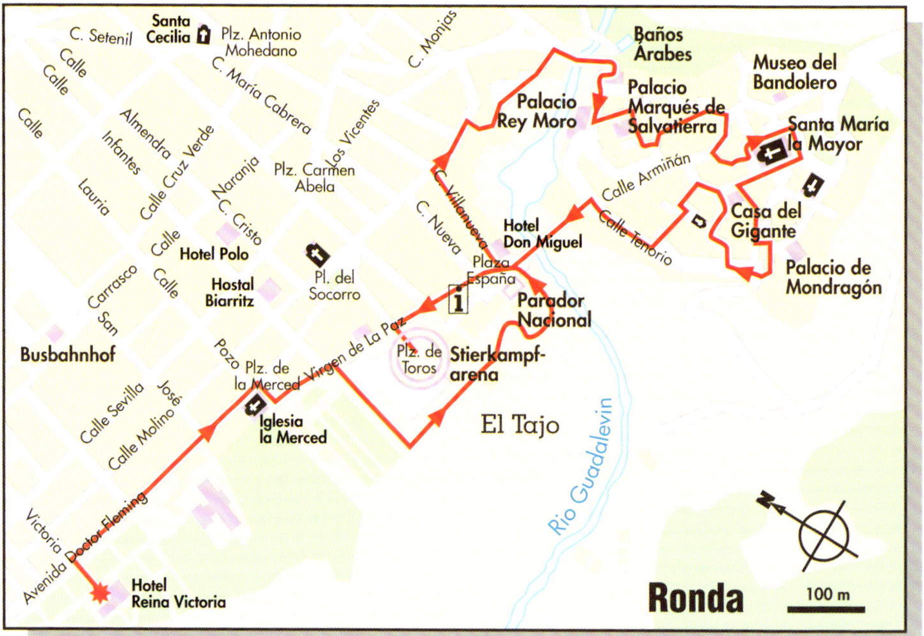

Wahrzeichen von Ronda – der Puente Nuevo aus dem Jahr 1793

die Orientierung schwer: Ein ummauertes Chorgestühl ist inmitten des Kirchenschiffs hineingesetzt und verdeckt den Blick auf den Hochaltar, für den rotes Pinienholz zu Rocaillen geschnitzt wurde.

Wenn man die Kirche wieder verlässt, steht man auf der kleinen **Plaza Duquesa de Parcent** mit dem neoklassizistischen Rathaus. An der Kirchenfassade sind ungewöhnliche Balkönchen angebracht. Das ist das Haus des Küsters, und vom Balkon aus konnte der die Stierkämpfe beobachten, die auf dem Platz stattfanden. Bevor Arenen gebaut wurden, war der Stierkampf eine Art Ritterspiel, das man auf öffentlichen Plätzen abhielt. Schließlich wurde in Ronda die erste Stierkampfarena überhaupt gebaut und die Regel aufgestellt, nach der noch heute gekämpft wird. Am Platz und an vielen Stellen in Ronda stehen hohe Igeltannen, der Pinsapo-Baum, der nur in besonders reinem Klima wächst.

Durch eine Seitengasse links der Stiftskirche gelangt man zu einer Reihe sehenswerter Stadtpaläste: Im **Palacio de Mondragón** residierten Könige. Maurenfürst Abumelic ließ den Palast im 14. Jahrhundert bauen. Auch die Casa del Gigante ist arabischen Ursprungs. Und etwas weiter kommt man zur **Casa Don Bosco**, dessen Besuch ganz besonders lohnt, weil der Garten einen einzigartigen Blick auf Schlucht und Bergkulisse eröffnet. Es war das Privathaus eines kinderlosen Ehepaars, das ihr Heim den Salesianern zur Verfügung stellte.

Auf der anderen Seite der Stiftskirche, an der wir unseren Rundgang begonnen haben, kommt man, wenn man die Hauptstraße Armiñán überquert, an der kleinen Kirche **San Sebastián** vorbei – auch ihr Glockenturm war einst Minarett. An der Straße trifft man auf ein **Bandolero-Museum**. Bandoleros waren Banditen, die im 18. Jahrhundert im Sinne eines Robin Hood ihr Unwesen trieben. Schmugglerbanden aus Ronda waren berühmt und berüchtigt. Das Museum zeigt Dokumente und Abbildungen darüber, wie auch über die Zeit der Romantik.

Die Straße **Marqués de Salvatierra** steil hinunter kommt man zum gleichnamigen Palast. Nackte Indiofiguren flankieren einen Balkon an der Fassade:

Trotz einer trutzigen Stadtmauer konnte das ehemals maurische Ronda der christlichen Eroberung 1485 nicht standhalten

Nun, der adlige Besitzer hatte auch Vermögen aus Mexiko. Gegenüber steht das Haus des Mohrenkönigs Abumelic (im 18. Jh. umgebaut), die **Casa del Rey Moro**. Er war berüchtigt für seine Grausamkeit und soll aus juwelengeschmückten Schädeln seiner Opfer getrunken haben. Das Haus liegt direkt am Rand der Schlucht. 200 Stufen führen innerhalb des Palastes bis zum Fluss hinunter, und von dort, so heißt es, mussten ihm christliche Gefangene Wasser hinauftragen. Deshalb erzählt man sich auch heute noch im Ort: »Gott bewahre vor den Wasserkrügen in Ronda!«

An einem Mirador vorbei sieht man jetzt den Fluss und zwei der drei Brücken, die über die Schlucht führen. Ganz rechts, die arabische Brücke, der Puente Árabe, und dahinter Ruinen einer arabischen Badeanlage, der **Baños Arabes** aus dem 13. Jahrhundert. Daneben spannt sich der **Puente Viejo**, die alte Brücke, über den Fluss. Wenn man sie überquert, sieht man schließlich die spektakuläre neue Brücke, den **Puente Nuevo** aus dem 18. Jahrhundert, die die Schlucht an ihrer höchsten Stelle überspannt. Architekt José Martín de Aldehuela ist bei der Besichtigung seines Werkes 1735 verunglückt.

Auf der anderen Seite gelangt man in die sogenannte Neustadt, El Mercadillo, die nach der Eroberung durch die Katholischen Könige entstand. Als Park angelegte Terrassen führen mit Panoramablick auf die Casas Colgadas, die hängenden, an den Rand der Schlucht gebauten Häuser, bis hinauf zum Puente Nuevo. Oben angelangt sieht man das ehemalige Rathaus, heute ein Parador. Die Hotelterrasse mit Cafeteria bietet ebenfalls zauberhafte Aussicht. Geht man die Hauptstraße Virgen de la Paz weiter nach oben, verlaufen rechter Hand die Fußgängerzonen und Einkaufsstraßen und links kommt man zur Stierkampfarena, der ersten und ältesten überhaupt.

Die **Plaza de Toros** ist aus der königlichen Kavallerieschule hervorgegangen und wurde 1785 eingeweiht. Neue Regeln für den modernen Kampf stellte Pedro Romero auf. Doch schon sein Großvater Francisco war der Erste, der den Stierkampf nicht mehr zu Pferd, wie bislang üblich, sondern zu Fuß vollführte. Schenkt man den Anekdoten Glauben, dann war der Grund dafür der, dass er Angst vor Pferden hatte. Über 5600 Stieren soll Pedro Romero den Todesstoß versetzt haben, und das, ohne je eine Blessur davonzutragen. Er wurde so wohlhabend, dass er eine ganze Vielzahl an Wohnhäusern in Ronda besaß. Sie tragen als Zeichen noch heute ein steinernes Kreuz über der Tür.

Leichtigkeit und Waghalsigkeit des Toreros erfasste Goya in dieser Radierung von 1815/16

Im 20. Jahrhundert trat eine neue Stierkämpfergeneration auf die Bildfläche: die Familie Ordóñez. Die Figuren von Cayetano und seinem Sohn Antonio stehen vor der Arena. Ernest Hemingway widmete ihnen sein Buch »Tod am Nachmittag«. Heute wird die Arena nur noch zu wenigen Schaukämpfen genutzt, denn sie verfügt nur über 5000 Plätze und ist mit ihrem Durchmesser von 66 Metern etwas zu groß, um Stiere gut führen zu können. So finden hier jedes Jahr im September die Goyesca-Kämpfe statt, das heißt Kämpfe zu Ehren Pedro Romeros in Kostümen, wie sie der Maler Francisco de Goya auf seinen Gemäl-

den festhielt. Im dazugehörigen Museum kann man sich einen Eindruck darüber verschaffen.

Links an der Stierkampfarena vorbei kommt man durch den **Alameda-del-Tajo-Stadtpark**, wiederum mit atemberaubendem Ausblick auf die Tajo-Schlucht (nicht zu verwechseln mit dem gleichnamigen Fluss, der durch Zentralspanien führt). Hinter dem Park und schon fast am Ortsende glaubt man sich nach England versetzt: Das **Hotel Reina Victoria** verkörpert Victorianischen Stil. In der Hotelhalle erfährt man, wer dem Vier-Sterne Hotel den Namen verlieh: Königin Victoria Eugenia aus der Linie Battenberg war mit König Alfons XIII. von Spanien verheiratet, seines Zeichens Großvater und Vorgänger des derzeitigen König Juan Carlos. Wenn man freundlich an der Rezeption fragt, bekommt man vielleicht die Erlaubnis, das ehemalige Gastzimmer des Dichters Rainer Maria Rilkes besuchen. Er logierte in Ronda im Frühjahr 1913 für 17,50 Peseten die Nacht. Den Garten und die Terrasse des Hotels darf man auf keinen Fall versäumen. Man blickt hinüber auf die Hausberge, die Gipfel der Dos Hermanas, der zwei Schwestern. Oder noch besser: Auf Rilkes Spuren bezieht man gleich Quartier und besucht die Wandereldorados Sierra de Grazalema und die Sierra de las Nieves.

Ein Ausflug Richtung Südwesten, nur 27 Kilometer entfernt und auf der Panoramastraße C 339, führt zur **Cueva de la Pileta**, der Höhle mit ihren vorgeschichtlichen Felsenmalereien. Vor über 25 000 Jahren malten unsere Vorfahren Ziegen, Panther, Symbole und Fische an die Höhlenwände. Berühmter ist die Altamirahöhle in Nordspanien, doch älter ist diese hier, das beweisen Knochen-, Werkzeug- und Gerätefundstücke.

Rainer Maria Rilke

Spanische Tänzerin

Wie in der Hand ein Schwefelzündholz, weiß,
eh es zur Flamme kommt, nach allen Seiten
zuckende Zungen streckt –: beginnt im Kreis
naher Besucher hastig, hell und heiß
ihr runder Tanz sich zuckend auszubreiten.

Und plötzlich ist er Flamme, ganz und gar.

Mit einem Blick entzündet sich ihr Haar
und dreht auf einmal mit gewagter Kunst,
ihr ganzes Kleid in diese Feuersbrunst,
aus welcher sich, wie Schlangen die erschrecken,
die nackten Arme wach und klappernd strecken.

Und dann: als würde ihr das Feuer knapp,
nimmt sie es ganz zusammen und wirft es ab
sehr herrisch, mit hochmütiger Gebärde
und schaut: da liegt es rasend auf der Erde
und flammt noch immer und ergiebt sich nicht –.

Doch sieghaft, sicher und mit einem süßen
grüßenden Lächeln hebt sie ihr Gesicht
und stampft es aus mit kleinen festen Füßen.

Der Garten des Hotels Reina Victoria in Ronda, in dem Rainer Maria Rilke logierte

Service & Tipps:

Oficina de Turismo de la Junta de Andalucía
Plaza de España 1, 29400 Ronda
✆ 952 87 12 72
otronda@andalucía.org

Oficina Municipal de Turismo
Paseo Blas Infante s/n
29400 Ronda
✆ 952 18 71 19, Fax 952 18 71 47
informacion@tourismoderonda.es

Ein Ort der Beschaulichkeit – der Park in Ronda

Plaza de Toros
C/Virgen de la Paz 15
Ronda
✆ 952 87 15 39, Fax 952 87 03 79
Tägl. März/April 10–19, Mai–Okt. 10–20, Nov.–Feb. 10–18 Uhr
Eintritt € 6
Im Museum der Stierkampfarena von 1785 kann man die Originalkostüme der berühmten Romero-Familie bestaunen.

Santa María la Mayor
Plaza de la Duquesa de Parcent
Ronda
✆ 952 87 40 48, tägl. 10–20, im Winter bis 18 Uhr, Eintritt € 4
Anstelle der Freitagsmoschee steht die Colegiata mit feinen Schnitzfiguren in den Kapellen. Eine Schmerzensmutter stammt von der einzigen spanischen Barockbildhauerin, La Roldana. Die Heiligen tragen Züge von Zigeunern, den Stiftern.

Casa Don Bosco
C/Tenorio, Ronda
Tägl. 9–14 und 14.30–18 Uhr
Eintritt € 1,50
Ein Wohnhaus wie zu Omas Zeiten mit Traumterrasse.

Palacio de Mondragón
Ronda
✆ 952 87 08 18
Mo–Fr 10–19, Sa/So/Fei 10–15, im Sommer Mo–Fr bis 21 Uhr, Eintritt € 3
Ein königlicher Renaissancepalast mit Aussicht auf den Tajo.

Baños Árabes
beim Puente Viejo, Ronda
✆ 656 95 09 37
Mo–Fr 10–21, Sa 10–13.45 und 16–20, So/Fei 10–15 Uhr, Eintritt € 3
Arabische Bäder aus dem 13./14. Jh. Im islamischen Ronda waren sie sicher nicht die einzigen, aber vielleicht die wichtigsten. Sie sind komplett restauriert, nur die wertvollen Schmuckelemente wurden geraubt.

Casa del Rey Moro
C/Santo Domingo, Ronda
✆ 952 18 72 00
Tägl. 10–19, Sommer 10–20 Uhr
Eintritt € 4
Die Schlucht von allen Seiten: Das Mohrenhaus bietet Aussicht auf den Tajo. Eines der sogenannten Hängenden Häuser.

Camino de los Molinos
Ein Spazierweg führt unterhalb des Paradors entlang, mit immer wieder herrlichen Aussichtspunkten. Der Weg beginnt neben der Espírito-Santo-Kirche beim Stadttor Puerta de Carlos V., das direkt neben der Puerta de Almocábar liegt. Rechts in die Calle Prado abbiegen. Der Weg heißt dann Camino de los Molinos, Mühlenweg, und führt steil abwärts bis zum Arco Árabe. Der Rückweg führt hinauf bis zur Plaza del Campillo. 2 Std. leichte Wanderung.

Tragabuches
José Aparicio 1, Ronda
✆ 952 19 02 91
Sonntagabend und Mo geschl.
In einem Haus aus dem 19. Jh. mit avantgardistischen Dekorationselementen und vor allem kreativer Küche! Das Tragabuches wird in Gourmetkreisen hoch gelobt (eine der ersten Küchen Andalusiens). Angeboten werden auch klassische andalusische Gerichte wie *Gazpacho* und *Ajoblanco*, eine kalte Knoblauch-Mandelsuppe. €€€

Doña Pepa
Plaza del Socorro 10, Ronda
✆ 952 87 47 77, Fax 952 87 53 80
Das Restaurant liegt gegenüber der Stierkampfarena in der Fußgängerzone. Datteln mit Speck, Blumenkohlplätzchen oder Paprikawurst in Wein

sind nur ein paar der Leckereien des Hauses. Probieren sollte man dazu einen Rotwein des Prinzen Alfons von Hohenlohe. €€

Kunsthandwerk
In Ronda gibt es viele Läden, die Keramik, Lederwaren und Antiquitäten anbieten, z.B.:
El Portón
C/Manuel Montero 2, Ronda
Rafael Rojas
C/Armiñan 26, Ronda

Feste
Anfang September: Zu Ehren von Pedro Romero großes Stierkampffest mit Goyesca-Kostümen. Außerdem Flamenco und Kirmes.
Semana Santa: Eindrucksvolle Karwochenprozessionen.

Ausflugsziel:

Cueva de la Pileta
Auf der C 339 Richtung Arcos de la Frontera, nach 14 km bei La Quinta links abbiegen.
✆ 952 16 73 43
Nur mit einstündiger Führung, tägl. 10–13 und 16–18 Uhr, Eintritt € 8

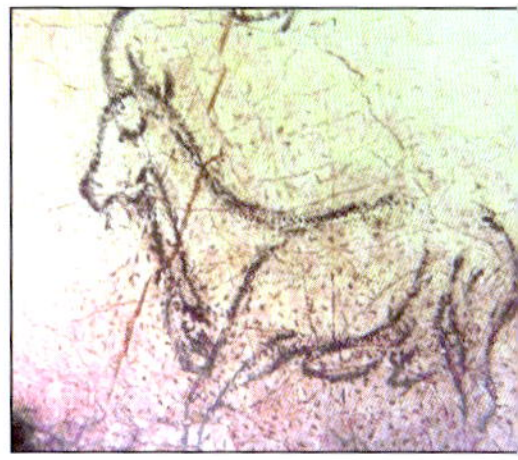

Höhlenmalerei in der Cueva de la Pileta

5 Sierra de Grazalema

Zwischen Ronda und Arcos de la Frontera, auf der Route der weißen Dörfer, erstreckt sich die Sierra de Grazalema, die bereits in der Provinz von Cádiz liegt und seit 1989 ein geschützter Naturpark ist. Auf fast 1700 Meter steigt das bewaldete Gebirge an, mit schroffen rosa und grauen Kalkfelsen, durch die Erosion bizarr zerklüftet, und aufgrund der Nähe zum Atlantik mit extrem viel Niederschlag, weil hier die Atlantikwolken erstmals auf eine Gebirgsbarriere stoßen. 2200 Millimeter Regen fallen im Schnitt im Jahr, und das, obwohl der Naturpark so nahe bei Afrika liegt. Er ist, kaum zu glauben, die feuchteste Enklave ganz Spaniens. Hier gedeiht das botanische Fossil, der Pinsapo-Baum, besonders gut.

Jede Menge Casas Rurales schießen in dieser Gegend aus dem Boden, Landhäuser mit Übernachtungsmöglichkeit, denn mittlerweile sind auch spanische Urlauber auf den Geschmack eines Wanderurlaubs gekommen. Ein Tourismussektor, der in Zukunft noch mehr zunehmen wird und der durch günstige Kredite staatlich gefördert wird.

Das schönste Bergdorf ist das gleichnamige **Grazalema**, das vielen Spaniern wegen der in Ubrique gefertigten und dort angebotenen Lederwaren und Wolldecken bekannt ist. Die Leute leben dort in erster Linie vom Tourismus und außerdem vom Kunsthandwerk, Schafzucht, Getreide- und Olivenanbau. Über Ubrique führt die aussichtsreiche Landstraße weiter nach Arcos de la Frontera.

Auf der Route der weißen Dörfer: Algodonales nordwestlich von Ronda

Gasse im Bergdorf Grazalema

Service & Tipps:

El Bosque
Das Besucherzentrum der Sierra de Grazalema liegt 30 km östlich von Arcos an der A 372. Im Dorf gibt es einen kleinen botanischen Garten.

Oficina de Turismo
Plaza España 11
11610 Grazalema
✆ 956 13 22 25, Fax 956 13 20 28

Fromandal
C/Nueva 70, Grazalema
✆ 956 13 20 80
Der Bergkäse aus Grazalema ist berühmt. Hier kann man ihn kaufen.

Puerta de la Villa
Plaza Pequeña 8, Grazalema
✆ 956 13 23 76
Fax 956 13 20 87
Direkt im Dorf gelegen: Das Restaurant des Hotels, La Garrocha, bietet Landestypisches wie z.B. Lammbraten an. Der Service ist überaus freundlich. Im Laden des Hotels gibt es schöne Wollwaren aus dem Ort.
€€

Stierkampf

Kein spanisches Thema wird so aggressiv diskutiert wie der Stierkampf – Grausamkeit oder Faszination, die Corrida blickt auf eine lange Tradition zurück. Schon seit der römischen Antike verbreitete sich der Stierkult auf der Iberischen Halbinsel. Stärke und Fruchtbarkeit sind Attribute, die man dem kraftstrotzenden Paarhufer seit jeher zuschreibt und huldigt. Im Mittelalter war der Stierkampf eine Sache der Adligen, die auf den Plazas in kompletter Rittermontur versuchten, das Tier mit Lanzenstichen zu töten, anlässlich einer Hochzeit, einer Heiligsprechung oder um einfach die Gunst einer Dame zu erwerben. Mit dem Beginn der Bourbonenherrschaft in Spanien, Anfang des 18. Jahrhunderts, wurde das Adelsprivileg aufgehoben und der Stierkampf entwickelte sich zum Volksschauspiel, das von der sozialen Misere der Zeit ablenken sollte. Hofmaler Francisco de Goya kritisierte das Spektakel in einer Serie von Radierungen, der Tauromaquia.

In Ronda steht die älteste Arena, die aus einer Kavallerieschule hervorging. Pedro Romero stellte die heute noch gültigen Stierkampfregeln auf: Voraussetzung ist eine kreisrunde Arena, die einen Durchmesser von etwa 60 Metern haben sollte und die mit einem feuchtigkeitsabsorbierenden, goldgelben Sand bestückt wird, um die Rutschfestigkeit im Kampf zu garantieren, denn gesprenkelt wird vor jeder Corrida. Der Durchmesser ist deshalb so entscheidend, damit der Stier vom Torero optimal geführt werden kann; ist er kleiner oder größer, orientiert sich das Tier zu sehr an der Barrera, der Bretterwand.

Wenn der Stierkampf beginnt, erklingt Pasodoble-Musik. Die Toreros in ihren glänzend bestickten Anzügen betreten die Arena und verneigen sich vor dem Präsidium, das zuständig ist für die Auswahl der Zuchten und der Stierkämpfer. Sechs Stiere wird man töten, drei Matadores und ihre Quadrillas, das heißt die »Töter« und ihre Equipe, haben je zwei Stieren den Todesstoß zu versetzen. Dann erscheint ein Mann mit einem Schild, auf dem steht, wie schwer und aus welcher Zucht der Stier stammt. Ein Raunen geht durchs Publikum: Ist der Stier zu schwer, wird er sich schlecht bewegen und das verspricht keinen guten Kampf. Anschließend öffnet sich ein Tor und der Stier schießt aus der dunklen Stallung in die Arena hinaus. Geblendet von der Helligkeit ist die Wahrnehmung des ohnehin farbenblinden Tieres stark eingeschränkt. Dass Rot Stiere aggressiv macht, ist nicht richtig, vielmehr muss der Torero ein Tuch mit einer grellen Farbe haben, das der Stier so gerade noch wahrnehmen kann. Für die Toreros gibt es vier Durchschlupfe, *Burladeros*, die ihrerseits wieder durch eine *Barrera* geschützt sind. Die Loge des Präsidenten liegt in der Mitte der Schattenseite; mit einem Taschentuch gibt er das Signal für die Trompeter, die jeweils die nächste Phase des Kampfes ankündigen. Er entscheidet mit seinem Taschentuch auch über die Auszeichnungen für den Torero oder über das Auswechseln des Stieres, falls der nicht aggressiv genug und für die Corrida untauglich ist, was tatsächlich vorkommen kann.

In der Stierkampfarena von Ronda: Akteure ...

Nun erscheinen die Picadores, zwei Männer, jeweils auf einem gepanzerten Pferd sitzend, die das Tier mit Lanzenhieben reizen sollen. Eine unangenehme Aufgabe, die oft von Pfiffen des Publikums begleitet wird, wenn nämlich der Picador den Stier zu sehr schwächt. Die Banderilleros, die danach kommen, sollen die »Picken« in den Nackenwulst des Tieres setzen. Mit tief durchgedrücktem Rücken und eng zwischen den Hörnern des Stieres kämpfend zeigen sie ihren Mut. Dann endlich beginnt die entscheidende Phase, die eigentliche Tauromaquia, wenn der Matador erscheint und den Stier sooft und so eng wie möglich an seinem Körper vorbeiführt – die sogenannte Faena. Das Spiel auf Leben und Tod kann beginnen.

Die Ästhetik des Stierkampfes erklärt sich aus der Lebensgefahr, der sich der Matador aussetzt; Schönheit und Mut sind die Prinzipien des Kampfes, der nur ein Ende kennt: Im rechten Moment, wenn der Stier den Kopf senkt, legt er zwischen den Schulterblättern die Stelle frei, die dem Torero ermöglicht, dem Stier mit dem Schwert, der Espada, den Todesstoß zu versetzen. Dabei wird das Rückenmark durchtrennt, das Tier bis ins Herz getroffen. Gelingt der Todesstoß auf mutigste Weise, fordert das Publikum mit weißen Taschentüchern eine Auszeichnung für den Torero. Er soll ein Ohr des Stieres, die *oreja*, oder sogar zwei und den Schwanz dazu bekommen. Und wenn es der Arenapräsident so will, darf er die Arena auf den Schultern eines Mannes durch die Puerta Grande verlassen, begleitet von den ihm zujubelnden Olé-Rufen.

... und Zuschauer

Natürlich gibt es Tierschützer, die versuchen, den Stierkampf verbieten zu lassen, aber ihr Einfluss ist gering. Die Argumente sind im Vergleich zur nicht artgerechten Tierhaltung von Rindern in engen Stallungen und den Methoden in manchen Schlachthöfen nicht zugkräftig. Kampfstiere werden großzügig und frei auf Weiden gehalten.

Cádiz, Huelva und die Costa de la Luz

Kolumbus und unendlich viel Licht

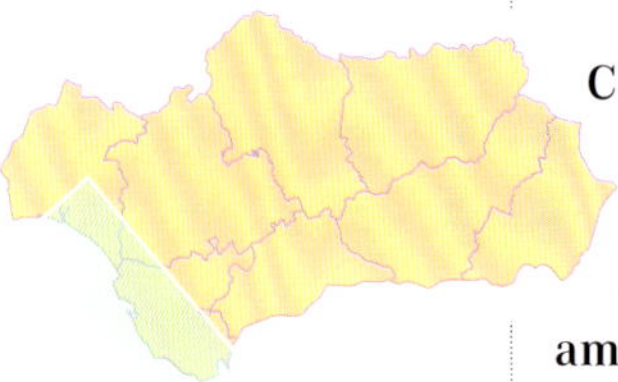

Cádiz liegt wie ein gestrandetes Schiff im Atlantik. Wohin man auch geht, überall gelangt man ans Meer. Jahrhundertelang war sein Hafen Spaniens wichtigste Handelsverbindung nach Übersee, und das sieht man ihr auch an: Cádiz ist Havanna und Havanna ist Cádiz und am meisten am Malecón. Die Küstenstraße wird von strahlend weißen Häuserfronten gesäumt, über ihnen thront die goldgelbe Kuppel der Kathedrale. Keine andere Stadt ähnelt so sehr der kubanischen Hauptstadt. Die Hafenstadt ist das Juwel an der Costa de la Luz, die wiederum ihren Namen zu Recht trägt. Das Licht verleiht den weißen Stränden, Straßen und Häusern einen fast irrealen Charakter. Über 30 Kilometer jungfräuliche Sandstrände und Wanderdünen sind Teil des Naturschutzgebietes Coto de Doñana, das einer in Europa einzigartigen Flora und Fauna Raum schenkt. Auf den Spuren von Kolumbus geht es nach Huelva. Und in El Rocío spürt man wie nirgends sonst spanische Folklore: Pferde, Sherry, Rüschenkleider und Marienverehrung. Die Wallfahrt mit Planwagen hat den kleinen Ort weltbekannt gemacht. Zwischen Cádiz und Doñana erstreckt sich das Sherry-Dreieck, die kleinen Häfen von Sanlúcar de Barrameda und El Puerto de Santa María verschifften den Jérez der Osbornes und der Terry.

1 Cádiz

Cádiz ist vom Wasser des Atlantiks und von Festungsanlagen umgeben. Eine schmale Landzunge verbindet die Provinzhauptstadt mit dem Festland der Iberischen Halbinsel. Buchten, an denen populäre Ferienorte wie El Puerto de Santa María liegen, erstrecken sich zu beiden Seiten. Hinter abschreckenden Hochhausreihen und Hotelburgen verbirgt sich die **Playa de la Victoria** mit

Wie ein gestrandetes Schiff im Atlantik – Cádiz

Die Plaza San Juan de Díos in Cádiz

dem vielleicht feinkörnigsten Sand der spanischen Küste. Doch ist man erst einmal am Stadttor aus dem 18. Jahrhundert, der **Puerta de la Tierra** angelangt, zeigt sich, dass die schwimmende Festung, so wird sie wegen ihrer drei umklammernden Festungsanlagen genannt, nicht nur für Sonnenhungrige ihren Reiz hat. Sie ist sicher die weißeste unter den andalusischen Städten und sie rühmt sich die älteste Europas zu sein, die das Erbe von dreitausend Jahren Geschichte geprägt hat. Das Blut aller großen Mittelmeerzivilisationen fließt in ihr: der Phönizier, der Griechen und später der Römer und der Mauren, die auf der Suche nach neuem Land, ihrem Expansionsstreben gehorchend, die Stadt am Meer einnahmen.

Das **Museo de Cádiz** stellt in seinen Räumen Fundstücke der Phönizier-Nekropolen aus, die zeigen wie bedeutend *Gades* auch schon 600 Jahre v. Chr. war. Doch zu oft wurde sie zerstört, von Piraten, Erdbeben und Eroberern, so dass von der historischen Bausubstanz wenig erhalten blieb. In nächster Nähe, in der Calle Sagasta, trifft man auf das **Oratorio de San Felipe Neri**. In diesem sakralen Gebäude versammelten sich 1812 die Cortes, die Stände, und arbeiteten die erste wirklich liberale Verfassung Europas aus, in der einzigen Stadt Spaniens, die Napoleon nicht einnehmen konnte.

Die Straßenzüge dieser Stadt sind erstaunlich lang und im Schachbrettmuster angelegt, ein urbanistischer Exportartikel, der an die Kolonien in Amerika und vor allem an Kuba erinnert. Fassaden großer Herrenhäuser mit üppiger Stuckdekoration verbergen im Inneren intime Patios. Die lebendige **Plaza de Flores** ist das Herz und die Seele der Altstadt. Blumenstände wechseln ab mit Cafés, die sich schon früh morgens füllen, von Leuten mit prallen Tüten aus der Markthalle nebenan. Die Vielfalt tropischer Pflanzen überall in der Stadt überrascht. In den Parkanlagen stehen Bäume, deren Ursprung in Amerika ist. Im **Parque Genovés**, der kleinen grünen Lunge von Cádiz, findet man Hunderte verschiedener Tropengewächse. Kein Wunder, schließlich kamen über Jahrhunderte die Reichtümer der Neuen Welt im Hafen von Cádiz an, als das Handelshaus von Sevilla 1717 hierher verlegt wurde.

Mit großartigen Monumenten, wie sie die Stadt am Guadalquivir besitzt, kann Cádiz mit seinen immerhin 150 000 Einwohnern trotzdem nicht aufwarten. Ihr größtes Monument ist die Stadt selbst, in deren Straßen man träumen und sich verlieren kann. Dennoch besitzt sie eine ganz besondere Sehenswürdigkeit: Viele Adlige und Handelsherren konstruierten ihre Häuser mit Türmen, um von hoch oben die einlaufenden Schiffe zu überwachen. Die **Torre Tavira**, 45 Meter über dem Meeresspiegel, ist die höchste und erlaubte den Besitzern dank einer Cámara Oscura bis in die Kochtöpfe des Nachbarn zu schauen. Das Prinzip ist denkbar einfach und schon von Leonardo da Vinci erprobt: Alles was man braucht, ist ein dunkler Raum mit einer runden Öffnung in der Decke, einen Spiegel und eine Linse. Das Erlebnis, das gesamte Stadtpanorama als bewegtes Bild zu sehen, ist großartig.

Service & Tipps:

Delegación Municipal de Turismo
Plaza San Juan de Díos 11
11005 Cádiz
✆ 956 24 10 01, Fax 956 24 10 05
www.cadiz.es

Torre Tavira
C/Marqués del Real Tesoro 10
Cádiz
✆/Fax 956 21 29 10
www.torretavira.com
Juni–Sept. 10–20, Okt–Mai 10–18 Uhr
Eintritt € 4
Der Turm von 1778 war Teil eines Adelspalastes und besitzt die erste Cámara Oscura Spaniens, die die ganze Stadt beobachten lässt. Der Blick von der Aussichtsterrasse ist phantastisch.

Museo de Cádiz
Plaza de Mina s/n, Cádiz
✆ 956 20 33 68
Mi–Sa 9–20.30, Di 14.30–20.30, So 9–14.30 Uhr, EU-Bürger Eintritt frei
Das Stadtmuseum in einem klassizistischen Haus des 19. Jh. zeigt im Untergeschoss die Grabfunde der Phönizierzeit. Die Abteilung Bellas Artes besitzt Gemälde der berühmten Künstler Murillo und Zúrbaran und ist nach Sevilla die wichtigste Sammlung alter Meister in Andalusien. Der 3. Stock gehört einer Marionettensammlung.

Kathedrale
Plaza de la Catedral, Cádiz
Mo–Fr 10–18.30, Sa 10–16.30, So 13–18.30 Uhr
Eintritt € 4 mit Kathedralenmuseum
Barocke Kathedrale aus dem 18. Jh. In der Krypta fand der große Komponist Manuel de Falla seine letzte Ruhestätte. Schmuckstücke sind Bildwerke von Martínez Montañés und La Roldana.

Oratorio de San Felipe Neri/ Museo de las Cortes de Cádiz
Santa Inés 9, Cádiz
✆ 956 22 17 88
Di–Fr 10–13 und 16.30–19.30, Sa/So 10–13 Uhr, Eintritt frei
Das Museum direkt neben der San-Felipe-Neri-Kirche erläutert die historische Situation der Stadt und ihrer Persönlichkeiten in der Zeit Napoleons und der Verfassung von 1812. Ein Raum füllendes Stadtmodell aus Holz und Elfenbein zeigt die Stadt Cádiz im 18. Jh.

Ventorrillo El Chato
Ctra. Cádiz–San Fernando s/n
Cádiz
✆ 956 25 00 25
www.ventorrilloelchato.com
In dem Haus aus dem 18. Jh. werden Gerichte auf Seemannsart angeboten. €€

El Faro de Cádiz
San Félix 15, Cádiz
✆ 956 22 58 58
www.elfarodecadiz.com
Ein Klassiker in der Provinz. Andalusische Küche. €€€

Feste
Karneval: fast wie im Rheinland. Außer den maskierten Umzügen ist der Wettbewerb der Karnevalsgruppen im *Gran Teatro Falla* national bekannt.

2 El Puerto de Santa María

Im Norden der Bucht von Cádiz liegt El Puerto, wie die Einheimischen kurz ihre Stadt El Puerto de Santa María nennen, der Exporthafen für viele Flaschen des Traditionsgetränks Sherry. Tatsächlich sind die beiden ersten großen Gebäude, auf die man bei der Ortseinfahrt stößt, die **Sherry-Bodegas** von **Terry** und **Osborne**. Das Stammhaus der Terry ist heute ein Fünf-Sterne-Hotel mit einem lauschigen Garten und vielleicht sogar die Hauptsehenswürdigkeit der Stadt. Zeitgenössisches Mobiliar und sogar eine Hauskapelle schmücken den Palast.

Nicht nur die Torero-Tradition macht ihn weltberühmt: Der Stier ist auch Markenzeichen eines bekannten Sherrys aus El Puerto de Santa María

Von der großen Schwester in Sachen Sherry, Jerez de la Frontera, liegt El Puerto 23 Kilometer entfernt, und in die Provinzhauptstadt ist es genauso weit. Den Katzensprung nach Cádiz kann man auch per Motorschiff zurücklegen und sieht dann die Silhouette wie einen weißen Diamant aus dem Wasser auftauchen. In El Puerto mündet der Río Guadalete ins Meer, und links und rechts davon erstrecken sich 22 Kilometer Sandstrand. An der Playa de la Puntilla verbringen die Leute aus der Stadt ihre Nachmittage und an der Playa de Valdelagrana entstanden schon in den 1960er Jahren Hochhäuser für Ferienwohnungen.

El Puerto hat gerade in den letzten Jahren einen großen touristischen Aufschwung erfahren. Fast 86 000 Einwohner hat die Stadt heute. Die Hauptstraße im historischen Viertel ist die Calle Larga, die am Kloster San Miguel vorbeiführt, ebenfalls ein zum Hotel umgebautes historisches Monument. Am Ende der langen Straße trifft man auf das **Kastell San Marcos**. Die imposante Wehranlage wurde auf den Fundamenten einer arabischen Moschee errichtet, nachdem Alfons X., der Weise, die Stadt 1264 von den Moslems eroberte. Eine Gottesmutter soll ihm im Traum den Sieg verheißen haben. Ihr zu Ehren stiftete er die **Iglesia Mayor**, die einige Häuserblocks entfernt an der Plaza de España steht. Sie birgt die Virgen de los Milagros, die Stadtheilige. Von der Plaza de España Richtung Meer trifft man auf die **Real Plaza de Toros**. Sie ist eine der größten Arenen des Landes und dementsprechend wichtig ist der Stierkampf in El Puerto.

Playa de Puerto Sherry

An der Uferstraße konzentrieren sich die Terrassenrestaurants mit Meeresfrüchteangebot, und das ist in El Puerto auch eine Institution geworden. Man fährt eigens hierher, um das Angebot der *Cocederos* zu genießen. Das sind Betriebe, die Meeresfrüchte kochen und dann zum Verkauf anbieten. Wie in einem Biergarten kann man sich in den Läden das Essen aus dem Meer selbst holen und dann auf der Terrasse verspeisen, mit einer Flasche Manzanilla natürlich.

Service & Tipps:

Tourismusinformation
– Delegación Municipal de Turismo
C/Luna 22, 11500 El Puerto de Santa María
✆ 956 54 24 13, Fax 956 54 22 46
– Playa de Valdelagrana, El Puerto de Santa María
✆ 956 56 15 70
www.elpuertodesantamaria.es

Vapor de Cádiz/ Linienschiffe nach Cádiz
Plaza de las Galeras s/n

El Puerto de Santa María
✆ 956 87 02 70
Dauer der Schifffahrt ca. 40 Min.

Paseos Nocturnos
El Puerto de Santa María
✆ 629 46 80 14
Aug. Di, Do, Sa 22 Uhr, Juli nur Sa
Ticket € 10
Außer Linienverkehr gibt es auch eine nächtliche Tour durch die Bucht, Dauer ca. 1,5 Std. Kartenverkauf ab 21 Uhr.

Fundación Rafael Alberti
C/Santo Domingo 25
El Puerto de Santa María
✆ 956 85 07 11, www.rafaelalberti.es
Di–So 11–14.30 Uhr
Eintritt € 4
Die Stiftung zeigt Fotos, Gemälde und Schriftstücke des großen Poeten, der die Franco-Zeit im Exil in Argentinien verbrachte.

Real Plaza de Toros
Plaza Elías Ahuján s/n
El Puerto de Santa María
✆ 956 87 54 15 78
Außer an Stierkampftagen Di–So 11–13.30 und 18–19.30 Uhr
Eintritt frei
Die über 100 Jahre alte Stierkampfarena ist eine der größten des Landes und dementsprechend wichtig der Stierkampf in El Puerto. In der Arena sind alte Stierkampfplakate ausgestellt.

Bodegas Terry
C/Toneleros s/n
El Puerto de Santa María
✆ 956 15 15 00
Mo–Do 10.30 und 12.30, Do auch 21 Uhr, Eintritt € 8
Fr 11, Sa 12 Uhr mit Kutschenvorführung, Eintritt € 10 und 12
Vormittags kann man die Bodega besichtigen und selbstredend ein Gläschen vom guten Manzanilla probieren. Das dazugehörige Hotel war früher Sitz der Duques von Medinaceli und später der irländischen Familie Terry.

Am Puerto Sherry von El Puerto de Santa María

Bodegas Osborne
Ctra N-IV km 651
El Puerto de Santa María
✆ 956 85 42 28
Mo–Fr 10.30–13.30, 11.30 Uhr Englisch, Deutsch auf Anfrage, Reservierung erforderlich
Direkt an der Ortseinfahrt und unübersehbar steht die Bodega, die zum Abzeichen den schwarzen Stier trägt.

Puerto Sherry
Der Hafen schließt sich an die Playa de la Puntilla an. 1000 Schiffe können hier anlegen. Außerdem konzentrieren sich hier die Clubs für Wassersport: Segelschulen und Tauchclubs.

Restaurante Reina Isabel
Plaza de los Jazmines 2
El Puerto de Santa María
✆ 956 86 07 77
Im Terry-Palast logierten die Könige, und so fühlt man sich auch auf der Terrasse im botanischen Garten oder im rot-gold bemalten Restaurant. Die mediterranen Gerichte sind erschwinglich und liebevoll dekoriert. €€–€€€

Romerijo
Ribera del Marisco s/n
El Puerto de Santa María
✆ 956 54 12 54
www.romerijo.com
Die vielen Tische auf der Terrasse sind das ganze Jahr über gut gefüllt. Romerijo ist einer der populärsten Betriebe der Stadt: Fischkocherei, Frittiertes, Bierkneipe und Restaurant. In der Ctra. General, gegenüber der Fischbörse, gibt es ein zweites Lokal. €–€€

El Faro de El Puerto
Ctra. De Fuentebravía
El Puerto de Santa María
✆ 956 87 09 52
www.elfarodelpuerto.com
Feine andalusische Küche wie Ziegenkäsesalat mit Feigen und Thunfisch, Fischfilet mit sautiertem Gemüse, gefüllte Nispeln und vieles mehr. Degustationsmenü: € 59 plus Steuern.

Feste
Virgen de los Milagros: 8. September, Tag der Stadtheiligen mit Prozession, Kirmes und Musikkonzerten.

Eine der 1000 Madonnen Andalusiens. Zu Ehren der »Virgen del Rocío« findet um Pfingsten in El Rocío eine gigantische Wallfahrt statt

3 El Rocío

Staubig und verschlafen, eingebettet in einen Pinienwald: Der Wallfahrtsort El Rocío liegt völlig verlassen auf der Strecke ins Naturschutzgebiet Doñana. Wenn man von Sevilla kommt, ist das nächstgrößere Dorf Almonte, und viele von dort besitzen ein Ferienhaus in El Rocío. Kaum mehr als 650 Einwohner haben sich hier niedergelassen. Man lebt von der Wallfahrt, den Besuchern des Nationalparks und den Pferden.

Vor der reich geschmückten, märchenhaften Kirche mit vielen Türmen **Nuestra Señora de las Rocinas** erstreckt sich Sumpfgebiet, am rechten Unterlauf des Guadalquivir gelegen. Die Legende sagt, dass ein Ritter im 12. Jahrhundert dort eine Marienfigur in einem Baumstumpf gefunden haben soll. König Alfons X. sah darin einen Fingerzeig für seinen Eroberungszug gegen die Moslems und stiftete der Madonna 1275 eine Kirche. Dann bekam die Madonna viele liebevolle Namen: La Rocina nach dem Fundort, El Rocío, das heißt Morgentau, als Symbol der Fruchtbarkeit, und La Paloma Blanca, weiße Taube und Gattin des heiligen Geistes.

Über die Jahrhunderte hinweg hat sich eine Wallfahrtsbewegung gigantischen Ausmaßes entwickelt. Im 17. Jahrhundert erwartete man von der lieben Jungfrau gar Schutz vor einer Pestepidemie. Um Pfingsten herum kommen jedes Jahr wieder über eine Million Menschen aus allen Teilen Andalusiens, organisiert in Bruderschaften und in blumengeschmückten Planwagen. Die *romería*, die Pilgerschaft, kann schon einige Tage dauern, und so kampiert man wie im Wilden Westen, mit Lagerfeuer im staubigen Areal. Doch für den Festtag der Heiligen putzt man sich fein heraus: Die Frauen im

Rüschenkleid reiten im Damensitz mit auf dem Pferd, auch die Reiter, mit breitem Hut und Bauchbinde, sind schmuck anzusehen. Dazu ertönen Flamenco-Klänge. Eine feierliche Prozession auf silbernem Wagen holt die Heilige aus ihrem Gotteshaus.

Farbenprächtig geschmückte Wagen zählen zum Aufgebot der Wallfahrt nach El Rocío; im Hintergrund die Wallfahrtskirche Nuestra Señora de las Rocinas

Solche Mengen von Wallfahrern, wie El Rocío sie im Frühjahr sieht, sind schwer vorstellbar, vor allem wenn man den Ort im Sommer besucht. Dann gleicht El Rocío eher der Geisterstadt eines Cowboy-Films. Nur am Wochenende, zum Aperitif, füllen sich die Plätze. Statt Parkuhren gibt es Holzpfähle vor den Bars, um daran die Pferde anzubinden. Den Sherry trinkt man direkt vom Sattel aus. Und Vorsicht mit dem Pkw: Der Weiler eignet sich nur für Pferde, Autoräder können leicht im Sand stecken bleiben.

Service & Tipps:

El Cortijo de los Mimbrales
Ctra. Rocío-Matalascañas
El Rocío, A 483, km 30,5
✆ 959 44 22 37, Fax 959 44 24 43
www.cortijomimbrales.com
Finca mit Restaurant, in dem traditionelle Küche fein zubereitet wird. Die Finca bietet auch Reitunterricht, Kutschenfahrten und Fahrradtouren an. Ein Öko-Golfplatz ist in der Umgebung. €€

Toruño
Plaza del Acebuchal 22, El Rocío
✆ 959 44 23 23
Ein privilegierter Platz mit Blick auf die Marismas. Schinken, Langüstchen, alles, was das Herz begehrt, bietet die Karte. Dazu gehört ein kleines Hotel im Stil der Paradores. €€

Aires de Doñana-La Choza
Avda. de la Canariega 1, El Rocío
✆ 959 44 27 19
Ein reedgedecktes Haus direkt an der Ortseinfahrt nach El Rocío bietet einen Paradeblick auf Wallfahrtskirche, Vogelparadies und Schwemmland. Wildgerichte gehören zu den Spezialitäten des Hauses. €€

4 Huelva

Die Stadt wird umarmt von zwei Flüssen, dem Tinto und dem Odiel, die hier in den Atlantik münden. Die hellsten und saubersten Strände Andalusiens erstrecken sich an ihrer Küste. Huelva ist die westlichste Provinzhauptstadt Andalusiens und liegt nur noch einen Steinwurf entfernt von Portugal. Große Kulturen gingen hier an Land: Phönizier, Römer und Araber haben ihre Spuren hinterlassen. Doch das größte Ereignis in Huelvas Geschichte hängt mit der Entdeckung Amerikas zusammen. Christoph Kolumbus ließ sich im nahe gelegenen Kloster von La Rábida beraten, bevor er in Palos de la Frontera mit drei Karavellen in See stach. Wen wundert es also, dass an der Ortseinfahrt ein riesiges Kolumbusdenkmal steht. An der Landzunge Punta del Sebo ragt heroisch und an Diktatorenstil erinnernd die Steinfigur des Genueser Webersohns empor. Eine Amerikanerin, Gertrude Vanderbilt Whitney, bekam 1929 den Auftrag für das Monument.

Zu Pferd durch die Provinz Huelva

In der Altstadt erinnert kaum noch etwas an die große Zeit der Entdecker. Huelva veränderte seine urbane Physiognomie im 19. Jahrhundert und sprang auf den Zug der Industrialisierung auf. Das florierende Minenwesen zog selbst Arbeiter aus England an. Und so trifft man, als ob man am falschen Ort wäre, auf ein Stadtviertel im viktorianischen Stil aus Großbritannien. Das Barrio Reina Victoria wurde von der Minenfirma »Río Tinto Company Limited« für seine Arbeiter angelegt. Heute wird die 150 000 Einwohner zählende Stadt von chemischen Betrieben und zunehmend auch vom Tourismus dominiert. Huelva ist in allen Richtungen ein Verkehrsknotenpunkt in die Feriengebiete, nach Sevilla sind es 80 Kilometer. Das emblematischste Gebäude in der Altstadt ist die **Casa Colón**. Früher ein mondänes Hotel für Unternehmer und Bourgeoisie, ist es heute ein aktives Kulturzentrum, das unter anderem iberoamerikanische Filmfestspiele ausrichtet. Der Vollständigkeit halber sei die Catedral de la Merced erwähnt, sie stammt immerhin von 1609.

Alle bekannten Kolumbus-Porträts entstanden erst nach dem Tod des berühmten Seefahrers

Die wichtigste Sehenswürdigkeit Huelvas liegt außerhalb der Stadt: Das **Monasterio La Rábida** ist viel mehr als nur ein Kloster, es ist das Epizentrum der Kolumbusroute. Im Areal um das Kloster legte man einen botanischen Garten an, die internationale Universität Andalusiens hat hier ihren Sitz und ein iberoamerikanisches Forum dient Konzertveranstaltungen. An der **Muelle de las Carabelas**, der Mole der Karavellen, hat man einen Themenpark eingerichtet: Die drei Schiffe des Kolumbus, Santa María, Pinta und Niña, wurden im originalen Maßstab nachgebaut. Auf dem Hügel oberhalb der Mole sieht man gleich einer römischen Triumphsäule ein Monument des 19. Jahrhunderts, das in Reliefs die Eroberungsgeschichte Amerikas zeigt.

Das Franziskanerkloster von La Rábida ist heute immer noch ein Kloster. Wer will, kann sich einer Führung, geleitet von einem Mönch, durch die Kreuzgänge, das Refektorium und die Kirche anschließen, besinnliche Worte inbegriffen. Man betritt die Räume, in denen sich Kolumbus aufhielt, als er 1486 in La Rábida eintraf. In Lissabon hatte er sieben Jahre lang vergeblich versucht, die portugiesische Krone von seinen Plänen, einen Seeweg nach Indien zu finden, zu überzeugen. Nun versuchte er bei den Spaniern sein Glück. Im Kloster brachte er erst einmal seinen fünfjährigen Sohn Diego unter, der aus einer Beziehung mit einer portugiesischen Adligen hervorging. Auch war Huelva als bedeutende Hafenstadt für ihn interessant. Die Schiffe liefen von dort nach Afrika-Guinea aus, warum nicht auch bis Indien? Die Geistlichen Juan Pérez und Antonio de Marchena beratschlagten und unterstützen Kolumbus' Pläne. Am 3. August 1492 schließlich liefen besagte drei Karavellen in Palos de la Frontera aus. Co-Entdecker und Kapitän der Pinta, Alonso Pinzón, liegt in der Klosterkirche bestattet. In Palos sucht man heute die Ablegestelle vergeblich – Schwemmland hat sich darüber breit gemacht.

Service & Tipps:

Oficina de Turismo de Huelva
Avda. de Alemania 12
21001 Huelva
✆/Fax 959 25 74 03
www.huelva.es

Monasterio La Rábida
8 km südöstl. von Huelva
✆ 959 35 04 11
Tägl. außer Mo 10–13 und 16–18.15, Juli bis 19, Aug. 16.45–20 Uhr
Eintritt € 2,50
Das Franziskanerkloster besitzt einen der schönsten Mudéjar-Kreuzgänge. Viele Schenkungen erinnern an Kolumbus und die Seefahrt.

Muelle de las Carabelas
La Rábida, Huelva
✆ 959 53 05 97/03 12
Di–Fr 10–14 und 17–21, Sept.–April 10–19, Sa/So/Fei 10–20 Uhr
Eintritt € 3,20
Ein kleiner Erlebnispark mit den drei originalgetreuen Nachbildungen der Kolumbusschiffe.

Hostería La Rábida
La Rábida s/n, Huelva
✆ 959 35 00 35
Direkt neben dem Kloster sieht man ein weißes, modernes Gebäude: ein Hotel mit ebenso modernem Restaurant inklusive Terrasse. Die Karte bietet Fisch und Meeresfrüchte andalusisch zubereitet. €€

Las Meigas
Avda. Guatemala 44, Huelva
✆ 959 27 19 58
Vorzügliche Fleisch- und Fischgerichte, galizisch zubereitet. Man sollte den Empfehlungen des Hauses folgen. €€

Taberna El Condado
Sor Ángela de la Cruz 3, Huelva
✆ 959 26 11 23, Mo geschl.
Rustikal eingerichtetes Tapaslokal im Zentrum. €

Mazagón/Las Dunas
Avda. de los Conquistadores 178, Huelva
✆ 959 37 78 11
Fleisch und Fisch vom Grill an einem der schönsten Strände Huelvas. €€

Feste
Fiesta de las Colombinas/ Festival de Música y Danza Iberoamericana: In der ersten Augustwoche, jede Menge Konzertveranstaltungen und Stierkampf.
Festival Iberoamericano de Cine: Im November eines der wichtigsten Filmfestspiele fürs Kino in spanischer Sprache, Veranstaltungsort ist die Casa Colón.

Die drei Schiffe, mit denen Christoph Kolumbus 1492 von Palos de la Frontera bei Huelva aus zu seiner ersten Amerikafahrt aufbrach: Santa María, Niña und Pinta, von Kolumbus selbst gezeichnet (v.o.n.u.)

Der Franziskanerpater und Kolumbus-Freund Antonio de Marchena auf einem Gemälde von José Roldán (Monasterio La Rábida)

5 Nationalpark Coto de Doñana

Unter Naturfreunden ist er der bekannteste Spaniens und auch der wichtigste: Über 50 000 Hektar umfasst der Nationalpark Coto de Doñana, hinzu kommen etwa 27 000 Hektar als sogenannter *preparque*, ein Vorpark bzw. eine Pufferzone, die das Gebiet vom Umland abschirmt. Er hat ausgedehnte *marismas*, Flachland, das periodisch überschwemmt wird, entstanden durch Unmengen von Sedimenten, die der Guadalquivir auf seinem Weg ins Meer mitnahm. Ein Teil des Sandes wird vom Meer wieder ans Land zurückgeworfen und bildet riesige Dünen, die die Marismas vom Meer trennen. Die windabgewandte Seite der Dünen ist mit Sträuchern befestigt. Lagunen und Bäche durchziehen die Marismas und bringen das Wasser dorthin. Caño Travieso, Caño de Guadiamar und Caño de Madre heißen die drei Hautquellen, die sich von Ost nach West durch die Marismas ziehen.

Zu Überschwemmungen kommt es vor allem in den Wintermonaten, die starken Regenfälle im Frühling halten dann den Wasserstand bis April. Doch im Sommer wirkt die Ebene völlig vertrocknet und verbrannt, die Erde ist sogar von Rissen durchzogen. In den Lagunen sammelt sich Brackwasser. Von Matalascañas bis zum Guadalquivir erstrecken sich die Dünen, die bis zu 40 Meter hoch sind und mehrere parallele Reihen ausbilden. In den Dünentälern wachsen Schirmkiefern, die manchmal von den Wanderdünen bis zur Baumkrone vom Sand verschluckt werden. Auf den Dünen selbst wachsen Strandhafer, gelbe Zistrosen und Wacholder.

In den Marismas finden unzählige Vogelarten ihre Brutstätten. Die Artenvielfalt der Vögel und die Vogelbeobachtung haben den Doñana so berühmt gemacht. Der Coto liegt nämlich an einer der bedeutendsten Vogelzugstraßen über Gibraltar nach Afrika. Hunderttausende sind es, allein 400 000 Enten und 70 000 Gänse, die das Feuchtgebiet zum Überwintern aufsuchen. Unter die Brutgäste gesellen sich Uferschnepfen, Löffler, Reiher und sogar die bedrohte Art des iberischen Kaiseradlers. Etwa 400 Vogelarten, so nimmt man an, bevölkern den Nationalpark. Dazu gesellen sich noch Hirsche, Wildschweine und Luchse und allerhand jagbares Wild.

Parkwächter im Nationalpark Coto de Doñana auf Beobachtungsposten

Vogelaufzucht im Nationalpark Coto de Doñana

Heimisch im Parque Nacional del Coto de Doñana: der iberische Luchs

Ursprünglich war der Doñana ein herzogliches Jagdrevier, das den Medina Sedonias unterstand. Einer der Herzoginnen, der Herzogin Doña Ana, verdankt er seinen Namen: Doñana. 1901 kaufte dann der Sherrybaron William Garvey das Land und ließ erstmals kräftig abholzen. Binnen zwei Jahren soll er mit dem Holz den Kaufpreis wieder erwirtschaftet haben. 1963 kümmert sich der spanische Wissenschaftsrat mit Unterstützung des WWF um das Gebiet und 1969 endlich wird der Coto de Doñana Nationalpark.

Trotzdem kritisieren Naturschützer immer wieder die lauernden Gefahren vor allem durch den Tourismus. In Matalascañas liegt ein Feriengebiet mit jeder Menge Hotels und der Parque Dunar. Der hohe Wasserverbrauch dort könnte den Grundwasserspiegel senken und damit zum Austrocknen der Lagunen führen. Außerdem ist die angrenzende Landwirtschaft zum Park nicht zimperlich beim Einsatz von Chemie. Von Seiten der Naturparkorganisation achtet man jedoch streng darauf, dass das geschützte Gebiet nur in organisierter Form zu besuchen ist. Von den Besucherzentren aus gibt es Landrover-Touren mit Führung. Frei zugänglich sind im Wesentlichen nur ein paar ausgeschilderte Wege, die jeweils nicht länger als drei Kilometer sind.

Die letzten iberischen Luchse (Lynx pardinus) leben im Coto de Doñana. Eines der Zukunftsprojekte des Parks ist, die vom Aussterben bedrohte Tierart in kontrollierten Gehegen zu vermehren.

Besucherzentrum El Acebuche/ Doñana Nature
✆/Fax 959 44 85 76
www.parquenacionaldonana.com
und
Plaza Acebuchal 22
21750 El Rocío
✆/Fax 959 44 21 60
mobil 630 97 82 16
www.donanavisitas.com
An der Straße von Rocío nach Matalascañas liegt das Besucherzentrum mit Infoschau und einem Spazierweg mit Stellen zur Vogelbeobachtung. Die Jeeptour mit Führer dauert 4 Stunden und geht über 70 km. Anmelden kann man sich direkt im Besucherzentrum, Karten und Info-Material gibt es gratis.

Dünenspaziergang Cuesta Manelli
An der Landstraße A 494 Richtung Huelva, gebührenpflichtiger Parkplatz
Auf der Fahrt nach Huelva, einige km nach der Abzweigung zwischen El Rocío und Matalascañas, taucht unübersehbar im Kiefernwald ein Parkplatz auf mit einem Holzplankenweg zum Strand. Man benötigt etwa 30 Min., um zum Strand zu kommen, der malerische Weg geht durch die Dünen, und immer wieder Blick aufs Meer. Am Strand bizarre goldgelbe Kalkfelsen. Badesachen nicht vergessen!

Wanderung im Doñana Besucherzentrum La Rocina

Im Coto de Doñana ist es unmöglich einen Schritt zu tun, ohne ein Singen oder Flattern zu hören. Der Nationalpark umfasst 50 720 Hektar, der dazugehörige Naturpark 54 000 Hektar.

A 483 bei El Rocío
✆ 959 44 23 40
Mit Besichtigung 4 Stunden (8 km), perfekt ausgeschilderter und vorgegebener Weg, zum Teil Holzstege, nicht empfohlen in den Sommermonaten.

Kiefern, Lagunen, Marismas und Korkeichen bestimmen den Weg Charco de la Boca. Er beginnt im Besucherzentrum und ist 3,5 km lang. Der Weg führt bis zum Palacio de Acebrón mit Doñana-Ausstellung. Von hier aus geht es 1,5 km weiter durch den Charco de Acebrón und zurück.

Doñana Nature
El Rocio
Las Carreteras 10
✆/Fax 959 44 21 60
www.donana-nature.com
Die Firma ist spezialisiert auf geführte Jeepausflüge (auch deutschsprachig) in das Naturschutzgebiet Doñana. Kleine Gruppen; Ferngläser werden gestellt.

Tipps am Wege:

Parque Dunar
Avda. Adelfas, Matalascañas
✆ 959 44 80 86
Der Dünenpark an der Playa Matalascañas ist ein Interpretationszentrum mit Spazierwegen, es gibt aber auch Reitmöglichkeiten. Verschiedene Wassersportarten. Golfplatz (Golf Dunas de Doñana, ✆ 959 44 18 10).

Museo del Mundo Marino
Parque Dunar, Matalascañas
✆ 959 44 84 09, Di–Sa 10–14 und 15.30–18, So 10–14 Uhr
Das Ökosystem der Dünen und alles, was im Meer schwimmt, erläutert das Museum mit Skeletten, Nachbildungen, Schautafeln.

An der Mündung des Río Guadalquivir in den Atlantik: Sanlúcar de Barrameda zur »blauen Stunde«

6 Sanlúcar de Barrameda

Am rechten Ufer des Guadalquivir und seiner Mündung ins Meer liegt Sanlúcar de Barrameda, zweite Verbündete im Sherry-Dreieck. Sie gehört noch in die Provinz Cádiz, doch schon auf der anderen Seite des Flusses beginnt die Provinz von Huelva. Die kleine Stadt mit ca. 60 000 Einwohnern ist populär für seine Strände, als Ferienziel und für seine insgesamt 17 Bodegas. Mit der **Fábrica de Hielo** besitzt sie ein Informationszentrum und einen Zugang zum Nationalpark Doñana, der sich gemütlich mit dem Boot ansteuern lässt. Ein Strandgürtel liegt zwischen dem Fluss und der Stadt.

Nähert man sich dem Zentrum, sieht man schon von weitem eine Kastellruine über der Stadt und den Kirchturm der **Nuestra Señora de la O** aus dem 14. Jahrhundert. Nebenan steht der Palast der Herzöge von Medina-Sidonia, der **Palacio Ducal**, der unterirdisch durch einen Gang mit der Kirche verbunden ist, ein Motiv, das man aus Córdoba übernahm. Dort war der Kalifenpalast genauso mit der Mezquita verbunden.

Wenngleich wenige historische Monumente den Ort zieren, so kann Sanlúcar doch mit großen Ereignissen aus der Seefahrt aufwarten: Der Portugiese Magellan brach in Sanlúcar 1519 zu seiner ersten Weltumsegelung auf und er soll angeblich über 500 Fässer und Schläuche von Sherry-Wein mit an Bord genommen haben. Und Kolumbus stach 1498 hier in See und entdeckte den Orinoco. Was den Sherry anbelangt: Er heißt hier Manzanilla und hat sogar ein eigenes Museum bekommen, das **Museo Barbadillo de la Manzanilla**. Im Sommer verwandelt sich der Strand zu einem pittoresken Schauplatz eines Pferdewettbewerbs. Im 19. Jahrhundert begannen die Fuhrleute, die die Fische und Meeresfrüchte von den Schiffen abtransportierten, ein Rennen auszutragen. Zwischen den Stränden von Bajo de Guía und Las Piletas, gute zwei Kilometer, laufen die Pferde noch heute jedes Jahr wieder.

Von Sanlúcar de Barrameda brach der Portugiese Fernando Magellan 1519 zu seiner ersten Weltumsegelung auf (Kupferstich um 1693)

Service & Tipps:

Oficina de Turismo
Calzada del Ejército s/n
11540 Sanlúcar de Barrameda
✆ 956 36 61 10, Fax 956 36 61 32
www.turismosanlucar.com

Palacio Ducal
Plaza de los Condes de Niebla
Sanlúcar de Barrameda
Der Herzogspalast ist ein Aussichtspunkt auf die Unterstadt. Mit seinen Gärten ist er ein würdiger Unterbringungsort des herzoglichen Archivs. Der Palast wurde auf den Resten einer maurischen Burg errichtet.

**Bodega Barbadillo/
Museo Barbadillo de la Manzanilla,** C/Sevilla 1
Sanlúcar de Barrameda,
✆ 956 38 55 21, www.barbadillo.com
Mo–Sa 10–15 Uhr, Bodega-Führung auf Englisch um 11, auf Spanisch um

12 und 13 Uhr, Eintritt € 3
1821 wurde der Familienbetrieb gegründet, eine Firma, die heute führend ist in der Manzanilla-Herstellung. Und Barbadillo ist fast schon synonym für Weißwein aus Andalusien.

Mercado de Abastos
Der Markt liegt zwischen dem Barrio Alto und dem Barrio Bajo, d.h. zwischen Ober- und Unterstadt, rund um die Plaza San Roque. Straßenmarkt für Kleidung, Obst und Gemüse und eine Augenweide an Fisch und Meeresfrüchten in der Markthalle.

Real Fernando – mit dem Schiff in den Nationalpark
Doñana-Besucherzentrum
Fábrica de Hielo in Sanlúcar de Barrameda, ✆ 956 36 38 13, tägl. ab 10 Uhr, 3,5 Std., Fahrt € 15
Schifffahrt mit Zwischenstopps in den Dünen und Marismas.

Bigote
Bajo de Guía 10
Sanlúcar de Barrameda
✆ 956 36 32 42, So geschl.
Ursprünglich eine typische Seemannskneipe, die sich zu einem feinen Restaurant gemausert hat mit Blick auf den Nationalpark. Langostinos und dazu Manzanilla sind Standard des Hauses. Fischgerichte. €

Casa Juan
Bajo de Guía s/n
Sanlúcar de Barrameda
✆ 956 36 26 95
Ein Klassiker für Langostinos und Fisch. Bei Flut reicht das Wasser bis unter die Terrasse. €€

Fiestas
Feria de Manzanilla: in der letzten Maiwoche.
Las Carreras de Caballos: zwischen Mitte bis Ende August.

Die weißen Hausfassaden von Vejer de la Frontera

7 Tarifa und die Ruta Atlántica

Die Küstenstraße von Cádiz aus nach Süden heißt offiziell Atlantikroute, **Ruta Atlántica**, und reiht einen Badeort an den anderen. Doch Wind muss man mögen und ertragen: Bei Tarifa treffen Atlantik und Mittelmeer aufeinander, es herrscht im Vergleich zu den anderen Mittelmeerstränden ein relativ raues Klima, das ganz besonders von den Windsurfern geschätzt wird. Statt Bettenburgen herrschen hier Campingplätze und kleine Hotels vor; und oft kann es passieren, dass das Wetter Kapriolen schlägt und einen Strandaufenthalt unmöglich macht.

Über **San Fernando** und **Novo Sancti Petri** gelangt man an die **Playa Barrosa**, an der luxuriöse Hotels mit Golfplätzen dominieren. Der kleine Fischerort **Conil de la Frontera** ist neben Vejer eines der charmantesten Städtchen. An der Steilküste kann man auf schmalen Pfaden zum Leuchtturm von **Cabo Roche** spazieren und immer wieder Badepausen in den kleinen Buchten einlegen. Das schneeweiße Bergdorf **Vejer de la Frontera** besteht aus einem

Gibraltar – in der Vergangenheit heiß umkämpfter strategischer Punkt zwischen Europa und dem Schwarzen Kontinent

unendlichen Gewirr aus kleinen Gassen, Treppen und Plätzen. Bei Vejer liegt **Cabo de Trafalgar**, der Schauplatz der legendären Seeschlacht von 1805, die Lord Nelson gewann.

Die eindrucksvolle Küstenstraße demonstriert Kilometer für Kilometer die strahlende Costa de la Luz in der Meerenge von Gibraltar. **Tarifa**, die südlichste Stadt Europas, die nur 14 Kilometer von Afrika trennen, war streng ummauert und von jeher ein strategischer Punkt. Von der Stadtmauer ist nur die **Puerta de Jerez** übrig, aber die engen Straßenzüge der 15 000-Einwohner-Stadt muten mittelalterlich-arabisch an. 711 setzte der Berberführer Tarik Ben Malek von Afrika über und gab der Meerenge seinen Namen: Gibraltar leitet sich ab von »Berg des Tarik«. Mit ihm begann der Siegeszug der Moslems auf der Iberischen Halbinsel, die dem Land eine große Blütezeit bescherte, aber auch jahrhundertelangen Glaubenskrieg. Tarifa gründete Tarik kurz nach seiner Landung und auch hier nimmt der Name auf ihn Bezug. Über der Stadt thront ein arabisches Kastell, von Kalif Abd-ar-Rahman III. gegründet. Und von den gigantischen Dünen Tarifas aus ist es leicht möglich, Hunderte von Windsurfsegeln zu sehen, die heutigen Invasoren der Stadt.

Die Straße führt weiter bis **Punta Paloma** mit Pinienwald, Dünen und kristallklarem Wasser. An der **Playa de Bolonia** liegt einsam eingebettet die Römerruinenstadt **Baelo Claudia**. **Algeciras** kündigt sich mit arabischen Straßenschildern an, die Fährenstadt nach Nordafrika und nach Gibraltar. Über den **Mirador del Estrecho** eröffnet sich ein grandioser Blick nach Afrika. Auch die Hotelburgen bestimmen nun wieder das Bild.

Gibraltar war ein strategisch heiß umkämpfter Punkt zwischen Afrika und Europa. Seit dem Frieden von Utrecht 1713 gehört die Halbinsel mit dem Affenfelsen zu Großbritannien. 1963 versuchte die UNO Gibraltar zu entkolonisieren. Doch die »Gibraltarians« stimmten fast einhellig dafür, britisch zu bleiben. 2002 verständigten sich Großbritannien und Spanien über eine gemeinsame Kontrolle der Kolonie an der Südspitze. Doch fast 98 Prozent der Bürger Gibraltars stimmten in einem unabhängigen Referendum gegen diese Pläne.

Der letzte Skandal ereignete sich im Sommer 2004, als der britische Außenminister durch seine Anwesenheit bei der glorreichen Feier der Einnahme Gibraltars von Spanien 1704 von Spaniens Regierung und Presse stark kritisiert wurde (Das war eine klare Absage Blairs an Zapatero, der seinen Spezi Aznar bei den Wahlen verloren hatte. Die Fronten und die Konfrontation sind damit klar! Gibraltar, der alte Zankapfel, musste herhalten). Eine Menschenkette umrundete den Affenfelsen und demonstrierte damit ihre Zugehörigkeit zu Großbritannien. Den Españoles bleibt das Nachsehen und ein englischer Fremdkörper auf der Halbinsel, noch dazu an einem strategisch begehrten Ort. Spanier lockt die Freihandelszone nach Gibraltar, Ausflügler ein Cable-Car zu den frei lebenden Affen am Felsen. Mit großen Sehenswürdigkeiten kann Gibraltar nicht aufwarten.

Service & Tipps:

Windsurfen
Escuela de Vela de Islantilla, Huelva, ✆ 635 58 77 71
www.velaislantilla.es
Club Náutico de Barbate, Cádiz
✆ 956 43 39 05
Eine komplette Liste der Surfschulen bekommt man unter: ✆ 956 23 63 52 und www.windsurfesp.com oder www.tarifaspinout.com
In der Provinz Cádiz, an den Küsten von Tarifa könnte man von einem Epizentrum des Windsurfsports sprechen. Ideale Voraussetzungen auch für Ungeübte, einen Kurs in einem der vielen Wassersportclubs wahrzunehmen.

Turmares Tarifa
Avda. Alcalde Juan Nuñez 3, local 12, 11380 Tarifa
✆/Fax 956 68 07 41
www.turmares.com
Delphine und Wale beobachten in der Meerenge von Gibraltar: Täglich laufen Boote aus, Reservierung ist Bedingung.

Ausflug nach Tánger
FRS, Estación Marítima, Tarifa
✆ 956 68 18 30, Fax 956 62 71 80
www.frs.es
Die Agentur bietet ein- und zweitägige Ausflüge nach Marokko an, inklusive deutschsprachiger Führung. Mit einem Hochgeschwindigkeitskatamaran geht es in einer guten halben Stunde nach Tanger. Außerdem betreibt die Firma einen Linienverkehr von Algeciras nach Tarifa. One Way € 37.

Ausgrabungsstätte Baelo Claudia
Bolonia s/n, Tarifa
✆ 956 10 67 96, Fax 956 68 85 60
Di–Sa 10–20, So/Fei 10–14, Okt. und März–Mai 10–19, Nov.–Feb. 10–18 Uhr, EU-Bürger Eintritt frei
Eine Römerstadt am Strand, in der noch die Reste eines Theaters, von Thermen und Aquädukten auszumachen sind, verstreut auf 13 Hektar. Baelo Claudia entstand im 2. Jh. v. Chr. durch den Handel mit Nordafrika. Das Einpökeln von Fisch war Haupterwerb der Römerstadt. Ein Erdbeben im 2. Jh. setzte der Blütezeit ein jähes Ende.

Restaurante Casa Juan
Playa de El Palmar/Vejer, Cádiz
✆ 956 23 20 99

Wo die Surfer zu Hause sind: Tarifa

Eines der typischen Chiringuitos, Strandlokale, die selbstredend Paella, frischen Fisch und Landhuhn anbieten. €

El Campero
Avda. de la Constitución 5
Barbate
✆ 956 43 23 00
In Barbate ist man spezialisiert auf fangfrische Thunfische, auf vielerlei Arten zubereitet, z.B. als *Butifarra*, Wurst, oder mit Gazpacho (*Gazpacho* ist eine kalte Gurken-Tomaten-Cremesuppe und wird in diesem Fall mit Fisch garniert; die flüssigere Variante des *Salmorejo*). Und zum Nachtisch vielleicht ein Milchreisschaum auf Pfirsich gefällig? Essen kann man an der Bar, auf der Terrasse oder im Speiseraum. €€

Tipps am Wege:

Parque Natural de los Alcornocales
Über die A 369 von San Roque (Algeciras) aus Richtung Jimena de la Frontera
✆ 956 41 33 07
Steineichen, Wildoliven, frei gehaltene Stiere und unzählige Korkeichen, *Alcornoces*, machen den Naturpark an der Küste zum größten Korkeichenwald in Europa. Die beiden Hauptorte im Naturpark sind Jimena de la Frontera und Castellar de la Frontera.

Playa de Valdevaqueros in Tarifa

Ersterer ist Sommerresidenz vieler Engländer, die sich dort in ihr Ferienhäuschen zurückziehen. Viele ausgeschilderte Wanderwege durchziehen den Parque.

Korkgewinnung

Im 19. Jahrhundert wurde in Andalusien mit der Korkgewinnung begonnen, eine delikate Angelegenheit, die viel Geschick vom Corchero erfordert. Er darf nicht zu viel von der Rinde abschneiden, um dem Baum nicht zu schaden. Nach etwa 20 Jahren wird der Baum zum ersten Mal geschält. Die Qualität des sogenannten *Bornizo* ist noch schlecht. Erst nach etwa zehn Jahren erfolgt die zweite Schälung; die folgenden Schälungen weisen immer bessere Qualität auf. Verwendet wird eine Spezialaxt für die Prozedur, die zwischen Juni und September durchgeführt wird, da sich der nun rote Alcornoque-Stamm dann am besten davon erholen kann. Mit Maultieren schafft man die Stücke erst zum Wiegen und dann zum Abtransport in die Korkfabriken. Zehn Schälungen und 150 Jahre etwa erlebt ein Baum. Zusammen mit der spanischen und der portugiesischen Extremadura liefert die Iberische Halbinsel jede Menge des Materials, über deren Verwendung kein Zweifel besteht. Natürlich ist auch in Spanien die Flaschenverkorkung mit Silikon im Gespräch, heute mehr denn je, verursacht durch die verheerenden Waldbrände, die vielen Waldbauern ihre hart erworbene Lebensgrundlage nahmen.

Korkeichen geschält und ungeschält ▷

Jerez und Sevilla

Lebendige Opernkulisse in Groß und Klein

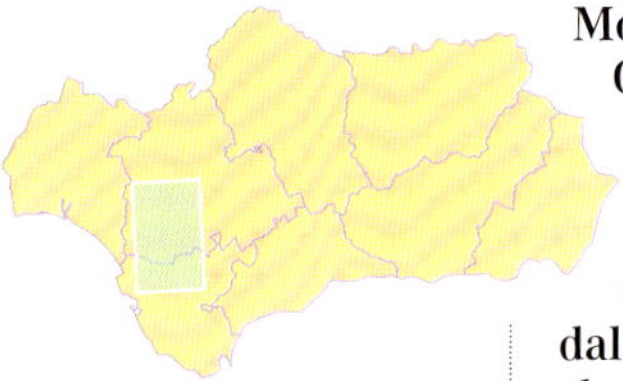

Moderne Metropole und romantische Opernkulisse – beide Gesichter gehören zu Sevilla. 1992 hat Andalusiens Millionendorf international auf sich aufmerksam gemacht mit der Expo, der vielleicht eindrucksvollsten Weltausstellung seit langem, die unter dem Zeichen der Entdeckung Amerikas stand. Tatsächlich spielten Kolumbus und der Guadalquivir Schicksal für die Hauptstadt im Süden, die weit mehr als nur Flamenco und Giralda zu bieten hat. Eine Autobahnstunde entfernt Richtung Süden liegt Jerez, ein Sevilla im Kleinen: Die Ferias sind intimer, die Kleider genauso rauschend und bunt. In Jerez, so heißt es, muss man schon ein Pferd oder ein Domecq sein, um etwas zu gelten, denn die Sherry-Barone mit ihren Bodegas und die Pferdezucht bedeuten alles für diese Stadt. Die »Kathedralen des Jerez« bestimmen das Ortsbild. Und Pferde überall: Die spanische Hofreitschule hat hier seinen Sitz.

❶ Jerez de la Frontera

Der **Sherry-Wein** hat die Stadt weltberühmt gemacht. Über 700 Bodegas zählt allein Jerez de la Frontera, und noch viele mehr sind es mit denen des »Sherry-Dreiecks« zwischen El Puerto de Santa María und Sanlúcar de Barrameda. Der Weinanbau blickt in Spanien auf eine lange Tradition zurück: Schon die Römer und danach die Mauren kultivierten Reben, letztere allerdings, so wird behauptet, zur Saftherstellung, da der Islam den Genuss alkoholischer Getränke untersagt. Als Sir Francis Drake im 16. Jahrhundert Spaniens Küsten unsicher machte, hat der geadelte Pirat bei seiner Plünderung von Cádiz auch 3000 Schläuche Jerez erbeutet und nach England gebracht, wo sich der Rebensaft schnell beliebt machte. Nur den

REGION 3
Jerez und Sevilla

Die Kathedrale in Jerez de la Frontera stammt aus dem 18. Jahrhundert

Namen »Jerez« konnten die Briten schwer aussprechen und so verwandelten sie das Wort zu »Sherry«.

Williams & Humbert, **Sandeman** oder **Terry**, einige der namhaften Bodegas, sind britische Gründungen in der Sherry-Stadt. Großbritannien ist de facto mit den Niederlanden und Deutschland der größte Importeur der Jerezflaschen – »Trinkst du nicht einen Sherry um elf, dann trinke elf um eins!«. Neben González-Byass ist **Domecq** der renommierteste Erzeuger – eine Familie französischen Ursprungs und seit dem 18. Jahrhundert ansässig, die neben Sherry zugleich die führende Kampfstierzucht inne hat. Nach vorheriger Anmeldung und mit deutscher Führung kann man die sogenannten Kathedralen des Jerez – die Bodegas mit ihren langen Fassreihen erinnern tatsächlich an Kirchenschiffe – besichtigen und die Weine degustieren.

Grundstoff des Sherry-Weins ist eine aus Kalifornien stammende weiße Rebsorte, Palomino blanco. Aus ihr werden im Wesentlichen vier verschiedene Sherry-Arten hergestellt. Der topasfarbene Fino ist herb und trocken und hat einen leichten Mandelgeschmack. Er eignet sich vorzüglich als Aperitif, zu Oliven und Schinken. Wenn man in einer spanischen Bar einen Sherry trinken möchte, verlangt man direkt einen Fino, der so kalt wie möglich getrunken werden sollte. Die geöffnete Flasche muss auf jeden Fall gekühlt aufbewahrt und in etwa einer Woche konsumiert werden, weil der Fino dann an Geschmack verliert und so eher für Consommé geeignet ist. Der bernsteinfarbene Amontillado ist halbtrocken, der dunkelgoldene und wohlriechende, so sein Name, Oloroso trocken und mit zartem Nussaroma. Als Dessertwein eignet sich der dunkle und süße Dulce beziehungsweise Cream, für den ausschließlich Pedro-Ximénez-Trauben verwendet werden, eine Rebsorte, die ein Deutscher namens Peter Simsen im 17. Jahrhundert nach Spanien einführte und die deshalb seinen Namen trägt. Faustregel: Der Nachtisch sollte niemals süßer als der Wein sein, bestens geeignet ist aber auch Blauschimmelkäse, den man mit Bitterorangenmarmelade und geröstetem Weißbrot servieren kann.

Entscheidend für die Sherry-Produktion ist die Lagerung: Verwendet werden Eichenholzfässer – das Holz stammt in der Regel aus Kanada –, die über Jahrhunderte alt sein können. Im Gegensatz zum Portwein werden die Fässer nach der Fermentierung nur zu drei Vierteln gefüllt, damit der Wein atmen

Fassade der Kartäuserkirche (Jerez de la Frontera)

kann. Sauerstoff und die Bildung einer Hefeflor sind entscheidend, um den Wein zu »erziehen«. Drei oder vier Fassreihen werden übereinander gestapelt, die unterste heißt Solera, die weiteren Criadera. Der Kellermeister füllt dann regelmäßig von oben nach unten Wein um; in der Solera-Reihe angekommen, wird er schließlich in Flaschen abgefüllt. Diese Prozedur dauert beim Fino etwa drei Jahre. Das heißt, bei Sherry gibt es aufgrund dieses Vermischens keine Jahrgänge, dafür eine immer gleich bleibende Qualität des Weins. Die dunklen, kaum mit Fenstern versehenen Bodegas haben Sandboden, von demselben Sand, den man in der Stierkampfarena verwendet und der Feuchtigkeit gut speichert. Er wird ständig besprüht und feucht gehalten, um in der Bodega ein Mikroklima zu erzeugen, das dem Wein gut tut. Mit einer langen Schöpfkelle, der Venencia, holt der Kellermeister gekonnt die edlen Tropfen zum Probieren aus dem Fass. Der erste Tropfen - so will es ein altes Ritual - wird auf den Boden geschüttet und das letzte Glas niemals ausgetrunken.

Nach so viel Wissenschaft und Prozenten kann man gleich in nächster Nähe von Domecq die Pferde für sich tanzen lassen: Die **Real Escuela Andaluza del Arte Ecuestre**, also die königlich andalusische Reitschule, 1973 von Álvaro Domecq gegründet, zeigt gegen stattlichen Eintrittspreis das Ballett ihrer Pferde.

Das eigentliche Ortszentrum von Jerez gruppiert sich um die **Kathedrale** und den **Alcázar**. Die mehrfach restaurierte Burganlage geht auf die Almohadenzeit des 12. Jahrhunderts zurück. Im Inneren sind noch Reste arabischer Bäder und eine Moschee erhalten. Unter maurischer Herrschaft stand Jerez bereits kurz nach der Invasion Tariks 711. Die Christen eroberten die Stadt unter Alfons X. zurück, doch der Widerstand gegen die Eroberer hielt noch fast hundert Jahre lang an, weshalb der Name »de la frontera«, »der Grenze«, die Grenzlinie zwischen muslimischem Gebiet im Süden und christlichem im Norden in der Reconquista meint. Zugute kam den Moslems ihre kräftige Wehranlage: Vier Kilometer war die Stadtmauer lang, die vom Alcázar aus das Stadtgebiet und seine 16 000 Einwohner umschloss. In die Anlage ist der Villavicencio-Palast integriert. Die Villavicencios waren wohlhabende Adlige, die sich ab dem 17. Jahrhundert auch um die Restaurierungen am Alcázar kümmerten. Die Kuriosität im Palast: Eine Cámara Oscura (vgl. Cádiz/Torre Tavira, S. 39) zeigt Jerez auf originelle Art. Die Kathedrale aus dem 18. Jahrhundert wurde auf den Fundamenten der Freitagsmoschee errichtet, steht aber aus künstlerischer Sicht weit hinter den Kirchen in Sevilla oder Granada.

Service & Tipps:

Departamento de Turismo
C/Paul s/n, 11402 Jerez
✆ 956 35 98 63
Fax 956 35 98 62
www.turismojerez.com

Eine der bedeutendsten Sherry-Bodegas in Jerez de la Frontera: Domecq

Domecq
C/San Ildefonso 3, Jerez
✆ 956 15 15 00, Fax 956 33 86 74
www.bodegasfundadorpedrodomecq.com
Besuch und Sherry-Probe mit Führung (auch auf Deutsch) Mo–Fr 10–14 Uhr, stündlich; nachmittags und Wochenende nach Anmeldung
Die Bodega des Pedro Domecq ist die älteste und mit seinen Gebäuden aus dem 18. Jh. die eindrucksvollste.

Bodegas »Williams & Humbert«
Ctra. N-IV, km 641,75, Jerez
✆ 956 35 34 06, Fax 956 35 34 08
www.williams-humbert.com
Mo–Fr 10, 12 und 14 Uhr, sonst Anmeldung für Gruppen ab 10 Personen, Führung auch auf Deutsch
Mit Domecq eine der schönsten und traditionsreichsten Anlagen.

Die Real Escuela Andaluza del Arte Ecuestre – die Königlich-andalusische Schule der Reitkunst in Jerez de la Frontera

Andalusische Pferde

Niemand weiß wissenschaftlich genau wer ihre Ahnen sind – Araber, Vorromanen … –, aber ihre Noblesse steht außer Frage. Elegant, gelehrsam und perfekt für die Dressur und den Rejoneo, den Stierkampf zu Pferde, stehen andalusische Pferde an der Spitze der Reithierarchie. Ihr Name wird unter Pferdenarren heiß diskutiert. Auch wenn einige sie Andalusier nennen, ist ihre offizielle Bezeichnung »Pura Raza Española« (PRE). Die Eleganz des Trotts und des hochgehobenen Hufes, das den Schritt markiert, sind unvergleichliche Zeichen ihrer Identität; Pferde, die Emire, Könige und Soldaten zu ihren Favoriten erklärten.

Zu ihrer Abstammung gibt es verschiedene Theorien: etwa die, Nachfahren vom mythischen Equus Iberico zu sein, das die Römer auf der Halbinsel antrafen, oder ihre Verwandtschaft zu den Tieren, die die Mauren mitbrachten. Wie dem auch sei, die Verbreitung dieser Rasse in Europa und Amerika war ab dem 16. Jahrhundert unaufhaltsam. Die Real Escuela Andaluza del Arte Ecuestre, die Königlich-andalusische Schule der Reitkunst in Jerez de la Frontera ist das beste Beispiel für ihre Bedeutung heute. 2002 trug die Stadt die Reitweltmeisterschaften aus. Und das Ergebnis sechs Jahre langer Ausbildung in der Reitschule zeigen die Profis in den alltäglichen Spektakeln, wenn sie die Pferde zu einer wahren Reitchoreographie tanzen lassen.

Der Cartujano, der Kartäuser, ist eine Verfeinerung des spanischen Pferdes. Sein Ursprung ist das 18. Jahrhundert, als Kartäusermönche das andalusische Pferd mit einem kräftigen Zuchthengst der Rasse Esclavo kreuzten, den sie als Bezahlung von Pfründen bekamen. Um die reinen Züge zu erhalten, kreuzten sie weiter mit Araberpferden, was wiederum ihre orientalische Morphologie erklärt: gerades Profil und ein etwas kleinerer Kopf als die PRE. Als König Karl III. dann die Pferdezucht mit italienischen Hengsten ankurbeln wollte, weigerten sich die Mönche auch nur eine Stute zur Verfügung zu stellen. Bei aller Nostalgie: Die Pferdezucht ist heute eine Gewinn bringende Industrie, für deren »Marke« Andalusien keine Promotion braucht. Domecq ist das beste Beispiel dafür. Über 150 000 Pferdeköpfe zählt die Region, genauso viele Besucher kommen jährlich zum Salón Internacional del Caballo (SICAB) in Sevilla, wenn rund 1200 Exemplare der Art zur Schau gestellt werden.

Kuppel der Kathedrale von Jerez de la Frontera

Real Escuela Andaluza del Arte Ecuestre
Avda. de Abrantes s/n, Jerez
✆ 956 31 80 08
Fax 956 31 80 15
www.realescuela.org
Installationen und Training: Mo–Fr 10–13 Uhr, Pferdeschau jeden Do 12 Uhr, März–Okt. auch Di, Aug. auch Fr
Die große Attraktion der Reitschule ist das Pferdeballett mit Reiterkostümen im Stil des 18. Jh.

Museo del Enganche
Avda. Duque de Abrantes s/n
Jerez
✆ 956 31 80 08
Mo–Fr 10–20, Sa 10–14 Uhr
Ein interaktives Kutschenmuseum, in dem man außer den Karossen auch die speziell dafür ausgebildeten Pferde besucht. Das Museum befindet sich gleich neben der Reitschule, zu dem es als Dependance gehört.

Alcázar
Alameda Vieja s/n, Jerez
✆ 956 31 97 98
Mai–15. Sept. Mo–Sa 10–20, 16. Sept.–April 10–18, So 10–15 Uhr
Arabische Bäder, eine kleine Hofmoschee und eine Cámera Obscura im modernen Adelspalastteil sind zu bestaunen.

Colegiata de San Salvador
Plaza de la Encarnación, Jerez
✆ 956 34 84 82
Mo–Fr 11–13 und 18–20, Sa 11–14 und 18–20, So 11–14 Uhr
Große Besonderheit der Kirche: Hier steht der Glockenturm wie ein italienischer Campanile separat zum Gotteshaus.

Flamenco
El Lagá de Tío Parilla
Plaza Becerra 5, Jerez
✆ 956 33 83 34
Tägl. ab 22.30 Uhr Vorstellung, Eintritt € 20 mit Getränk
Noch besser als in der Flamenco-Hochburg Sevilla kann man hier Flamenco sehen, denn die Tablaos sind in Jerez noch nicht so sehr zur routinierten Tourismusdarbietung verkommen.

El Gallo Azul
C/Larga s/n, Jerez
✆ 956 32 61 48
Das Eckhaus gleich bei Fußgängerzone und Markthalle aus der Jugendstilzeit: Tapas in vielen Variationen an der langen Theke und auf der Terrasse. Restaurant im 1. Stock.
€–€€

La Mesa Redonda
Manuel de Quintana 3, Jerez
✆ 956 34 00 69
So/Fei geschl.
Restaurant im Stil andalusischer Palasteinrichtung. Exzellente Wildgerichte. Unter Gourmetkreisen das erste Lokal der Stadt.
€€€

El Bosque
Av. Alcalde Alvaro Domecq 26
Jerez
✆ 956 30 70 30
So geschl.
Andalusisches Haus im Park, mit Terrasse. Traditionelle Küche mit Pfiff wie Seewolf in Mandarinen- und natürlich Rinderfilet in Sherrysoße.
€€€

Feste
Semana Santa: Fast so rauschend wie in Sevilla: Mehr als 30 Bruderschaften, die zur Karwoche durch die Straßen ziehen.
Feria de Caballo/Maifest: (1 Woche zwischen 1.–15. Mai) Das populärste Fest in Jerez, das seit dem 13. Jh. zelebriert wird: Umzüge mit Pferdekutschen, Pferdeprämierung und jede Menge Flamenco.
Fiesta de Bulería: Flamenco-Festival im September.
Fiestas de Otoño/Herbstfest: (24. September, 9. Oktober, jeweils eine Woche) Ein Festzyklus rund um Flamenco, Pferde und Wein. Segnung des neuen Mostes, Weinernteumzüge und mehr als 1000 Pferde zur großen Parade am 9. Oktober.

Reitclub
Club Nazaret
Avda. Nazaret s/n
Jerez
✆ 956 34 77 50
Wer selbst Lust bekommt, sich im Reiten zu üben …

2 Sevilla

Ein inzwischen feststehender Ausspruch rühmt die Stadt: »Quien no ha visto Sevilla, no ha visto maravilla.« »Wer Sevilla nicht gesehen hat, der hat kein

Sevilla mit der Torre del Oro vom Río Guadalquivir aus gesehen

Wunder gesehen.« Das gilt für die heutige moderne Hauptstadt Andalusiens mehr denn je, die trotz einer Million Einwohner und des Industriegebietes Kansas City den Charme eines Dorfes versprüht und in deren Gassen des Santa-Cruz-Viertels man auf Schritt und Tritt durch Literatur spaziert. Bizet machte sie zum Schauplatz von »Carmen«, der spanische Philosoph Ortega y Gasset nennt sie »Stadt der Reflexe«, in der nicht nur die Menschen, sondern auch die Straßen, die Bäume und die Plätze zu sprechen scheinen. Als 1992 die Weltausstellung Expo Hunderttausende Besucher anzog, mauserte sich Sevilla zu einer Metropole; ein internationaler Flughafen und die Schnellzugverbindung AVE nach Madrid machten sie nur noch attraktiver. Das Motto lautete: 500 Jahre Entdeckung Amerikas. Christoph Kolumbus spielte für Sevilla Schicksal, als er im April 1492 mit drei Karavellen über den Guadalquivir-Fluss in die Neue Welt hinaussegelte. Die Stadt bekam das Monopol für den Amerikahandel und wurde reicher und größer als alle anderen spanischen Städte. Die Barockzeit war die Blütezeit Sevillas, die Sevillaner Malerschule ist ein Beispiel dafür, angeführt von den Künstlern Murillo und Zurbarán.

Die Stadtgeschichte reicht allerdings viel weiter zurück: Der Legende nach soll Herkules die Stadt gegründet haben. Nach Keltiberern, Phöniziern und Karthagern wurde Hispalis Römerstadt und Endpunkt ihrer wichtigen Straßenachse Ruta de la Plata. Während der Westgotenherrschaft schrieb Bischof Isidor seine berühmte Enzyklopädie. 712 wurde sie von Omaijaden-Heerführer

Zeichen kirchlicher Macht im Spanien des 15. Jahrhunderts: die Kathedrale von Sevilla

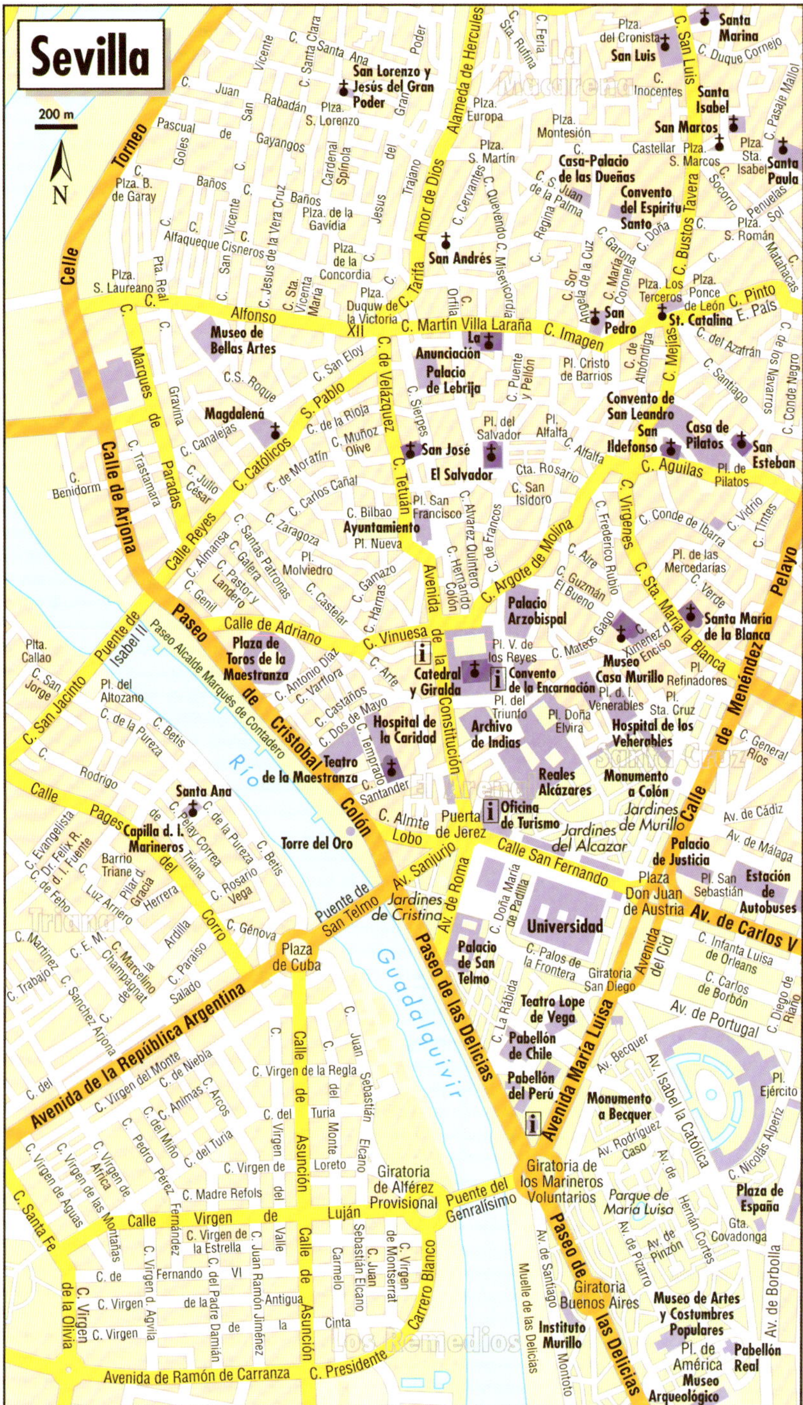
Sevilla
200 m
N
Santa Marina
Plza. del Cronista
San Luis
C. Duque Cornejo
C. San Luis
La Macarena
C. Feria
C. Sta. Rufina
C. Santa Clara
C. Santa Ana
C. Vicente
San Lorenzo y Jesús del Gran Poder
Plza. S. Lorenzo
C. Juan Rabadán
Pascual de Gayangos
Alameda de Hercules
Plza. Europa
C. Inocentes
Santa Isabel
San Marcos
C. Pasaje Mallol
Plza. Montesión
Plza. S. Martín
Casa-Palacio de las Dueñas
C. Castellar
Plza. S. Marcos
Plza. Sta. Isabel
Santa Paula
Torneo
C. Goles
Plza. B. de Garay
Baños
Baños
Plza. de la Gavidia
C. Cardenal Spínola
C. Jesús del Gran Poder
Trajano
Amor de Dios
C. Cervantes
C. Quevedo
C. Misericordia
C. S. Juan de la Palma
C. Regina
Convento del Espíritu Santo
C. Doña María Coronel
C. Bustos Tavera
C. Socorro
C. Penuelas
C. Sol
Plza. S. Román
C. Matahacas
Calle
C. Alfaqueque
C. Cisneros
C. San Vicente
C. Jesús de la Vera Cruz
Plza. de la Concordia
San Andrés
C. Garona
Plza. S. Laureano
Pta. Real
C. Sta. Vicenta María
Plza. Duquw de la Victoria
C. Tarifa
C. Orfila
C. Sor Angela de la Cruz
Plza. Los Terceros
Plza. Ponce de León
C. Pinto
E. País
C. Alfonso XII
C. Martín Villa Laraña
C. Imagen
San Pedro
St. Catalina
Museo de Bellas Artes
La Anunciación
Palacio de Lebrija
C. de Velázquez
C. Puente y Pellón
Pl. Cristo de Barrios
C. de Albóndiga
C. Mejías
C. del Azafrán
C. de los Navarros
C. Conde Negro
C. Marques de Paradas
C. San Eloy
C.S. Roque
C. Gravina
S. Pablo
C. Santiago
Convento de San Leandro
Magdalena
C. de la Rioja
C. Muñoz Olive
C. Sierpes
Pl. del Salvador
Pl. Alfalfa
San Ildefonso
Casa de Pilatos
San Esteban
C. Canalejas
C. Católicos
C. de Moratín
San José
El Salvador
C. Alfalfa
C. Aguilas
Pl. de Pilatos
C. Trastamara
Calle de Arjona
C. Julio César
C. Benidorm
C. Carlos Cañal
C. Tetuán
Pl. San Francisco
Cta. Rosario
C. San Isidoro
C. Virgenes
C. Bilbao
Ayuntamiento
Pl. Nueva
C. Zaragoza
C. Alvarez Quintero
C. Hernando Colón
C. de Francos
C. Frederico Rubio
C. Conde de Ibarra
C. Vidrio
C. Tintes
Calle Reyes
C. Almansa
C. Santas Patronas
C. Galera
C. Pastor y Landero
Pl. Molviedro
C. Gamazo
C. Castelar
Avenida de la Constitución
C. Argote de Molina
C. Aire
C. Guzmán El Bueno
Pl. de las Mercedarías
C. Verde
Pelayo
C. Genil
C. Harnas
Palacio Arzobispal
C. Sta. María la Blanca
Santa María de la Blanca
Paseo de Cristobal Colón
Calle de Adriano
C. Vinuesa
Puente de Isabel II
Paseo Alcalde Marqués de Contadero
Plta. Callao
Plaza de Toros de la Maestranza
C. Antonio Díaz
C. Varflora
C. Arte
Pl. V. de los Reyes
C. Mateos Gago
C. Ximenez de Enciso
Museo Casa Murillo
Pl. Refinadores
C. San Jorge
C. San Jacinto
Pl. del Altozano
C. Castaños
C. Dos de Mayo
Catedral y Giralda
Convento de la Encarnación
Pl. del Triunfo
Pl. d. l. Venerables
Pl. Sta. Cruz
C. de la Pureza
C. Betis
Hospital de la Caridad
Archivo de Indias
Pl. Doña Elvira
Hospital de los Veherables
C. General Ríos
Calle de Menéndez
C. Rodrigo
Río
Teatro de la Maestranza
C. Temprado
C. Santander
El Arenal
Reales Alcázares
Monumento a Colón
Santa Cruz
Calle Pages del Corro
Santa Ana
C. Pelay Correa
C. de la Pureza
Capilla d. l. Marineros
Triana
C. Betis
Torre del Oro
C. Almte Lobo
Puerta de Jerez
Oficina de Turismo
Jardines del Alcazar
Jardines de Murillo
Av. de Cádiz
Av. de Málaga
C. Evangelista
C. Dr. Felix R. d. l. Fuente
Barrio Triane
C. Pilar d. Gracia
C. Rosario Vega
Av. Sanjurjo
Av. de Roma
Calle San Fernando
Palacio de Justicia
Pl. San Sebastián
Estación de Autobuses
C. de Febo
C. Luz Arriero
C. Herrera
Puente de San Telmo
Jardines de Cristina
C. Doña María de Padilla
Universidad
Plaza Don Juan de Austria
Av. de Carlos V
Triana
C. Génova
C. Martinez
C. E. M.
C. Marcelino Champagnat
C. Ardilla
Plaza de Cuba
Palacio de San Telmo
C. Palos de la Frontera
Avenida del Cid
C. Infanta Luisa de Orleans
C. Trabajo
C. Sanchez Arjona
C. Paraiso
Salado
Guadalquivir
Giratoria San Diego
C. Carlos de Borbón
Avenida de la República Argentina
Teatro Lope de Vega
C. La Rábida
Av. de Portugal
C. Diego de Riaño
Calle de Asunción
C. Juan Sebastián Elcano
Paseo de las Delicias
Pabellón de Chile
Avenida María Luisa
Av. Becquer
C. Virgen de la Regla
Pabellón del Perú
Av. Isabel la Católica
Pl. Ejército
C. del Monte
C. Virgen del Monte
C. de Niebla
C. Arcos
C. Animas
C. del Virgen
C. Turia
C. del Turia
Monumento a Becquer
C. Nicolás Alperiz
C. Virgen de Africa
C. Pedro Pérez Fernández
C. del Miño
C. Virgen de Loreto
C. Monte
Av. Rodríguez Caso
Av. de Hernán Cortes
C. Virgen de Aguas
C. Virgen de las Montañas
C. Madre Refols
Giratoria de Alférez Provisional
Puente del Genralísimo
Giratoria de los Marineros Voluntarios
Parque de María Luisa
Plaza de España
C. Santa Fe
Calle Virgen de Luján
C. Virgen de la Estrella
C. Virgen de Valle
C. Juan Sebastián Elcano
C. Virgen de Montserrat
Carrero Blanco
Av. de Pizarro
Av. de Pinzón
Gta. Covadonga
C. de Fernando VI
C. Virgen d. Agrvila
C. del Padre Damián
C. Juan Ramón Jiménez
C. Antigua
C. Carmelo
C. Asunción
Av. de Santiago
Muelle de las Delicias
Montoto
Giratoria Buenos Aires
Museo de Artes y Costumbres Populares
Av. de Borbolla
C. Virgen de la Olivia
C. Virgen
C. Cinta
Los Remedios
Instituto Murillo
Pl. de América
Pabellón Real
Museo Arqueológico
Avenida de Ramón de Carranza
C. Presidente

Reich an Kunstschätzen: die Kathedrale von Sevilla mit der Giralda

Tarik eingenommen. Nach dem Zerfall des Kalifats von Córdoba wurde Sevilla ein unabhängiges Königreich. Die nordafrikanischen Almohaden machten sie zu ihrer Hauptstadt und bestückten sie mit der prächtigen Giralda. 1248 eroberte Ferdinand III., »der Heilige«, Sevilla nach sechs Monaten Belagerung dank eines maurischen Söldnerheeres aus Granada. 300 000 »Heiden« wurden vertrieben. 1717 verlor die Stadt das Handelsmonopol mit Übersee, das Handelshaus verlegte man kurzerhand nach Cádiz. Eine Pestepidemie beschloss die kurze Blütezeit. Die Stadt fiel in einen Dornröschenschlaf, aus dem sie erst mit der Expo endgültig wiedererwachte.

Wunderbares Wahrzeichen Sevillas ist die **Giralda**, der hoch in den Himmel ragende Glockenturm der **Kathedrale**. Sie trägt ein Drehmännlein, eine Art Wetterfahne, auf ihrer Spitze. Drehen heißt »girar«, und davon leitet sich ihr Name ab. Als Orientierungspunkt im Gassengewirr ist sie mit ihren 93 Metern Höhe kilometerweit sichtbar. Rampen im Inneren machen den Aufstieg zur Aussichtsterrasse auf etwa 70 Metern zu einer nicht allzu schweißtreibenden Anstrengung.

Ursprünglich war der separat neben der Kirche stehende Turm das Minarett der Hauptmoschee Sevillas, 1172 von Almohadenherrscher Abu Jacub

Kathedrale (Grundriss)

- ***A Giralda***
- ***B Patio de los Naranjos***
- ***C Puerta de la Lonja***
- ***D Puerta de los Palos***
- ***E Puerta Mayor***
- ***F Puerta del Nascimiento***
- ***G Puerta de Bautismo***
- ***H Puerta de los Naranjos***
- ***I Puerta de las Campanillas***
- ***J Puerta Oriente***
- ***K Puerta del Lagarto***
- ***L Puerta del Perdón***
- ***M Bibliothek des Domkapitels***
- ***N Sagrario***
- ***a Capilla Real***
- ***b Capilla Mayor***
- ***c Capilla San Laureano***
- ***d Coro***
- ***e Grabplatte Fernán Colón***
- ***f Grabmal Christoph Kolumbus***
- ***g »Cristóbal«***
- ***h Capilla de San Pedro***
- ***i Capilla de San Antonio***
- ***j Capilla de las Escalas***
- ***k Capilla de Santiago***
- ***l Capilla de San Francisco***
- ***m Capilla de la Virgen del Pilar***
- ***n Capilla de la Virgen de la Antigua***
- ***o Capilla de San Hermengildo***
- ***p Capilla de San José***
- ***q Kapitelsaal***
- ***r Sacristía Mayor***
- ***s Sacristía de los Cálices***
- ***t Capilla de la Gamba***

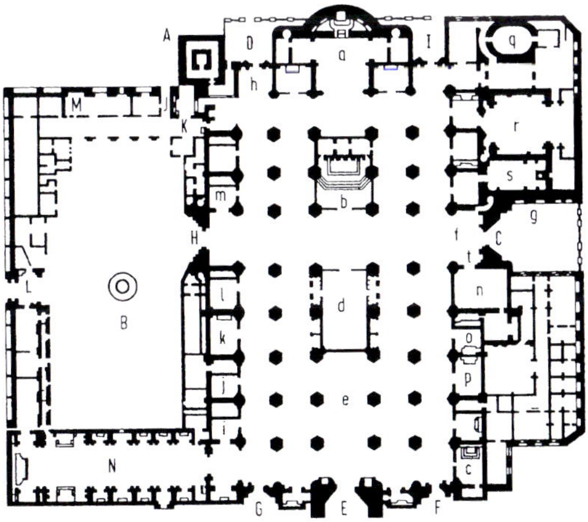

Grundriss der Kathedrale von Sevilla mit dem Grabmal des Christoph Kolumbus

Mudéjar-Palast Pedros I. »des Grausamen« – der Alcázar von Sevilla

Jusuf in Auftrag gegeben und binnen zehn Jahren vollendet. Doch wie im Zuge der Reconquista so üblich, wurde die Moschee, die ungefähr so riesig war wie die Mezquita Córdobas, direkt nach Einnahme der Stadt durch Ferdinand III. im Jahr 1248 zur christlichen Kirche geweiht und schließlich abgetragen, um auf ihren Fundamenten eine gotische Kathedrale zu errichten. Um 1401 beschloss das Domkapitel den Bau, der so groß werden sollte, »dass man uns für wahnsinnig hält«. 1506 waren die Bauarbeiten bereits im Wesentlichen fertiggestellt. Der Turm, als Symbol des Sieges der Christen über den Islam, blieb zum Glockenturm verwandelt stehen. Die über den Resten der Moschee errichtete Kirche ist eine der größten der abendländischen Kunstgeschichte: Nach dem Petersdom in Rom und St. Paul's Cathedral in London gilt sie als die drittgrößte Kathedrale.

Man betritt sie über den **Patio de los Naranjos**, den Orangenhof. Wo einst die rituelle Waschung der gläubigen Moslems stattfand, ist heute der Kreuzgang. Die spärliche Beleuchtung, fünf Kirchenschiffe und Kapellenkranz machen die Orientierung in der Kirche schwer. Wie in fast allen Kathedralen steckt zudem das Chorgestühl in einem kompakten Mauermantel und steht in einigem Abstand zum Chorgestühl. Warum? Diese spanische Besonderheit an Chorschranke erklärt sich aus der Geschichte der Wallfahrt. Von überall her, auch aus Andalusien, gingen Pilger in einen der wichtigsten Pilgerorte der Christenheit, nach Santiago de Compostela zum Jakobusgrab. Auf dem Weg dorthin beteten, schliefen und aßen sie in den Kirchen, taten praktisch alles, was zum Alltag gehört. Und damit die Priester bei dem natürlich hohen Geräuschpegel in Ruhe Messe abhalten konnten, wurde das Chorgestühl ummauert. Die Gemeinde nahm ganz hinten in der Kathedrale Platz und durfte das Messopfer auch gar nicht sehen.

Nach dem Konzil der Gegenreformation von 1563 wurde das geändert, in Deutschland etwa brach man die Lettner ab (manche sind jedoch erhalten), in Spanien war dies nicht nötig. Da zwischen Chorgestühl und Hauptaltar einiger Abstand besteht, musste man einfach nur die Sitzbänke noch vorne in die Kirche bringen.

Von dort aus sieht man auch die kunstvollen Schnitzereien des *Coros* aus Fichte und Tanne von 1478. Die **Capilla Mayor** ist der größte gotische Hochaltar der Welt. Mit ihren 23 auf 20 Metern füllt sie die gesamte Chorwand. In 45 Schnitzreliefs zeigt die Werkstatt des flämischen Meisters Pieter Dancart eine Überfülle an Figuren, die das Marienleben und den Leidensweg Christi darstellen, reich in Gold gefasst und von Flamboyantmaßwerk gerahmt. Vergoldete Gitter aus dem 16. Jahrhundert umschließen den Altarbereich.

Am anderen Ende des Querhauses und auf der gegenüberliegenden Seite des Eingangs befindet sich das monströse **Grabmal des Kolumbus**. 1902 wurde es geschaffen. Vier überlebensgroße Herolde, die die Königreiche Kastilien, León, Aragón und Navarra symbolisieren, unter der Krone der Katholischen Könige zu einem Reich vereint, tragen huldvoll den Sarkophag. 1506 verstarb Kolumbus in Valladolid, und dann unternahmen seine Gebeine geradezu eine Odyssee: Er selbst wollte in Santo Domingo bestattet sein; die Kolonie ging im 18. Jahrhundert an Frankreich verloren, so wurden seine sterblichen Überreste nach Kuba transportiert. Als 1898 auch Kuba als letzte spanische Kolonie unabhängig wurde, kamen die Gebeine nach Spanien zurück, wo sie in der Kathedrale ihre letzte Ruhestätte fanden.

2003 hat man das Kolumbusgrabmal in Sevilla, nicht das in Santo Domingo – denn auch die Dominikanische Republik behauptet des Seefahrers Reste zu besitzen –, geöffnet und DNA-Analysen angestellt. Verglichen mit den DNA-Proben authentischer Knochen seines Sohnes Hernando, der westlich des Chores bestattet liegt, fiel das Urteil folgendermaßen aus: Im Sevillaner Kolumbus-Grabmal befinden sich ganze 200 Gramm seiner sterblichen Überreste. Hinter Kolumbus ziert ein monumentaler Christopherus die Wand. Schaut man ihn an, dann kann man am selben Tag kein böses Ende finden, so sagt der Volksmund, weshalb der Heilige in fast keiner spanischen Kirche fehlt. Er schützt aber auch die Reisenden, und von denen gab und gibt es in Sevilla viele.

In der **Sakristei** spiegeln die vielen Kunstschätze Sevillas Reichtum wider. Am bemerkenswertesten ist vielleicht die silberne Monstranz des Juan de Arfe, Johann aus Harf. Seine Familie wanderte Anfang des 16. Jahrhunderts aus der Nähe von Köln nach Spanien aus, wo man Meister für die Herstellung von Messgeräten suchte. Die schwere Custodia wird jedes Jahr wieder zu Fronleichnam durch die Straßen getragen. Für Sevillanos eine leichte Übung im Vergleich zu den tonnenschweren Tragealtären der Karwoche.

Wieder unter Andalusiens Sonne, begegnet einem auf Schritt und Tritt Sevillas Stadtwappen: Papierkörbe, Taxis, Pflastersteine sind mit einem Band in Form einer Acht zwischen den Lettern NO-DO geschmückt. Nodo heißt auf altkastilisch Knoten, symbolisiert Zusammenhalt und meint die Königstreue der Stadt unter Alfons X., dem Weisen, dessen Sohn Sancho gegen ihn rebellierte. Sevilla jedoch hielt Alfons die Stange, woraufhin er der Stadt dieses Ehrenabzeichen verlieh. Hinter dem Zeichen verbirgt sich aber auch die Abkürzung für »**no** me ha deja**do**«, »sie hat mich nicht verlassen«.

Beim Umrunden der Kirche stellt man fest, wie gewaltig tatsächlich ihre Dimensionen sind. An der Plaza del Triunfo angekommen, warten die Kut-

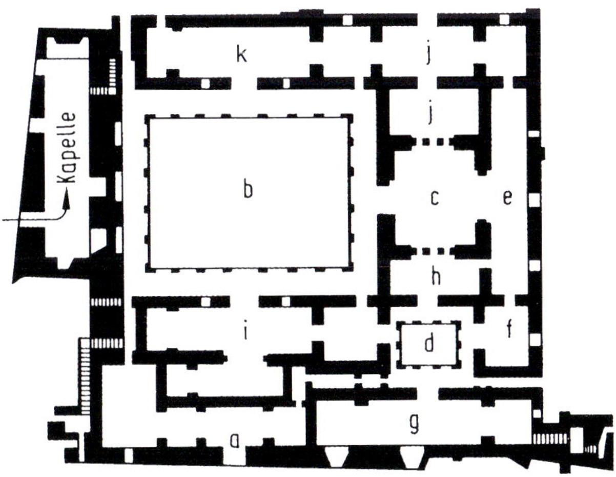

Wunderbares Wahrzeichen von Sevilla: die Giralda, der Glockenturm der Kathedrale

Alcázar (Grundriss)
- ***a Hauptpforte Puerta del León***
- ***b Patio de las Doncellas***
- ***c Sala de Embajadores***
- ***d Patio de las Muñecas***
- ***e Speiseraum Philipps II.***
- ***f Sala de los Reyes Católicos***
- ***g Sala de los Principes***
- ***h Schlafzimmer Philipps II.***
- ***i Schlafsaal der Maurenkönige***
- ***j Gemächer der María de Padilla***
- ***k Deckensaal Karls V.***

Grundriss des Alcázar (Sevilla)

scher auf Kundschaft. Der kubische strenge Bau am Platz ist die **Lonja**, die ehemalige Börse. Heute befindet sich darin das **Archivo de las Indias**, das Amerikaarchiv, das alle bedeutenden Dokumente zu den Entdeckungsfahrten verwahrt, unter anderem das Bordbuch von Kolumbus, Briefe von Balboa und Cortés. Leider wird aus konservatorischen Gründen keines dieser Dokumente im Original ausgestellt. Der Triumphplatz dankt dem Himmel dafür, dass Sevilla 1755 vom Erdbeben verschont blieb, das Lissabons Unterstadt zerstörte.

Zinnenbestückt erheben sich gegenüber dem Platz die Alcázar-Mauern, der ehemalige Palast Pedros I. »des Grausamen«. Wenn man Löwentor und Ticketdrehkreuz passiert hat, steht man im Patio und vor der Palastfassade. Auf einem Schriftband über den Fenstern, erfährt man, dass Pedro, von Gottes Gnaden König, den **Alcázar** um 1364 erbauen ließ. Für die Moslems hieß Pedro im Übrigen der Gerechte und nicht der Grausame, weil er milde mit ihnen verfuhr und Mohammed V. in Granada zum Thron verhalf. Als Dankesleistung stellte er ihm seine besten Bauleute zur Verfügung, die in Sevilla eine Alhambra im Kleinformat zauberten. Mit kufischen Schriftzeichen ebenfalls über dem Fenster verewigten sie sich mit einem »Es gibt keinen Sieger außer Allah«.

Der Rundgang beginnt im **Patio de las Doncellas**, im Hof der Mädchen, und ist mit seinen filigransten Stuckarbeiten vielleicht das beeindruckendste Beispiel der Mudéjarkunst. Der Alcázar kann als ein Hauptwerk der spanischen Mudéjarkunst gelten, was bedeutet, dass steuerpflichtige Mauren für christliche Herrscher arbeiteten und ihre Dekorationskunst für die Auftraggeber in ihre Arbeit einbrachten. Weiter gelangt man in den Botschaftersaal, **la Sala de los Embajadores**, der mit den Kacheln, dem vergoldeten Stuck und der Kuppelform an sein Pendant in der Alhambra erinnert.

Es folgen die Gemächer der María Padilla, die Räume der Mätresse des Königs. Seine wirkliche Gemahlin, Blanca de Borbón, ließ Pedro im Kerker einsperren, da die Ehe nicht zu annullieren war. Das sollte ihm seinen Beinamen »der Grausame« einbrocken. Über einen gesonderten Zugang erreicht man den **Palast Karls V.**, der in die Gesamtanlage integriert ist. Der Kaiser erbaute sich diese Residenz anlässlich seiner Hochzeitsreise mit Isabella von Portugal. Ausgestattet wurde sie mit flämischen Teppichen aus der Werkstatt Wilhelm Pan-

Höhepunkt jeder Alcázar-Besichtigung ist der Botschaftersaal (Sevilla)

nemakers. Nicht besichtigen darf man die Räume des aktuellen Königshauses. Juan Carlos und seine Familie beziehen im Alcázar Quartier, wenn sie gerade in Sevilla sind, ganz zum Leidwesen der Touristen, denn dann ist das Nationalmonument für Besucher geschlossen.

Schließlich erreicht man die Gärten, die eine Oase der Ruhe im Großstadtgetöse darstellen. Wasserspiele, Fischteiche und Tropfsteingrotten wechseln sich ab mit Myrtensträuchern, Zypressen und Pomeranzenbäumen. Und immer liegt ein Hauch von Jasmin und Orangenduft in der Luft. Ein Gesandter am Hofe des Kaisers soll die Gärten als den ruhigsten Fleck Spaniens bezeichnet haben. Über den *Patio de las Banderas*, der Banner, verlässt man den Alcázar und hat von dort aus den Schokoladenblick hinüber zur Giralda.

Scharf rechts und durch eine Passage hindurch gelangt man in das ehemalige jüdische Viertel, das **Barrio Santa Cruz**. Man geht durch das Tor mit Eisengitter, das das wohlhabende Viertel vor Dieben abriegelte. Die weiß und ockergelb getünchten Häuser sind verändert worden, manche stammen noch aus barocker Zeit. Doch identisch mittelalterlich sind die engen Gassen, die manchmal keinen Meter breit sind. Herzstück ist die Plaza Doña Elvira, auf der früher Theater gespielt wurde. Heute hört man dort Gitarrenklänge, und auf den gekachelten Bänken unter Pomeranzenbäumen sitzen Sevillanos und Touristen. Hier findet sich die **Casa de la Memoria/Casa Sefarad**, ein kleines jüdisches Museum. Um die Ecke gebogen trifft man auf das **Hospital de los Venerables Sacerdotes** mit seinem wuchtigen Barockdekor, ehemals eine Art Altenheim für Priester und heute Raum für Sonderausstellungen. Kleine Bars mit Hockern vor der Tür verlocken zu einem Gläschen Sherry. In der Straße Santa Teresa Nr. 2 steht das Wohnhaus des Madonnenmalers Murillo, das zu einem kleinen Museum umgewandelt wurde – das **Museo Casa Murillo**. Auf dem Platz Santa Cruz sieht man, warum das Barrio seinen Namen bekam: ein schmiedeeisernes Kreuz von 1692.

Hinter dem Viertel liegt ein kleiner Stadtpark, dem Maler zuliebe Murillo genannt, und die Plaza Refinadores mit dem Monument für Don Juan. Der berühmte Frauenheld taucht in der Literatur erstmals im 16. Jahrhundert bei Tirso de Molina auf und wurde hier verewigt. Die Calle del Agua, die Wasserstraße, begrenzt von den Mauern des Aquädukts, führt zurück zum Alcázar. Ein Hausschild erklärt, dass dort Washington Irving einige Zeit verbrachte. Er schrieb in Granada die »Erzählungen von der Alhambra«.

Etwa zehn Minuten Richtung Nordwesten, schon etwas außerhalb des Barrio Santa Cruz, steht eine der größten Attraktionen Sevillas, ein Adelspalast, den man als Fliesenmuseum bezeichnen könnte: die **Casa de Pilatos**. Die in Cuenca-Technik, eine Art Grubenschmelzverfahren, gebrannten Azulejos schmücken die Wände zweier prächtiger Innenhöfe im Mudéjar-Dekor. In Ockergelb, Blau, Grün, Weiß und Schwarz, zum Teil mit irisierend glänzender Glasur strahlt es von den Wänden. Über 150 verschiedene Muster und eine halbe Million Stück wurden gezählt. Das elegante Zusammenspiel des an einen Orientteppich erinnernden Stucks lassen an den Alcázar im Kleinformat denken, nur noch schöner. Der Besitzer, ein Marqués Fadrique von Tarifa, hatte 1519 eine Pilgerfahrt nach Jerusalem unternommen. Danach behaupteten die Sevillaner, mit seinem Haus würde er das Prätorium des Pontius Pilatus nachahmen. Zumindest die Figuren in den Höfen sind römisch, allerdings nicht aus Jerusalem sondern aus der Römerstadt Itálica bei Sevilla. So jedenfalls kam es zum Namen Pilatushaus. Im oberen Stockwerk wohnt noch immer die Adelsfamilie.

Nördlich des Santa-Cruz-Viertels stößt man auf das Macarena-Viertel und dort findet man auch die Kirche mit Sevillas Lieblingsmuttergottes: die **Macarena**. Sie verkörpert den Typus einer Schmerzensmutter mit leidensverzerrten Zügen, der schwere, schwarze Samtumhang ist goldbestickt und ein weißes Spitzentuch liegt über ihrem Haar. In der Semana Santa ist sie der Mittel- und Höhepunkt der Prozessionen. Dann wird sie vom Altar genommen und auf einen riesigen blumengeschmückten Paso gestellt. Als Talisman fehlt sie in kaum einem Sevillaner Auto.

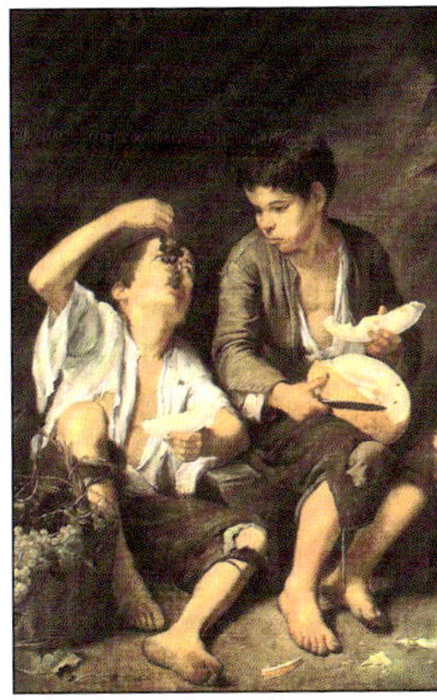

Der Sevillaner Bartolomé Esteban Murillo idealisierte den Alltag seiner Heimatstadt in Genrebildern wie »Trauben- und Melonenesser« (um 1650, Alte Pinakothek, München)

Detail des Brunnens vor der Casa de Pilatos (Sevilla)

Wenn man von der Kathedrale aus Richtung Fluss geht, stößt man auf ein Altenheim, das genau wie das Pilatushaus zu den Top-Sehenswürdigkeiten Sevillas zählt: das **Hospital de la Caridad**. Es ist den Umtrieben eines Calatrava-Ritters, dem »Don Juan von Sevilla«, zu verdanken. Er sah sich selbst schon tot, als er bei einem vorbeiziehenden Leichenzug das Tuch hochhob, und siehe da, der Leichnam war er selbst. Derart geläutert durch den Fingerzeig Gottes stiftete er 1647 ein Heim für Kranke, Bettler und Arme. Fast schon als lebender Heiliger verfügte er, unter der Türschwelle der Krankenhauskirche mit der Grabinschrift »Schlechtester Mensch der Welt« bestattet zu werden. Später wurde er an den Hauptaltar umgebettet, schließlich war man stolz auf sein Werk: Bartolomé Estéban Murillo hatte sich größte Mühe gegeben, für Ritter Mañara Barmherzigkeit, also *caridad*, bildlich in der Kirche festzuhalten. Über den Seitentüren zeigt Valdés Leal mit erschreckendem Realismus, dass der Tod auch nicht vor Bischöfen und Rittern Halt macht. Die Waage Gottes entscheidet letztlich über Himmel oder Hölle.

Auf Fliesen gemalt: das Straßenleben in Sevilla

Zwischen Fluss und Hospital hat man 1992 anlässlich der Expo das Opernhaus **Teatro de la Maestranza** eröffnet, das Gastspiele erster Güte zeigt. An der Flusspromenade steht noch ein Wahrzeichen der Stadt, die **Torre del Oro**. Der goldene Turm war der arabische Wachposten am Guadalquivir und heißt entweder so, weil in ihm Gold aufbewahrt wurde oder weil er mit goldenen Kacheln verziert gewesen ist. Wie dem auch sei, jetzt ist er ein winziges Marinemuseum zur Flussschifffahrt.

An der Muelle werden Schiffsfahrten auf dem Guadalquivir angeboten. Wer den Kontakt mit anderen Touristen nicht scheut und sich für Brücken interessiert, dem bietet die Fahrt den Blick auf kühne Konstruktionen wie die Puente del Alamillo von Santiago Calatrava, entstanden anlässlich der Expo. Genau an der Expo-Insel, der **Isla Mágica,** führt die Bootspartie vorbei. Die Länderpavillons werden nach Anlaufschwierigkeiten heute meist als Büros genutzt. Der Vergnügungspark Isla Mágica ist die Sevilla-Attraktion für Kinder.

Am anderen Flussufer erstreckt sich das **Triana-Viertel**. Der Name leitet sich wahrscheinlich von Römerkaiser Trajan aus Itálica ab. Bis ins 20. Jahrhundert hinein war Triana das Hafen- und Seemannsviertel, schließlich ist der Guadalquivir schiffbar und hat einen großen Binnenhafen. Rodrigo de Triana startete von hier aus unter Befehl von Kolumbus in die neue Welt. Auf der Flussseite steht auch die Keramikmanufaktur, die den Fliesen, Tellern und Schmuckgegenständen das Etikett Triana gab und ohne die Sevilla nur halb so bunt wäre.

Gegenüber ziehen an dem Schiffchen mit Sonnendeck die Giralda, das Theater Maestranza, die Stierkampfarena Plaza de Toros und die alten Fischhalle im Eiffel-Stil vorbei.

Zurück an der Kathedrale führt die Hauptverkehrsader im Zentrum, die Avenida de la Constitución, zum Ayuntamiento und zur Fußgängerzone **Calle Sierpes**. Am plateresk dekorierten Renaissancerathaus kommen zur Semana Santa die Prozessionen vorbei. Riesige Tribünen mit roter Samtverkleidung werden als Logenplätze aufgestellt und gegen Bezahlung kann man sich einen Sitzplatz mieten. Gegenüber steht der Banco Hispano Americano. Er war einmal ein Gefängnis, in dem Miguel de Cervantes einsaß und in dem ihm dann die Idee zum Don Quijote kam. Hier beginnt die »Schlangenstraße« Calle Sierpes, die wegen des Schlangenmusters der Pflastersteine so genannt wird. Es ist Sevillas Haupteinkaufsstraße, die Verbindung vom Zentrum zum Arenal-Viertel, in dem die Toreros und die Stierkampfarena zu Hause sind.

Am Ende der Calle Sierpes, links abgebogen Richtung Fluss, gelangt man zum **Museo de Bellas Artes**, an der Straße Alfonso XII. Ursprünglich war das Barockgebäude ein Krankenhaus der Merzedianer, ein Orden der Barmherzigkeit aus Granada. Nach der spanischen Säkularisation, der Desamortización, wurde 1838 daraus ein Kunstmuseum, das nach dem Prado in Madrid das bedeutendste für Barockmalerei ist: Velázquez, Murillo, Valdés Leal, Ribera und Zurbarán sind mit vielen Werken vertreten. In den vielen kleinen Patios, ein jeder anders mit Blumen und Azulejos geschmückt, kann man sich beinahe verlaufen.

Die Highlights der Sammlung haben jedoch in der ehemaligen Hospitalskirche, im Hospital de la Caridad, ihren Platz bekommen: Murillos Meisterwerke. Murillo kam aus einer kinderreichen Familie und aus ärmlichen Verhältnissen. Vielleicht malte er deshalb so gerne Kinder. Selbst seine blauweiß gewandeten Immaculatas tragen kindliche Züge. Sein Bild von Santa Justa und Rufina zeigt die Stadtheiligen mit Giralda. Sie sollen den Turm angeblich während des Erdbebens von 1504 vor dem Einsturz bewahrt haben. Ein paar Säle weiter hängen die Gemälde Zurbaráns, mit dem Murillo befreundet war und mit dem zusammen er 1660 die erste spanische Kunstakademie gründete. Er wird als der Fastenprediger bezeichnet, weil sein Hauptmotiv monumental ins Bild gesetzte Mönche der Bettlerorden sind. Die »Virgen de la Cueva«, eine Schutzmantelmadonna, nimmt Kartäuser unter ihren Umhang. Eine Andekdote erzählt, dass einmal ein Kartäuser im Himmel ankam und Vertreter aller Orden sah, nur nicht seiner Mitbrüder. Er wagte es, Maria danach zu fragen und sie antwortete: »Die Kartäuser liebe ich ganz besonders und so habe ich sie nahe bei mir, unter dem Schutz meines Mantels.«

Wieder bei der Kathedrale, folgt man der Avenida de la Constitución Richtung Süden und biegt dann in die Calle San Fernando ein und stößt schließlich auf einen riesigen weißen Palast aus dem 18. Jahrhundert: die **Fábrica de Tabacos**. Tabak wird dort nicht mehr hergestellt, heute ist es das Hauptgebäude der Universität. Zu Carmens Zeiten sollen hier über 10 000 Frauen Zigarren gedreht haben, bei strengster Überwachung und hauseigenem Gefängnis für Diebinnen.

Ein Stück weiter, wenn man in die Avenida María Luisa einbiegt, kommt man in den **Parque de María Luisa**. Das Gelände gehörte ursprünglich zum San-Telmo-Palast der Herzogin María Luisa de Monpensier, der Schwester Königin Isabellas II., die sich nach den sogenannten Karlistenkriegen, einer langen Auseinandersetzung um die Erbfolge, gegen ihren Onkel Carlos durchsetzte und im ausgehenden 19. Jahrhundert regierte. Der Palast ist heute der Sitz der Präsidentschaft Andalusiens, gleicht äußerlich in Rot und Gold mit Balustraden bestückt eher einem Opernhaus. Den Palastgarten stellte die Herzogin 1929 anlässlich der iberoamerikanischen Weltausstellung zur Verfügung. Der Eingangsbereich war die Plaza de España mit einem Gebäude im Neo-Mudéjarstil, mit jeder Menge historischer Kachelbilder und zwei Turmarmen, der Giralda nachempfunden, die Richtung Amerika weisen. Hier fand auch 1992 die Eröffnungsfeier der Expo mit zahllosen Sevillana tanzenden Paaren statt.

Im und um den Park sind noch einige Pavillons der alten Expo erhalten. Die Bäume sind amerikanische, zum Teil Tropengewächse. Neidvoll blickt man auf die Touristen, die sich für eine Kutschfahrt entschieden haben und sich romantisch durch den Park fahren lassen. In dessen Mitte sieht man Teiche mit Seerosen, Wasserspiele à la Generalife in Granada und am anderen Parkende, an der Plaza de América, noch mal zwei Gebäude im Neo-Mudéjarstil: einmal das **Archäologische Museum** und zum anderen das **Museo de Artes y Costumbres Populares**. Das archäologische Museum besitzt jede Menge Fundstücke aus Itálica, das Volkskundemuseum berichtet über die Bräuche und die Entwicklung der Region.

Ein weiteres Wahrzeichen von Sevilla: die Torre del Oro

Das Museo de Artes Populares, das Volkskundemuseum, im Mudéjar-Pavillon (Sevilla)

Wildes Stilgemisch: Palacio de España in Sevilla

Service und Tipps:

Oficina de Turismo
– Av. Constitución 21 B, (Nähe Kathedrale), 41001 Sevilla
✆ 954 22 14 04 und 954 21 81 57, Fax 954 22 97 53
Mo–Fr 9–19, Sa 10–14 und 15–19, So 10–14 Uhr
– Paseo de las Delicias 9, 41013 Sevilla
✆ 954 23 44 65, Fax 954 22 95 66
Mo–Fr 9–18.30 Uhr
– Plaza del Triunfo 1, 41004 Sevilla
✆ 954 21 00 05
www.sevilla.org
www.turismo.sevilla.org

El Giraldillo
www.elgiraldillo.es
Monatlich erscheinender Veranstaltungskalender zu Sevilla und Provinz.

Stadtführungen
in und um Sevilla, in deutscher oder französischer Sprache: Jacqueline Jakubzig
✆ (0034) 676 86 24 91, jotajota@web.de

Alcázar
Plaza del Triunfo, Sevilla
✆ 954 50 23 23, Di–Sa 9.30–19, So/Fei bis 17 Uhr, Okt.–März 9.30–17, So/Fei bis 13.30 Uhr, Eintritt € 7
Seit seiner Errichtung im 9. Jh. durch die Araber diente er Herrschern und Königen als Residenz, die Erweiterungen und Veränderungen veranlassten. Die zinnengekrönten Mauern, die die Paläste und die Gärten umschließen sind das Werk der Almohaden aus dem 12. Jh. Der eigentliche Palast stammt von Pedro dem Grausamen aus dem 14. Jh.

Archäologisches Museum
Plaza de América, Sevilla
✆ 954 78 64 74
Di 14.30–20.30, Mi–Sa 9–20.30, So 9–14.30 Uhr, EU-Bürger Eintritt frei
Das Museum liegt im Parque de María Luisa.
Neben Stadtgeschichte sind die Höhepunkte der Sammlung die römischen Fundstücke aus Itálica und der Goldschatz von Carambolo aus der Tartesserzeit.

Calle Sierpes
Quirlige Fußgängerzone und Einkaufsstraße. Sonnensegel, die im Sommer über die Straße gespannt werden, verleihen ihr einen basarartigen Charakter. Außer Boutiquen, Fächer- und Flamenco-Geschäften findet man in der »Schlangenstraße« auch traditionsreiche Bars und Cafés (z.B. Ochoa, Las Rejas).

Casa de Pilatos
Plaza Pilatos 1/Calle Águilas

✆ 954 22 52 98, tägl. April-Okt 9-19, sonst nur bis 18 Uhr
Di 13-17 Uhr gratis für EU-Bürger
Prächtigster Adelspalast Sevillas, eine innige Verbindung aus Hochrenaissance und Mudéjarstil, garniert mit römischen Skulpturen und berauschenden Patios. Neben den schönen Patios, Gärten und Azulejo-Kacheln gibt es viele ausgestellte Kunstwerke. Mit diesem Palast, der heute noch in Privatbesitz ist, hat sich der spanische Hochadel ein Denkmal gesetzt. Vielleicht ist er das schönste Museum der ganzen Stadt.

Hospital de la Caridad
C/Temprano, Sevilla
✆ 954 22 32 32, Mo-Sa 9-13.30 und 15.30-19.30, So 9-13 Uhr, Eintritt € 4
Das barocke Hospital wurde als Pflegeheim für Kranke gestiftet und ist heute ein Altenheim. In der Stiftskirche sind die besten Bilder von Murillo und Valdés Leal zu sehen.

Kathedrale und Giralda
Av. de la Constitución, Sevilla
✆ 954 21 49 71,
Mo-Sa 11-17, So 14.30-18, Juli/Aug. Mo-Sa 9.30-15.30, So 14.30-18 Uhr, Eintritt € 7, So Eintritt frei
Mit 130 m Länge und 76 m Breite ist sie die drittgrößte Kathedrale der abendländischen Kunstgeschichte. An der Kirche wurde lange und immer wieder gebaut, so erklären sich die Stilwechsel: arabischer Ursprung als Moschee, gotischer Grundriss, Renaissancekapellen, Barockbildwerke und 90 Glasfenster aus dem 16.-19. Jh. In der Hauptbauzeit im 15. Jh. waren allein über 100 Bildhauer und Maler mit ihren Werkstätten in der Kathedrale tätig. Den Glockenturm Giralda und ehemaliges Minarett kann man zusammen mit dem Kathedraleneintritt besteigen.

Museo de Bellas Artes
Plaza del Museo 9, Sevilla
✆ 954 78 64 82, Fax 954 78 64 90
Di 14.30-20.30, Mi-Sa 9-20.30, So 9-14.30 Uhr, Eintritt frei für EU-Bürger
Für Barockmalerei eines der wichtigsten Museen Spaniens: Bilder von Murillo, Zurbarán, Valdés Leal. Das ehemalige Kloster ist allein wegen seiner Patios einen Besuch wert.

Palacio de Lebrija
C/Cuna 8, Sevilla
✆ 954 22 78 02
www.palaciodelebrija.com
Mai-Sept. Mo-Fr 10.30-13.30 und 17-20, Sa/Fei 10-14; Okt.-April Mo-Fr 10.30-13.30 und 16.30-20, Sa/Fei 10-14 Uhr
Eintritt € 4, beide Stockwerke € 7
Der Palast mit dem schönsten Fußboden der Welt: Die Marquesa Lebrija ließ sich Römermosaiken aus Itálica in ihrem Haus des 19. Jh. verlegen.

Plaza de Toros
Paseo de Colón 12, Sevilla
✆ 954 22 45 77
www.realmaestranza.com
Mai-Okt. 9.30-20, Nov.-April 9.30-19 Uhr
Eintritt 6 €
Die Real Maestranza von Sevilla ist zusammen mit Las Ventas in Madrid die bedeutendste Stierkampfarena ganz Spaniens. Das dazugehörige Museum präsentiert 200 Jahre Geschichte seiner Toros und Toreros. Mit spanischer oder englischer Führung.

Cruceros Turísticos Torre del Oro
Muelle Torre del Oro, Sevilla
✆ 954 56 16 92
Abfahrt alle 30 Min.
Nach anstrengender Stadtbesichtigung genau das Richtige: eine Bootsfahrt auf dem Guadalquivir zu den schönsten Brücken über dem Fluss und dem Expo-Gelände.

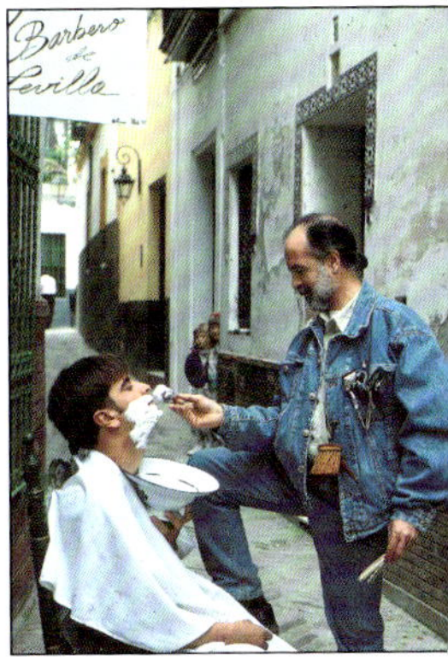

Beim Barbier von Sevilla

Frauen mit der »Cobijada«, dem Schleier (Sevilla)

Nur zur Zierde oder tatsächlich ein Käfig?

Isla Mágica
Expo-Gelände/Isla de la Cartuja
Sevilla, ✆ 902 16 17 16
www.islamagica.es
Mo–Do 11–21, Fr–So 11–23,
Mitte Juni–Mitte Sept. tägl. 11–24 Uhr, Nov.–März geschl.
Eintritt € 27, Ermäßigungen für Kinder und Senioren, zur Nebensaison und nachmittags
Auf der 215 ha großen Isla de la Cartuja, eine Insel mit ehemaligem Kloster mitten im Guadalquivir, fand 1992 die Expo statt. Heute besuchen vor allem die Kinder die Insel, denn der Themenpark Isla Mágica verspricht eine vergnügliche Reise in die Zeit der Eroberer und Entdecker, disneylike mit Shows, Paraden und wilden Rummelplatz-Attraktionen.

El Arenal
C/Roda 7, Sevilla
✆ 954 21 64 92
Tägl. zwei Vorstellungen: 21.30–23.15 und 23.30–1.15 Uhr
Eintritt ca. € 35
Eines der qualitätsvollsten Flamenco-Tablaos der Stadt, auch wenn kaum Einheimische das Lokal aufsuchen würden.

Casa de la Memoria/ Casa Sefarad
C/Ximénez de Enciso 28, Sevilla
✆ 954 56 06 70, Museum tägl 9–14 und 16–18 Uhr, Eintritt € 1, Flamenco ab 21 Uhr tägl., Eintritt € 15
Das Haus der »Erinnerung« ist ein kleines jüdisches Museum inmitten des Barrio Santa Cruz, also dem ehemaligen jüdischen Viertel. Neben Vorträgen und Konzerten treten tägl. junge Flamenco-Künstler auf.

Teatro de la Maestranza
Paseo de Colón 22–23, Sevilla
✆ 954 22 33 44
In Sevilla eine Carmen-Aufführung sehen – ein erfüllbarer, wenn auch nicht ganz billiger Traum in einem renommierten Opernhaus. Zeitig um Karten bemühen!

Casa Román
Plaza de los Venerables, Sevilla
✆ 954 22 84 83, So Abend geschl.
Authentische Bar im Barrio Santa Cruz. Kleine Hocker zum Draußensitzen. Empfehlenswert sind der luftgetrocknete Schinken und Sherry vom Fass.

Sol y Sombra
Castilla 151, Sevilla
Alte Stierkampfplakate schmücken die Bar. Beste Tapas.

Egaña Oriza
C/San Fernando 41, Sevilla
✆ 954 22 72 54 oder 954 22 72 11
www.restauranteoriza.com
Die Nummer eins im Gourmetführer, an den Murillo-Gärten gelegen. Raffiniert zubereiteter Seehecht. Große Weinbodega. €€€

Taberna del Alabardero
C/Zaragoza 20, Sevilla
✆ 954 50 27 21
Fax 954 56 36 66
www.alabardero.com
In Rathausnähe liegt der Adelspalast, in dem heute eine Gastronomiefachschule untergebracht ist. Mittags kann man in der Cafeteria unten ein Gourmetmenü der Kochschüler zu Billigstpreis probieren, im Restaurant oben wird teuer à la carte gegessen. Stilvolles Ambiente. €€€

Robles Placentines
C/Placentines 2, Sevilla
✆ 954 21 31 62
www.roblesrestaurantes.com
Inzwischen sind es schon drei der feinen Restaurants. Dieses Robles findet man gleich bei der Kathedrale. Die Adresse für Meeresfrüchte und gehobene andalusische Küche. Am Tresen gibt es Edeltapas. €€-€€€

Mesón Serranito
C/Alfonso XII 9, Sevilla
✆ 954 21 82 99
An den Wänden hängen ausgestopfte Stierköpfe und zu essen gibt es ein Ragout aus *toro de lidia*, echtes Kampfstiergulasch. Wen wundert's, die Stierkampfarena liegt gleich nebenan. €

Sol y Sombra – originelle Bar im Viertel Triana (Sevilla)

REGION 3
Jerez und Sevilla

Statue aus der Necrópolis Romana im Museum von Carmona

Die Ausgrabungen im römischen Itálica vor den Toren Sevillas

Mesón de la Infanta
C/Dos de Mayo 26, Sevilla
✆ 954 56 15 54 und 954 22 19 09
Urig eingerichtetes Lokal mit zugleich Delikatessenverkauf. Zur Vorspeise gibt's Riesenkapern, dicke Oliven und eingelegten Knoblauch (ohne Geruch). Spinat mit Kichererbsen, *Garbanzos*, und *Choco*, butterweicher Tintenfisch in Pfeffersauce, sind die Spezialitäten des Hauses. Preiswerte Mittagsmenüs. €-€€

Guitarras Lozano
C/Matahacas 22, Sevilla
✆ 954 21 68 93
Flamenco-Gitarren und Accessoires und alle möglichen Arten von Musikinstrumenten. Auch Reparatur.

Tipps am Wege:

Itálica
Vor Sevillas Haustür, nur 8 km Richtung Nordwesten und nach Mérida, liegt die Ausgrabungsstätte der Römerstadt Itálica. Eigentlich war es im Krieg gegen die Karthager ein Feldlager gewesen und dann eine Kriegsveteranenstadt. Die Kaiser Trajan und Hadrian, die nacheinander regierten, kamen hier auf die Welt.

Nach der Maureninvasion diente Itálica mehr oder weniger als Steinbruch für die umliegenden Ortschaften. Seit dem 20. Jh. forschen und graben die Archäologen, so dass man heute ein Amphitheater, das 30 000 Zuschauern Platz bot, besichtigen kann. Stadtbezirk mit Römerstraße und ein Museum gehören zum Rundgang. Den Besuch kann man ergänzen mit dem gotischen **Hieronymitenkloster San Isidoro del Campo** in der Ortschaft vor Itálica, Santiponce. ✆ 955 99 73 76, April–Sept. Di–Sa 8.30–20.30, So 9–15, sonst Di–Sa 9–17.30, So 9–16 Uhr

Carmona
Das Städtchen liegt 30 km von Sevilla entfernt, an der N IV Richtung Osten. Glockentürme nach dem Vorbild der Giralda ragen aus dem Dächergewirr empor, eine mittelalterliche Wehranlage umrundet den Ort. Ganz oben liegt der Parador mit herrlichem Weitblick über die Felder. Vor den Toren der Stadt trifft man auf eine **Römernekropole** mit Tausenden von Grabnischen. Ein Museum erläutert den Bestattungskult.

Necrópolis Romana
Avda. de Jorge Bonsor 9, Carmona
✆ 954 14 08 11
Di–Sa 9–17, Sa/So 10–14, Mitte Juni–Mitte Sept. Di–Fr 8.30–14, Sa/So 10–14 Uhr, EU-Bürger Eintritt frei

Hostal Restaurante Mesón El Paisano
✆ 955 83 26 34
N IV km 588
Das Lokal liegt an der Nationalstraße zwischen Sevilla und Jerez. Die Atmosphäre ist nicht besonders anheimelnd, aber der Bellota-Schinken unglaublich gut. À la carte sollte man das gefüllte Rebhuhn, *Perdiz relleno*, probieren. €€

Stiere in Freiheit
Einige Kampfstierzuchten haben ihre Pforten den Touristen geöffnet und bieten mit Jeeps die Möglichkeit, die Tiere auf den Weiden zu beobachten und mehr über die Zucht zu erfahren. Ergänzt wird das Programm mit Pferdeschau, Flamenco-Gesang und natürlich mit guter Verpflegung.
www.torostours.com
Im **Cortijo la Peñuela** ist auch noch ein Museum und eine Stierkampfarena. Die Farm gehört einer berühmten Stierkämpferfamilie und ist nur 10 km von Arcos de la Frontera entfernt. www.ferminbohorquez.org

Flamenco

Eine der Hochburgen des Flamenco ist Sevilla

Was ist eigentlich Flamenco? Mit ihm assoziiert man allgemein Andalusien, Zigeuner, Gitarrenklang, Temperament, Rüschenkleider und glänzend gemachte Shows an der Costa del Sol. Doch der Schlüssel zum Verständnis dieser durch und durch intimen Kunst ist, Schmerz, Trauer, Liebe, Glück und Unglück mit einem tiefen Empfinden auszudrücken.

Wann und wo genau Flamenco entstand, liegt im Dunkeln, gesichert scheint, dass Zigeuner diese Ausdrucksform ins Leben riefen. Seit der ersten Hälfte des 15. Jahrhunderts sind die Gitanos in Andalusien präsent und brachten aus ihrer unter anderem indischen Heimat die Vielfalt orientalischer Musikformen mit. In Spanien wurden sie beeinflusst von den Synagogengesängen der Sepharden, den byzantinisch klingenden Kirchengesängen und natürlich der hochstehenden Musikkultur der Mauren. Ihre Musikform pflegten sie im familiären Kreis. Die Bezeichnung »Flamenco«, das heißt flämisch, lässt sich anekdotisch erklären: »Flämisch« galt zu Zeiten Karls V. als Schimpfwort, abgeleitet von seinen allzu arroganten Höflingen, die er aus Flandern mitgebracht hatte. Zigeunern haftete ebenfalls der Ruf der Arroganz an, da sie, so das Vorurteil, statt zu arbeiten nur Gesang und Tanz im Sinn gehabt hätten. So belegte man sie mit diesem Schimpfwort, das dann namensgebend war für ihre Kunst.

Mitte des 19. Jahrhunderts entstanden die ersten Tablaos, Flamenco-Bühnen, die als untrennbare Elemente *Cante* (Gesang), *Toque* (Gitarrenspiel) und *Baile* (Solotanz) zeigen, verbunden mit dem Stakkato, dem Aufstampfen und einem anfeuernden Händeklatschen. Als Wiege des Flamencos gelten Jerez und Sevilla, noch heute die Hochburgen der Tablaos.

Die Interpreten sitzen im Halbkreis auf ihren Hockern und mehr oder weniger spontan erhebt sich einer der Künstler nach auffordernden Olé-Zurufen und beginnt zu tanzen. Der Dämon, der in der Seele steckt, soll herausgeschrien, zerstampft und besiegt werden. Unerfüllte Liebe, Leidenschaft und Tod sind die Themen des begleitenden Gesangs. Niemand hat das je besser beschrieben als Federico García Lorca in seinem »La Duende«, in dem er einen Flamenco-Wettbewerb in Jerez beschreibt, den eine 80-Jährige gewann vor den »schönsten Frauen und jungen Mädchen mit Hüften wie quicke Wellchen; und zwar einzig und allein dadurch, dass sie die Arme hoch stieß, den Kopf in den Nacken warf und einmal mit dem Fuß aufs Podium stampfte. So also musste die Versammlung von Musen und Engeln, von Frauenschönheit und Schönheit des Lächelns, dennoch jener todnahe Dämon gewinnen, der seine Flügel aus rostigen Messern über den Boden schleifte«. (Aus Federico García Lorca, Das dichterische Bild, Kinder- und Schlummerlieder, Theorie und Spiel des Dämon, Düsseldorf 1954.)

Leider hat die Kommerzialisierung des Flamencos ihm vielerorts seine Authentizität geraubt. Wollte man puren Flamenco erleben, müsste man sich den Zigeunern und ihren Fiestas anschließen. In den Tablaos wird Pures mit Sevillana-Paartanz und Kastagnetten gefällig vermischt. Darüber hinaus sind neue Formen des Flamencos entstanden, Fusionen mit Jazz, hervorgebracht von großartigen Künstlern wie Gitarrenvirtuose Paco de Lucía. Ebenfalls neu ist das Flamenco-Ballett, geprägt vom im Juli 2004 verstorbenen Tänzer und Choreographen Antonio Gades, der sein Flamenco-Ballett gar in die Opernhäuser brachte. Künstler wie José Mercé machten aus dem wehklagenden Gesang gar eine Variante zur Popmusik. Trotzdem, Flamenco ist und bleibt Ausdruck andalusischer Volkseele, gehegt und gepflegt in Schulen, Wettbewerben und Biennalen, auch wenn es heute kein Privileg mehr der Zigeuner ist. (Über Routen und Veranstaltungen informiert das Tourismusamt www.andaluciaflamenco.org.)

Die korrekten Kleider für den Flamenco

REGION 4
Córdoba, Baeza und Úbeda

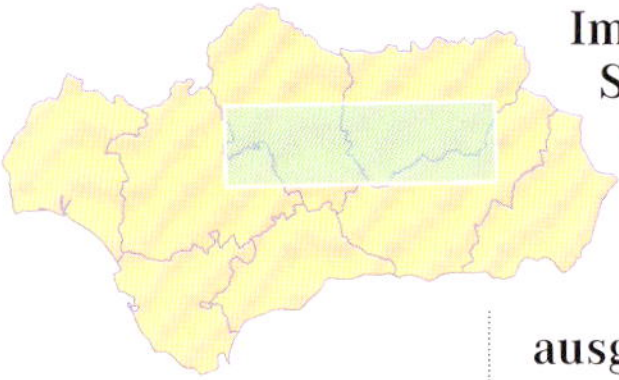

Córdoba, Baeza und Úbeda

Arabische Spurensuche

Im Mittelalter war Córdoba die großartigste und modernste Stadt, die die Welt je gesehen hatte. Während man in Venedig bei Regenwetter mit Stelzenschuhen durch den Morast stapfen musste, hatte Córdoba Straßenbeleuchtung und -pflasterung. Eine Million Einwohner lebten organisiert mit Hospitälern, Musikhochschulen, Bädern und einem ausgeklügelten Landwirtschaftssystem. Das Mekka des Westens und die Stadt der Feder und des Schwertes hat heute nicht halb so viele Einwohner wie damals. Doch rund um die Mezquita und im jüdischen Viertel scheint die Zeit stehengeblieben zu sein; der Glanz Córdobas wird spürbar. Kontrapunkte bilden Baeza und Úbeda, sie sind Freilichtmuseen der Renaissance: Statt Moscheen und Bädern reiht sich dort ein Adelspalast an den nächsten. Zwillingsstädte werden sie auch genannt, nur einen Katzensprung voneinander entfernt. Sie liegen in der Provinz Jaén, dem größten Olivengebiet der Welt. Zwischen den Ölbäumen wächst Korn und Wein. Da und dort breiten sich weiße Tupfen der Gutshöfe, der Cortijos, aus. Und umrahmt wird das Land von drei Gebirgszügen: im Norden die Sierra Morena, im Osten die Sierra de Cazorla, in der der Guadalquivir entspringt, und im Süden das Maginagebirge.

❶ Baeza/Úbeda

Eine Fahrstunde von Córdoba entfernt, auf der N IV Richtung Osten, liegen die sogenannten Zwillingsstädte Baeza und Úbeda. Zwillingsstädte sind sie deshalb, weil sie nur acht Kilometer trennen und weil sie sich mit einer Anhäu-

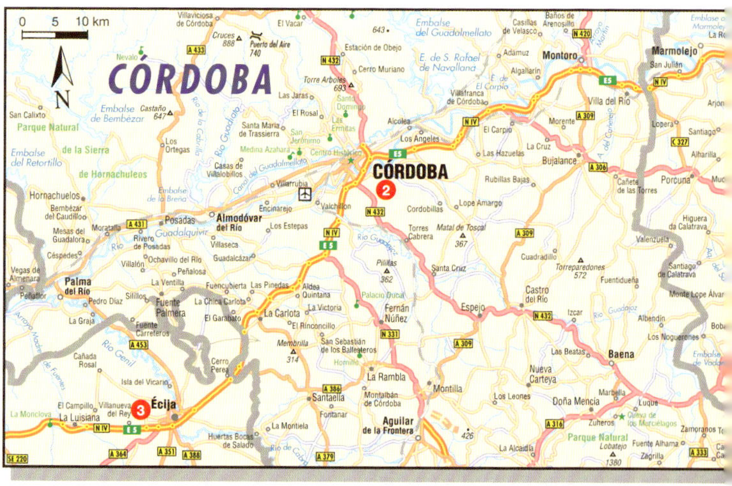

fung von Renaissancepalästen gleichen, man könnte sogar von einem Freilichtmuseum der Renaissance sprechen!

Eingebettet in endlose Olivenhaine und immerhin auf beinahe 800 Metern Höhe, ganz im Norden Andalusiens, kann es im Mai manchmal noch bitterkalt sein. Die beiden Orte waren die ersten, die Ferdinand III., der Heilige, nach der Überquerung der Sierra Morena auf seinem Reconquista-Zug nach Andalusien eroberte. Verdiente Soldaten wurden mit Land und Adelstitel entlohnt und sicherten das für Kastiliens Krone eroberte Gebiet. Sie residierten in ihren Palästen, geschmückt von unzähligen Prestigesymbolen und Wappen. Allein in Baeza sind es an die 50 Paläste.

Baeza ist der kleinere Ort von beiden und hat rund 18 000 Einwohner. Die Stadtmitte ist die **Plaza de la Constitución**. Von hier aus beginnt man einen Rundgang und steht als Nächstes auf dem kleinen Volksplatz, der **Plaza del Pópulo**, mit einem Löwenbrunnen, der wie eine ungeschickte Kopie aus dem Löwenhof der Alhambra aussieht. Der Brunnen wurde um 1550 gebaut, und die Löwen, die man dafür verwendete, stammen noch aus der Römerzeit. Das majestätische Gebäude auf der linken Seite, es trägt das Wappen Kaiser Karls V. mit Habsburger Doppeladler und Ordenskette des Goldenen Vlies, war lediglich das Schlachthaus, die **Carnicería**. Heute beherbergt es das Stadtarchiv. Das andere Repräsentativgebäude am Platz, die **Casa del Pópulo**, war das Appellationsgericht und ist aktuell das Tourismusbüro. Durch einen Triumphbogen, den **Arco de Villalar**, geht es steil zur Kathedrale hinauf. Den Bogen ließ Kaiser Karl V. errichten, als er den sogenannten Comuneros-Aufstand von 1521 niederschlug. Während seiner Abwesenheit zur Kaiserwahl in Aachen versuchten einflussreiche Schafzüchter und Parlamentsabgeordnete Kastiliens, aber auch aus Baeza, seiner Mutter

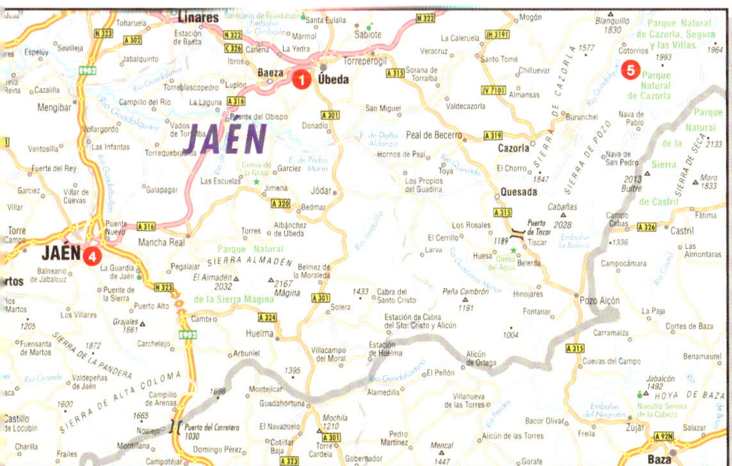

Baeza: der Löwenbrunnen auf der Plaza del Pópulo

Johanna der Wahnsinnigen, die im Kloster von Tordesillas in Kastilien eingesperrt war, die Krone anzutragen. Sie fürchteten unter Karls Herrschaft um ihre Privilegien, doch der Aufstand wurde blutig niedergeschlagen. Als Zeichen seines Triumphs und seiner uneingeschränkten Macht als Kaiser ließ er zur Mahnung an die Bürger den *Arco* errichten.

Vor der Kathedrale tut sich ein ähnliches Platzarrangement auf: Ein etwas plumper Brunnen, die **Fuente de Santa María**, steht in der Mitte. An die Kathedrale schließen die **Casas Consistorales** an, Bürgermeisterhäuser, in denen Philipp der Schöne und Johanna die Wahnsinnige zu Gast waren. Ihr Wappen sieht man an der Fassade. Der Kirchenbaumeister hieß Andrés de Vandelvira. Er hatte vom großen Vorbild Diego de Siloé gelernt und arbeitete auch intensiv in Úbeda an den wichtigsten Gebäuden. Die **Kathedrale Santa María** steht an der Stelle der Hauptmoschee und der besteigbare Glockenturm auf dem Fundament des Minaretts. Wertvollstes Stück der Innenausstattung ist eine Reja, ein schmiedeeisernes Gitter, das Meister Bartolomé ausarbeitete. In der Capilla Real in Granada findet sich ein Vergleichsbeispiel von seiner Hand. Neben der Reja öffnet sich per Münzeinwurf eine Tür in der Wand und zeigt eine große silberne Prozessionsmonstranz, der ganze Stolz der Kirche.

Von der Kathedrale aus geht es die **Cuesta de San Felipe Neri** ein Stück bergab, und dort trifft man auf den prächtigsten aller Stadtpaläste: den **Palacio de los Marqueses de Jabalquinto**. Juan Guas hat für die Adelsfamilie eine merkwürdige Kombination aus Gotik und Renaissance geschaffen. Auf zwei dicken Säulen vor der Fassade hat er dem Bauherrn Balkone eingerichtet. Viele der leer stehenden Paläste sind in schlechtem Erhaltungszustand, doch Gott sei Dank wurden die Zwillingsstädte vor einigen Jahren zum Weltkulturerbe erklärt, und so wird restauriert. Auch diesen Palast kann man von innen sehen: Ein großer Renaissance-Patio mit Pomeranzenbäumchen schmückt ihn. Gegenüber liegt die romanische Kirche **Santa Cruz**, in der zur Osterzeit beeindruckende Prozessionsaltäre aufgebaut sind. Der große Komplex neben der Kirche und dem Palast ist die ehemalige **Universität** aus dem 16. Jahrhundert. An vielen Hausfassaden sieht man heute noch rote Graffitis, die die Studenten nach erfolgreichem Examen mit dem Blut des Festtagsbratens auf die Fassaden malten. Gegenüber der Kathedrale gibt es inzwischen wieder eine Sommeruniversität. Seit dem 19. Jahrhundert ist sie nur mehr ein Gymnasium und heute auch ein Museum. Man kann das Klassenzimmer von Antonio Machado (1875–1939) besichtigen, des großen spanischen Lyrikers und Französischlehrers, der hier einige Jahre lang unterrichtete. Berühmt wurde er durch seinen Gedichtband »Soledades«, Einsamkeiten, in dem er auf melancholische Art und Weise spanische Landschaft beschreibt. »Land von Baeza, ich träume von dir, wenn ich dich nicht sehe«, schrieb er. Eine Vorstellung, die man nachempfinden kann, wenn man vom Glockenturm der Kathedrale hinab auf die endlosen Olivenhaine des weiten Landes blickt.

Úbeda ist mit 32 000 Einwohnern beinahe doppelt so groß und auf den ersten Anblick hin wenig attraktiv. Doch im Ortskern rund um den **Parador** faszinieren die Adelspaläste genauso wie in Baeza. Das staatliche Hotel selbst ist vielleicht der schönste unter den Palästen. Sein Innenhof ist eine schattige Cafetería. Einst war es das Pfarrershaus der benachbarten Erlöserkirche **San Salvador**. Andrés de Vandelvira hat die Renaissancekirche entworfen. Von ihm stammen auch andere Gebäude im Ort, und so setzte man ihm vor dem von ihm gestalteten Rathaus ein ehrwürdiges Denkmal. Das **Ayuntamiento** befindet sich gleich neben dem Parador auf der **Plaza Vázquez de Molina** und hieß ursprünglich Palacio de las Cadenas, wegen der Ketten an der Fassade.

An der Seite führt ein Eingang in das unterirdische **Keramikmuseum**. Keramik ist bis heute ein Haupterwerb des Ortes. Blau, Ockergelb und Grün glänzen die Töpferwaren in den vielen Andenkenläden im ganzen Ort. Ein paar Schritte weiter trifft man auf die **Plaza 1 de Mayo** mit der Kirche San Pablo. Auf dem Platz steht ein Musikpavillon, der bei Stadtfesten benutzt wird, und ein Denkmal für San Juan de la Cruz. Er war ein Mitstreiter der heiligen Teresa von Ávila und gründete den asketischen Orden der unbeschuhten Karmeliter.

Verehrt wird er allerdings mehr wegen seiner Liebesgedichte an Gott. Er wirkte im **Oratorio de San Juan de la Cruz**, in dem er 1591 verstarb. Das Kloster kann auch besichtigt werden.

In der Cervantes-Straße, die vom Platz wegführt, findet man das **Archäologische Museum** von Úbeda. Es wurde in einem Mudéjar-Haus aus dem 14.

Andalusiens eindrucksvollster Palast aus der Zeit der Renaissance: der Palacio de los Marqueses de Jabalquinto in Baeza

Jahrhundert eingerichtet. Eine Arkade von Hufeisenbögen führt ins Haus hinein. Um den Patio herum sind die Säle angeordnet, die außer westgotischen und römischen Fundstücken als Glanzstück der Sammlung ein Steinmodell einer Burg beherbergen. Das Steinmodell stammt noch aus der arabischen Zeit Úbedas.

Wieder auf der Straße fällt auf, dass an vielen Häusern Kreuzabzeichen von Ritterorden angebracht sind, vor allem das Kreuzschwert der Jakobsritter. Seine Mitglieder sind als die wahren Landesherren in und um die Stadt anzusehen. Bei der Einfahrt in den Ort kommt man auch an einer immens großen Santiago-Klosteranlage, **Hospital de Santiago**, vorbei, Sitz eines mächtigen Jakobsritterordens, dem viel Orte zu Abgaben verpflichtet waren. Sie waren zugleich Landesherren mit Hauptsitz in León, Hospital San Marcos, und der reichste Ritterorden Spaniens, der heftig bei der Reconquista mitmischte und damit reich wurde. Ursprünglich wurde der Orden zum Schutz der Jakobspilger nach Compostela gegründet. Die Chorherren sind dort noch immer Jakobsritter, die Klosteranlage wird heute für kulturelle Veranstaltungen und Ausstellungen genutzt.

Große Besichtigungen bieten weder Baeza noch Úbeda, aber die Ansammlung dieser Vielzahl von Renaissancepalästen, teils leer stehend, teils privat genutzt, ist einzigartig. Zu Recht verlieh man den Zwillingsstädten den Titel Weltkulturerbe. Einzigartig ist auch ein nächtlicher Spaziergang durch die Orte bei spärlich und mystisch wirkender Beleuchtung, abseits vom Tourismusrummel der Besuchermagneten wie etwa Córdoba.

REGION 4
Córdoba, Baeza und Úbeda

Blick in das Kirchenschiff der Kathedrale Santa María (Baeza)

Service & Tipps:

Baeza

Oficina de Turismo
Plaza del Pópulo s/n
23440 Baeza (Jaén)
✆/Fax 953 74 04 44
www.baezamonumental.com

Kathedrale
Plaza de Santa María, Baeza
✆ 953 74 04 44
Juni–Sept. tägl. 10.30–13 und 17–19, sonst 10.30–13 und 16–18.30 Uhr
Den Glockenturm kann man besteigen und die endlosen Olivenhaine überblicken. Kuriose Metallkanzel!

Palacio de Jabalquinto
C/Cuesta de San Felipe Neri
Baeza, Di–So 10–14 und 16–18 Uhr
Der Renaissance-Patio lohnt einen Blick. Juan Guas und Enrique Egas arbeiteten hier zusammen.

Antigua Universidad
C/Barbacana, Baeza
Tägl. außer Mo 10–13 und 16–18 Uhr
Antonio Machados Klassenzimmer mit alten Fotos, die Aula Magna der Uni und ehemalige Hörsäle kann man sehen. Und im selben Haus befindet sich noch heute ein Gymnasium.

Mesón-Restaurante La Gondola
C/Portales Carbonería 13
Baeza
✆ 953 74 29 84
Direkt am Hauptplatz und trotzdem nicht touristisch: exquisite hausgemachte Wildpaté, Rebhuhnsalat und Kartoffeln auf Baeza-Art! Für Hungrige gibt es auch ein preiswertes Tagesmenü. Filets und Lammkoteletts vom Steinofengrill mit Holzkohle. €€

Juanito
Paseo Arca del Agua s/n, Baeza
✆ 953 74 00 40
So und Mo abends geschl.
Bestes Olivenöl aus eigener Herstellung und Gerichte wie Fasan mit Austernpilzen lohnen allein schon den Weg nach Baeza! Bei zu viel Wein kann man auch bleiben, dazu gehört ein Hotel mit 33 Zimmern. €€

Casa Cantos
C/San Pablo 10, Baeza
✆ 953 74 00 71
Wein, Likör und vor allem verschiedenste Olivenöle gibt es in diesem Laden.

Rund um die Plaza de la Constitución, den Hauptplatz, findet man unter den Arkaden Läden, die Olivenöl, Keramik und *Esparto*-Grasmatten anbieten.

Hacienda La Laguna
Ctra. Baeza/Jaén, 8 km vor Baeza
Puente del Obispo
✆ 953 77 10 05, Fax 953 76 50 12
www.ehlaguna.com

An der A 312 kurz vor Baeza sieht man auf der linken Straßenseite den großen Komplex der Hacienda La Laguna, in der noch immer Olivenöl hergestellt wird. Das dazugehörige Olivenölmuseum (Di–So 10.30–13.30 und 14–19 Uhr, Eintritt frei) zeigt nicht nur die Geschichte der Herstellung mit historischer Gerätschaft, sondern auch die verschiedenen Baum- und Ölarten. Die Hacienda ist zugleich Hotel und Hotelfachschule mit einem vorzüglichen Restaurant.

Úbeda

Oficina de Turismo
Plaza Baja del Marqués 4
23400 Úbeda (Jaén)
✆ 953 77 92 04, Fax 953 77 92 06
www.ubedainteresa.com

Sacra Capilla del Salvador
C/Baja del Salvador, Úbeda
✆ 953 75 08 97, Sommer Di–Sa 10.30–14 und 16.30–19, So 10.45–14 und 16.30–19.30 Uhr, sonst kürzer
Eintritt € 3
Der berühmte Diego de Siloé unterstütze den einheimischen Kollegen Andrés de Vandelvira bei der Gestaltung der Renaissancekirche. Interessanter Marmorboden und bühnenhafter Hochaltar.

San Pablo
Plaza 1 de Mayo, Úbeda
Geöffnet nur zum Gottesdienst, 19–21 Uhr
Interessante Kirche im Stil der isabellinischen Gotik.

Museo/Oratorio de San Juan de la Cruz
C/del Carmen s/n, Úbeda
✆ 953 75 06 15
Di–So 11–13 und 17–19 Uhr
Eintritt € 1,20
Viele Originalschriften von San Juan de la Cruz in einer erstaunlich reichen Klosteranlage.

Museo Arqueológico de Úbeda
Casa Mudéjar, C/Cervantes 6, Úbeda
✆ 953 75 37 02
Mi–Sa 9–20, So bis 15 Uhr, Di nur reservierte Gruppen
EU-Bürger Eintritt frei
1973 wurde das gut restaurierte Mudéjar-Haus aus dem 14. Jh. eröffnet. Römer-, Westgoten- und Araberfundstücke sind in dem kleinen Museum ausgestellt.

Museo de Alfarería
Plaza Vázquez de Molina s/n
Úbeda
✆ 953 75 04 40, Di–Sa 10.30–14 und 16.30–19, So/Fei 10.30–14 Uhr
Seit dem Mittelalter und bis heute ist das Töpferhandwerk ein bedeutender Erwerbszweig der Stadt. In der Calle Valencia gibt es immer noch eine

Das Töpferhandwerk hat in Úbeda seit dem Mittelalter Tradition

Menge Werkstätten. Das Museum zeigt traditionelle, auch historische Stücke der Region. Der Eingang befindet sich an der rechten Seite des Rathauses.

Hospital de Santiago/Museo de Semana Santa

C/Obispo Cobos s/n, Úbeda
✆ 953 75 08 42, Mo–Fr 8–15 und 15.30–22, Sa 8–15 Uhr
Die riesige Anlage wird auch der Escorial Andalusiens genannt, heute ist sie das Kulturzentrum der Stadt. Außer Platz für Ausstellungen gibt es in den Räumen rund um den Hof ein Karwochenmuseum.

Artificis Servicios Turísticos

C/Baja de El Salvador 2, Úbeda
✆/Fax 953 75 81 50
www.artificis.com
Thematische und persönliche Stadtrundgänge, die die Firma zumindest auf Englisch und Französisch anbietet.

Mitte November beginnt für die Olivenbauern die Haupterntezeit

Aceite de Oliva – Olivenöl

Wenn zwischen November und Januar geerntet wird, dann ist das eine Nachricht wert in der spanischen Tagesschau. Die Hälfte der europäischen Ölivenölproduktion kommt aus Spanien! Über eine Million Tonnen Oliven werden geerntet und über 140 000 Arbeitsplätze hängen vom Olivenöl ab. Geerntet wird traditionell mit Stöcken, mit denen man die Oliven von den Bäumen abklopft. Um den Baumstamm herum werden Tücher gelegt, um die herabfallenden Früchte zu sammeln, die dann handverlesen, sorgfältig von den Zweiglein getrennt, gewaschen und schnell zur Mühle gefahren werden. Ein riesiger Granitmühlstein zermahlt die Früchte, früher mit Eselsantrieb, und die Paste wird dann auf perforierte Metallwalzen geschmiert. Was heruntertropft, das ist die *Flor*, die Blume des Olivenöls, das hochwertigste Produkt. Bei der Lagerung setzt sich Wasser unten ab, das Öl schwimmt oben, und so erfolgt auf ganz einfache und natürliche Weise eine Trennung des Olivenöls vom Fruchtwasser, das man ablässt. Nun wird die übrig gebliebene Paste auf Kunststoffmatten geschmiert, früher waren es Flechtmatten aus Espartogras, die wie ein vielstöckiges Sandwich übereinander gestapelt werden. Mit Hydraulik wird jetzt gepresst. Diese erste kalte Pressung ergibt das sogenannte Jungfernöl, *aceite virgen extra*. Und damit erschöpft sich eigentlich der Prozess. Die allermeisten Olivenbauern geben nun die Reste auf die Felder, quasi als natürlichen Dünger. Eine zweite, heiße Pressung ist in Spanien mehr noch als anderswo verpönt. EU-Kontrolleure prüfen regelmäßig das Ergebnis, die Ölflaschen werden mit Nummern und Herkunftsetiketten versehen. Wie bei Wein gibt es sogar Olivenölproben, bei denen die Besten prämiert werden. Beim Kauf sollte man auf den Säuregehalt achten, der idealerweise zwischen 0,1–0,4 Prozent liegen sollte. Ganz nach Gusto kann man gefiltertes oder ungefiltertes Olivenöl erwerben. Der Geschmack hängt natürlich auch von Region und Olivensorte ab, wobei schwarze und grüne Oliven keine unterschiedlichen Sorten darstellen, sondern unterschiedliche Reifezustände. Geschützt vor Licht und kühl muss man die edlen Tropfen aufbewahren, die sich immer mehr in den Küchen des Nordens durchsetzen. Die »Mediterrane Diät« ist ein Werbeslogan geworden, nicht nur in Spanien hat man die positiven Effekte der ungesättigten Fettsäuren und der Vitamine bei Herzerkrankungen und gegen Zellalterung entdeckt!

Parador
Plaza Vázquez de Molina s/n
Úbeda
✆ 953 75 03 45
Das ehemalige Pfarrhaus ist eine Sehenswürdigkeit und sein Restaurant das beste Úbedas: üppige Tapasdegustation! €€

Convento de Santa Clara
Plaza Santa Clara
Úbeda
Wie in vielen spanischen Konventen verkaufen die Nonnen über ein Drehkreuz ihr Klostergebäck.

Alfarería Melchor Tito
C/Valencia 44, Úbeda
✆ 953 75 36 92
Hier wird schöne traditionelle Keramik aus eigener Werkstatt angeboten. Ein Familienbetrieb seit Generationen.

Pedro Blanco
C/Real 47, Úbeda
✆ 953 75 04 56
Alles aus Pfriem- bzw. *Esparto*-Gras, auch Teppiche.

In vielen Läden wird Schmiedeeisernes angeboten, dafür ist Úbeda spätestens mit Maestro Bartolomé berühmt geworden.

Feste
Sowohl in Baeza als auch in Úbeda sind die Semana-Santa-Prozessionen prämiert.
San Miguel: großes Stadtfest Ende September.

2 Córdoba

Bis heute hörbares Zeichen der kulturellen Überlegenheit des maurischen Córdobas in ganz Europa sind die vielen Vokabeln arabischen Ursprungs, die wir in unserem Sprachgebrauch verwenden, wenn auch oft unbewusst: Auf etwa 30 000 werden diese Wörter im Spanischen geschätzt, im Deutschen sind es vielleicht 5000, wozu zum Beispiel Jacke, Chemie, Anis oder auch Matratze gehören. Sichtbares Zeichen des arabischen Ursprungs ist bis heute die Mezquita, die ehemalige Freitagsmoschee, die Gott sei Dank erhalten blieb, weil man sie zur Kathedrale umfunktionierte. Die gesamte Altstadt Córdobas wurde zum Weltkulturerbe der Menschheit erklärt, selbstredend, denn neben der Mezquita sind die Römerbrücke, das jüdische Viertel mit seinen mittelalterlichen Straßenzügen und die Synagoge, um nur ein paar der Kulturjuwele aufzuzählen, bestens erhalten.

Der römische Philosoph Seneca kam 4 v. Chr. in Córdoba zur Welt.

Der Name Córdoba stammt von den Phöniziern und meint entweder »Corteb«, Ölmühle, wegen des Olivenanbaus, oder »Cord«, Gold, das man dort im Guadalquivir-Fluss schürfte. Zu Römerzeiten lag die Stadt am Verkehrsstrang Richtung Afrika, an der Vía Augusta.

Nach dem Fall des römischen Reichs besetzten die Westgoten die Stadt, denen Tarik 711 die Macht für die Omaijadendynastie entriss. Im Jahr 756 gründete Abd-ar-Rahman I. aus Damaskus, auf der Flucht vor den Abasiden, hier seine Hauptstadt, Córdoba wird unabhängiges Emirat. 785 wurde der Grundstein für eine große Versammlungsmoschee gelegt. Dieser

Arabisches Erbe: die Mezquita von Córdoba

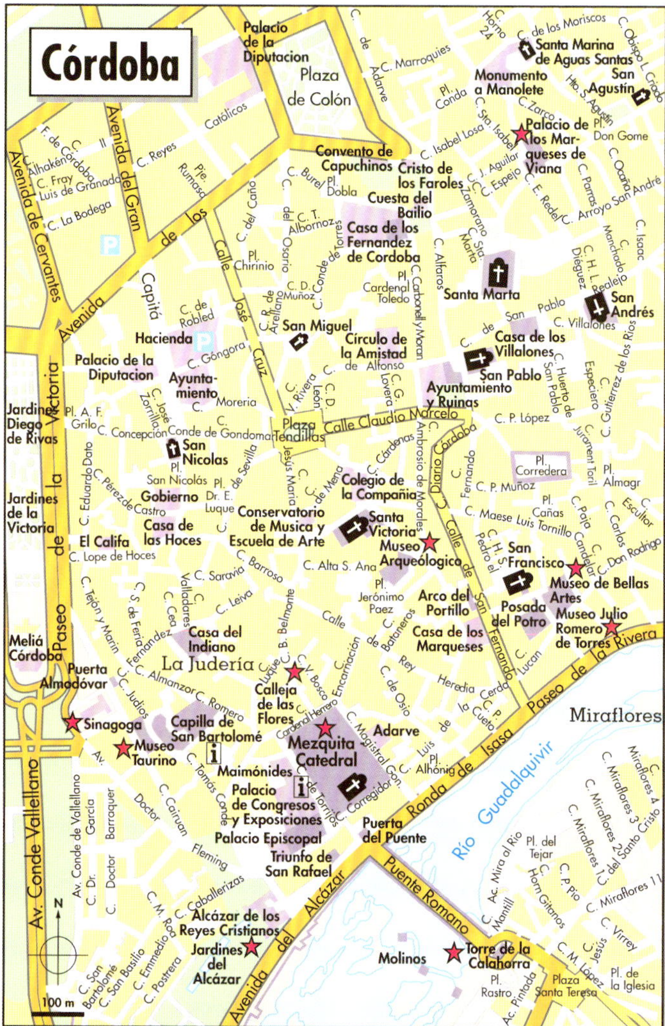

Zeitpunkt markiert gleichzeitig den Beginn einer Blütezeit, die bis zum Zerfall des Kalifats 1031 anhält. 1236 erobert Ferdinand III., der Heilige, die Stadt. Im 16. Jahrhundert manifestiert sich der Siegeszug des Christentums durch den Bau einer Renaissancekirche inmitten der Mezquita. Seitdem hat sich in Córdoba nicht mehr viel verändert. Das spürt man vor allem in den verträumten Gassen der Altstadt, obwohl Córdoba mittlerweile mit 315 000 Einwohnern nach Sevilla und Málaga die drittgrößte Stadt Andalusiens ist, was man auf Grund des geschlossenen Altstadtbildes nicht vermuten würde. Heute hat vor allem die Landwirtschaft wieder eine große Bedeutung in der Provinz Córdoba: Vor allem Oliven, Montilla-Wein, eine Sherry-Art, und Baumwolle, und damit verbunden die Textilindustrie, spielen eine große Rolle.

Wenn man sich Córdoba von Sevilla nähert, begleitet der Guadalquivir die Fahrt. An der südlichen Fluss-Seite fordert dann erst einmal Córdobas verlockende Silhouette zum Halten auf: Der trutzige Alcázar, der schmucklose Bischofspalast und schließlich die Mezquita, auf der die Strebepfeiler der Kathedrale wie eine Spinne sitzen, reihen sich aneinander. Dazwischen überblickt der Stadtpatron, Erzengel Rafael, auf einer hohen Säule das Flussufer. Die Figur des populärsten Heiligen Córdobas stammt aus dem 18. Jahrhundert. Überall in der Stadt findet man sein Bild oder seine Statue, und Rafael ist mit Sicherheit der häufigste Männervorname in der ganzen Provinz.

Die beiden Fluss-Seiten verbindet eine Römerbrücke, der **Puente Romano**, auf Geheiß von Augustus erbaut, die heute eine Fußgängerpromenade ist. Am südlichen Ende steht die zinnenbekrönte **Torre de la Calahorra**, im 14. Jahrhundert auf maurischen Resten als Verteidigungsanlage am Brückenkopf erbaut. Der Turm ist heute das Stadtmuseum, dem man applaudieren darf zur Idee, die wichtigsten historischen Persönlichkeiten in Form von Wachsfiguren miteinander kommunizieren zu lassen. So unterhalten sich die arabischen Philosophen Averroes und Ibn Arabi mit Alfons X. dem Weisen und dem jüdischen Gelehrten Maimonides über den Sinn des Lebens. Man kann zu der Erkenntnis kommen, dass Spanien die große Chance verpasst hat, ein dreifaches Weltbild und eine friedliche Verbindung dieser drei Weltreligionen in Europa zu schaffen.

Mit Kopfhörern spaziert man von einem in den nächsten Saal, begleitet von arabischer Musik, wie sie an Córdobas Musikhochschulen unterrichtet wurde. Ein Modell zeigt, wie die Mezquita früher wirklich ausgesehen hat, als in ihre Mitte noch kein christliches Gotteshaus hineingebaut war. Auf der Dachterrasse des Turmes genießt man noch einmal den bezaubernden Blick hinüber zur Stadtsilhouette. Auf der anderen Seite angekommen, steht man vor einem weiteren Relikt der Römerzeit: einem **Triumphbogen** aus dem 16. Jahrhundert, der an den römischen erinnert, der an dieser Stelle stand. Und daneben warten die Kutscher auf Kundschaft.

Entlang der **Mezquita** beeindrucken die kunstvoll verzierten Fenster und geben einen kleinen Vorgeschmack auf das, was einen im Innern erwartet. Als Kaiser Karl V. auf seiner Hochzeitsreise mit Kusine Isabella von Portugal durch Córdoba kam, hat er das erste Mal die Mezquita gesehen. Beeindruckt und entsetzt zugleich darüber, dass er unwissentlich seine Zustimmung gegeben hatte, innerhalb der Moschee eine Renaissancekirche zu bauen, sagte er: »Was

Córdoba: Denkmal des arabischen Philosophen Averroes (1126–98)

Die Römerbrücke und die Mezquita – Erbe der Römer und Mauren in Córdoba

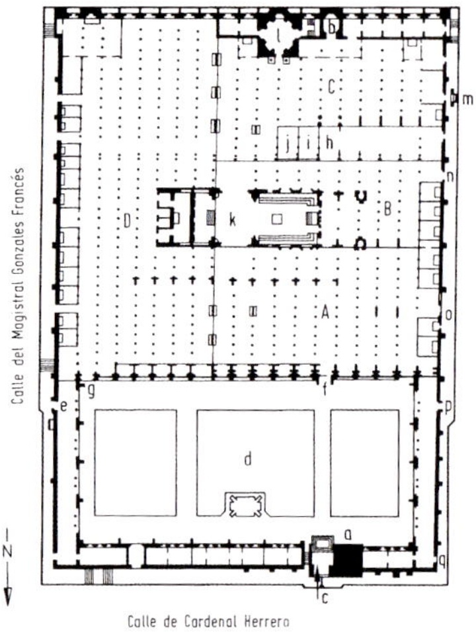

Grundriss der Mezquita von Córdoba

Mezquita (Grundriss)
- *A Bau Abd-ar-Rahman I.*
- *B Erweiterung unter Abd-ar-Rahman II.*
- *C Erweiterung unter Al-Hakem II.*
- *D Erweiterung unter Almansor*
- *a ehem. Minarett/ Glockenturm*
- *b Mihrab*
- *c Puerta del Perdón*
- *d Orangenhof*
- *e Puerta de S. Catalina*
- *f Puerta de las Palmas*
- *g heutiger Moschee-Eingang*
- *h Capilla de Villaviciosa*
- *i Capilla Real*
- *j Pauluskapelle*
- *k Kathedrale*
- *l Sakristei*
- *m Puerta de Palacio*
- *n Puerta San Miguel*
- *o Puerta San Esteban*
- *p Puerta de los Deánes*
- *q Puerta de Leche*

ihr gebaut habt, hätte man überall auf der Welt bauen können, ihr habt zerstört, was Einzig war!« Vielleicht kann es aber auch als glücklicher Umstand betrachtet werden, dass die Mezquita so zum größten Teil erhalten geblieben ist und nicht ein ähnliches Schicksal wie die Moschee von Sevilla oder die von Toledo in Zentralspanien erlitt.

Die Mezquita, zwischen 785 und 1009 in drei Bauphasen entstanden, hat zwölf Portale. Über den **Orangenhof** gelangt man hinein. Hier befanden sich ursprünglich die Brunnen für die rituellen Waschungen. Unterirdisch und nicht sichtbar gibt es eine riesengroße Zisterne mit einem Fassungsvermögen von 100 000 Litern. Die Orangenbäume im Hof sind eigentlich Pomeranzen, man sieht es an dem länglichen Ansatz am Blatt. So bleiben die dekorativen, bitteren Früchte zumindest hängen. Der hohe **Glockenturm** wurde im 16. Jahrhundert von Hernán Ruiz unter Einbeziehung des Minaretts gestaltet. Das Haupttor zum Hof war zugleich eine Art Schandtor. An einer Säule vor dem Portal kettete man Averroes wegen seiner allzu modernen Philosophieauffassung an, bespuckt und beschimpft von Vorübergehenden. Das südliche Tor ist das Milchtor, **Puerta de Leche**, an dem Findelkinder ablegt wurden, in der Hoffnung, jemand würde sich erbarmen und ihnen Milch geben.

Gelangt man ins Innere der Mezquita, sieht man in der Dunkelheit zunächst gar kein Ende: Scheinbar unendlich viele Marmorsäulen, die Hufeisenbögen tragen und durch eine Holzsparrendecke verbunden sind, erzeugen den Effekt, als stünde man in einem dichten Wald. Abwechselnd sind rötliche und bläuliche Säulen verwendet worden, kombiniert mit unterschiedlichen Kapitellen. Die aufwendig herzustellenden Säulen sind Spolien, wieder verwendete Bau-

Die Mezquita in Córdoba diente zeitweise Christen und Moslems zugleich als Gotteshaus

teile, die man vom Römerforum Córdobas holte. Weil diese von verschiedenen Gebäuden stammten und unterschiedlich lang waren, behalf man sich damit, unterschiedlich dicke Steinplatten unter den Säulenbasen zu verwenden oder auch gar keine Basis zu schaffen, um das Bodenniveau auszugleichen. Wenn man Richtung Ende der Moschee geht, hebt sich das Bodenniveau etwas, und genau dort verläuft die Schnittstelle der unterschiedlichen Bauphasen von Abd ar-Rahman I. zum II. und zu Al Hakem, der die *Kiblawand* und den *Mihrab* gestalten ließ.

Die nächste Erweiterung fiel in eine Zeit des Friedens und des Bevölkerungswachstums für Córdoba, was eine Vergrößerung der Versammlungsmoschee, Mezquita-Aljama, nötig machte. Da die Stadt in gutem Kontakt mit Konstantinopel stand, kamen von dort Handwerker, die die Mosaikkunst besonders gut beherrschten, in die Stadt. Genau wie in der Hagia Sophia im heutigen Istanbul verwendete man Edelsteine mit Goldgrund und Glasüberzug. Und tatsächlich glaubt man sich vor einer Wand voller Juwelen wiederzufinden. Die Muschelform der Gebetsnische ist aus einem einzigen Stein gearbeitet, die Kuppelform davor setzt sich aus mehrfach sich überkreuzenden Bogenformen zusammen, sodass ein Stern entsteht. Er symbolisiert den Übergang vom Irdischen, in Form des Rechtecks, zum Göttlichen, das der Kreis verkörpert. Der Kreis symbolisiert gleichzeitig die Idealform (Mathematik: die Quadratur des Kreises, man braucht unendlich viele Quadrate, die man versetzt übereinander legt, damit ein Kreis entsteht; das heißt ein »Mega-Stern«, mit unendlich vielen Ecken, nähert sich dem Kreis an. Der Imam ist sozusagen der Stern, der sich mit dem Gebet dem Propheten nähert).

Die Kuppelform wiederholt sich in der **Villaviciosa-Kapelle**, kombiniert mit filigranstem Stuck und vorgeblendeten Kleeblattbögen, sogenanntem Ataurique-Schmuck. In der Kapelle fand Alfons der Weise seine Grablege. Ein paar Schritte weiter entfernt vom Mhirab dann Ernüchterung: Demgegenüber ist die Domschatzkapelle geschmacklos. Christliches Prunkstück ist eine Silbermonstranz der Arfe-Werkstatt.

Setzt man den Rundgang fort, lässt sich die letzte Erweiterungsphase unter Almansor deutlich erkennen. Man könnte hier von einem fast plumpen Diktatorenstil sprechen, der schnell hochgezogen wurde. Selbst die Gebetsnische ist dafür aus der symmetrischen Mitte gerückt worden. Aber wohin hätte man auch erweitern sollen, stößt man doch weiter Richtung Mekka auf den Fluss. Die viel kritisierte Renaissancekirche entdeckt man erst am Schluss, fast schon am Ausgang. Besonders das Chorgestühl beeindruckt, aus Mahagoniholz geschnitzt von Alejandro Carnicero Roldán, kombiniert mit weißem Stuck an der Decke.

Verlasst man die Moschee über den Orangenhof und beim Glockenturm, zweigt schräg gegenüber eine schmale Straße ab, die zur berühmten **Blumengasse** führt. Die weiß getünchten Hauswände sind dort mit Geranienblumen töpfen übersäht. Von einem kleinen Hof aus eröffnet sich der Schokoladenblick auf den Glockenturm, untermalt von zarten Gitarrenklängen und einem bebrillten Hund, der das Trinkgeld seines Herren bewacht. Ein Andenkenladen nach dem anderen weist von dort aus den Weg in das jüdische Viertel.

In der **Judería** trifft man auf etwas beinahe Einzigartiges in Spanien: eine ehemalige **Synagoge**. Córdoba besaß ein ausgedehntes jüdisches Viertel, es wird geschätzt, dass es gar 300 Synagogen gegeben haben soll. Doch die Inquisition war gründlich: Heute gibt es weder in Córdoba noch in anderen spanischen Städten jüdische Gemeinden. Synagogen wurden in Kirchen verwandelt oder eingerissen. Die in ganz Spanien erhaltenen und als Museen betriebene Synagogen kann man an einer Hand abzählen. Zwei in Toledo und die in Córdoba sind erhalten geblieben, die in Córdoba, weil man sie zeitweilig als Tollwutkrankenhaus benutzte. Den unscheinbaren Eingang in der Calle de los Judíos, in der Judenstraße also, könnte man glatt übersehen. Der winzige Raum ist reich stuckiert und wirkt, als ob geknüpfte Teppiche aus Mörtel an den Wänden hingen. Eine Nische an der Stirnwand bietet Platz für die Thorarolle. An der Seite führt eine Treppe zur Frauenempore hinauf. Die Dekoration erin-

Ein schöner Anblick: einer der zahlreichen mit Blumentöpfen übersäten »Patios« in Córdoba

Bronzedenkmal des jüdischen Philosophen, Arztes und Rechtsgelehrten Moses Maimonides (1135–1204) auf der Plaza de Tiberiades in Córdoba: Das Berühren des Fußes verheißt Intelligenz

nert alles in allem an Arabisches. Da die wohlhabende jüdische Bevölkerung die besten Handwerker der Stadt beschäftigte, kann man davon ausgehen, dass es Mauren waren – sie galten als die Besten. Eine jüdische Kunst gab es indes nicht. Die arabische Ornamentik kam dem Dekorinteresse der Sepharden entgegen, da sie in den Synagogen ebenso wenig Figuratives wie die Moslems in ihren Moscheen anbringen durften.

Ein paar Schritte weiter, in derselben Straße, hat man dem bedeutendsten jüdischen Bürger Córdobas ein Denkmal gesetzt: Moses Maimonides. Der Philosoph fungierte als Berater am Kalifenhof, doch seine moderne Denkweise zwang ihn, während der Almohaden- und Almoravidenherrschaft nach Kairo zu fliehen. Schräg gegenüber des Denkmals führt ein schmaler Torbogen in eine Art Handwerkerhof, in dem geschmackvoll geführte Läden traditionelle arabische Handwerkskunst aus Leder und Silber verkaufen. Nebenan steht ein Institutsgebäude der Universität und davor ein Denkmal für den arabischen Arzt Gafheki, der bereits im 12. Jahrhundert Augenoperationen am grauen Star durchführte. (In Spanien heißt Brille »gafas«, und sicherlich hat unser deutsches Wort »gaffen« auch einen Bezug zu diesem berühmten Cordobeser Arzt.) Auf der anderen Seite des Handwerkerhofs hat man ein Stierkampfmuseum, **Museo Taurino**, mit schönem Patio eingerichtet. Arte Taurino hat Tradition in Córdoba, auch wenn die Stadt heute keine namhafte Arena besitzt, doch ihr großer Stierkämpfer El Cordobés ist weltberühmt.

Zurück bei der Mezquita sollte man das Stadtviertel besuchen, in dem Córdoba am typischsten ist und in das trotz der Nähe zur Moschee nur wenige Touristen den Weg finden. Über die Straße Martínez Rucker, abgelenkt von Einblicken in reich mit Blumen ausstaffierte Patios, gelangt man zur **Plaza del Potro**, dem eine Brunnenfigur in seiner Mitte, ein Fohlen, den Namen gab. In einer Posada am Platz, eine Art mittelalterliches Hotel, hat die Stadt einen Ort für moderne Kunstausstellungen geschaffen. Alte Holzbalkone, türkisfarbene Blumentöpfe mit Geranien und Zitronenmelisse betören die Sinne im Innenhof. Gegenüber liegt das **Museo de Bellas Artes**, eingerichtet in einem ehemaligen von den Katholischen Königen gestifteten Krankenhaus. Vor allem Meister der Barockmalerei sind dort vertreten, unter ihnen Murillo und Zurbarán. Im selben Gebäudekomplex und Patio geht es in das **Museo Julio Romero de Torres**. Die Bilder dieses Jugendstilmalers sind aus Córdoba nicht wegzudenken. Auf unvergleichliche Art hat er die Frauenschönheiten der Stadt auf Leinwand gebannt. Verwunderlich ist nur, dass der Maler über die Grenzen Andalusiens hinaus eigentlich kaum bekannt ist.

Biegt man bei den Museen links um die Ecke, gelangt man zur **Plaza Corredera**, sozusagen Plaza Mayor beziehungsweise Hauptplatz der Stadt, auf dem einst Stierkampf abgehalten wurde, in der Zeit, in der es noch keine Arenen gab. Seine Strenge erinnert an die Plaza in Madrid. In den einzelnen Flügeln der Platzanlage sind Privatwohnungen eingerichtet und unter den Arkaden befinden sich heute Antiquitätenläden. Der mit Wappen und Türmen geschmückte Flügel ist die Markthalle.

Verlässt man den Platz an der gegenüberliegenden Ecke, gelangt man zu Säulen und Resten eines Römertempels. Eine schmale Straße führt nach oben, in den Stadtteil, in dem sich der **Palacio de Viana** befindet mit insgesamt elf Patios. Vielleicht ist er neben der Mezquita-Besichtigung der Höhepunkt des Córdoba-Besuchs. An der **Plaza de Santa Marina** steht noch ein Wahrzeichen: das Denkmal für Stierkampfstar Manolete. 1947 wurde er im Stierkampf getötet, ein Schicksal, das er mit vielen berühmten und besonders mutigen Toreros teilt. In der Nähe trifft man auf die **Plaza de los Dolores** und den Laternenchristus, **Cristo de los Faroles**. Das Steinkruzifix aus dem 18. Jahrhundert wird von acht Leuchtern gerahmt, die abends ein geradezu mystisches Licht verbreiten. Das Stadtwahrzeichen verbreitet andächtig und ganzjährig die Stimmung eines Bußerumzugs der Karwoche.

Zurück über Ambrosio de Morales lohnt ein Abstecher zum **Archäologischen Museum**, das versteckt und an einem malerischen Plätzchen liegt. Das Schmuckstück der Sammlung, untergebracht in einem Renaissancepalast, ist ein Bronzehirsch, den man in Medina Azahara fand und der als Geschenk aus Byzanz nach Córdoba kam. Am Guadalquivir-Fluss entlang kehrt man zurück zur Mezquita und ein Stück weiter trifft man auf den **Alcázar**, der allerdings nicht mit Sevillas Pendant konkurrieren kann. Innen ist ein kleines archäologisches Museum mit Römermosaiken an den Wänden eingerichtet. Die Gärten sind eine Oase der Ruhe, in denen endlose Reihen von Wasserfontänen über Kreuz sprühen, als würden sie Spalier stehen. Versteckt zwischen zurechtgestutzten Hecken stehen die gigantischen weißen Steinfiguren der Katholischen Könige Isabella und Ferdinand, vor denen sich Kolumbus verneigt. Vom Alcázar aus kann man an der Außenseite der mittelalterlichen Stadtummauerung entlangflanieren, an der man am Campo de Martires arabische Bäder freigegraben hat. Vor den Stadttoren sind Figuren berühmter Bürger Córdobas aufgestellt: der Philosoph Averroes, der sich die Lehre des Aristoteles zum Vorbild nahm, und Seneca, der nicht in Rom, sondern in Córdoba 4 v. Chr. zur Welt kam. Noch einmal wird klar, welch große Bedeutung die Stadt einst besaß.

Plaza de Jerónimo Páez in Córdoba mit Ausstellungsstücken des Archäologischen Museums

Service & Tipps:

Oficina de Turismo
- Campo Santo de los Mártires s/n, 14003 Córdoba
✆ 957 20 17 74
Tägl. 9.30–14 und 16.30–19.30 Uhr
- Plaza de las Tendillas
14003 Córdoba, ✆ 902 20 17 74
Tägl. 10–13.30 und 16.30–19.30 Uhr
- im Bahnhof
9.30–14 und 16.30–19.30 Uhr
www.turismodecordoba.org

Alcázar de los Reyes Cristianos
Campo Santo de los Martires
Córdoba, ✆ 957 42 01 51
Di–Fr 8.30–19.30, Sa 9.30–16.30, So/Fei 9.30–14.30 Uhr
Eintritt € 4, Mi frei
Die ehemalige maurische Verteidigungsanlage wurde von Alfons XI. im 14. Jh. zur Königsresidenz umgebaut, 8 Jahre verbrachten hier auch die Katholischen Könige während der Kriegsplanung gegen Granada.

In den Palasträumen findet man römische Mosaike und einen frühchristlichen Marmorsarkophag; in den zauberhaften Gärten kann man Wasserspiele bestaunen, in den Sommermonaten finden abends Konzerte statt.

REGION 4 Córdoba, Baeza und Úbeda

Reich verziertes Kapitell aus dem Museo Arqueológico (Córdoba)

Kuppel über dem Vorraum zum Mihrab der Mezquita in Córdoba

Archäologisches Museum
Plaza de Jerónimo Páez 7
Córdoba
✆ 957 35 55 17
Di 14.30–20.30, Mi–Sa 9–20.30, So 9–14.30 Uhr, Eintritt frei für EU-Bürger
Von Alltagsgegenständen aus der Vorgeschichte über Fundstücke aus der Zeit der römischen und arabischen Herrschaft bis in die Renaissance reicht der Fundus der Sammlung, der in einem Renaissancepalast mit schönen Patios untergebracht ist. Besonders sehenswert: der westgotische Gold- und Edelsteinschatz aus Torredonjimeno sowie ein bronzener Hirsch, den Kaiser Konstantin von Byzanz Abd-ar-Rahman III. schenkte.

Mezquita und Kathedrale
Cardenal Herrero (Eingang)
Córdoba
✆ 957 47 05 12
Mo–Sa 10–19, So/Fei 14–19 Uhr
Eintritt € 8, 8.30–10 Uhr gratis
Einer der Höhepunkte jeder Andalusien-Reise! Wo früher ein römischer Tempel und später eine Basilika der Westgoten standen, ließ Abd-ar-Rahman I. 785 den Grundstein für eine der großartigsten Moscheen der Welt errichten.

Sie wurde in drei Bauabschnitten bis zur heutigen Größe von insgesamt 128 m Breite und 175 m Länge erweitert. Glanzstücke der Moschee sind die Mosaiken des Mhirab und der Kibla-Wand und der die Ewigkeit symbolisierende Wald an 900 Säulen.

Nach der Reconquista wurde die Moschee zur Kathedrale geweiht und im 16. Jh. baute man gar mitten hinein eine Renaissancekirche. Die Mezquita sollte man so früh oder so spät wie möglich besuchen, um dem Besucherandrang etwas auszuweichen.

Museo de Bellas Artes
Plaza del Potro, Córdoba
✆ 957 47 33 45, Di 14.30–20.30, Mi–Sa 9–20.30, So/Fei 9–14.30 Uhr
EU-Bürger Eintritt frei
Die Sammlung, untergebracht in einem ehemaligen von den Katholischen Königen gegründeten Hospital, zeigt vor allem Barockmalerei der Sevillaner Schule.

Museo Julio Romero de Torres
Plaza del Potro, Córdoba
✆ 957 49 19 09
Di–Fr 8.30–19.30, Sa 9.30–16.30, So/Fei 9–14.30 Uhr
EU-Bürger Eintritt frei
Beliebt vor allem bei den Cordobesern wegen der Stadtansichten und Milieuschilderungen Córdobas und den schönen Frauenporträts des andalusischen Jugendstilmalers.

Museo Taurino
Plaza Maimonides, Córdoba
✆ 957 20 10 56
Zzt. wegen Renovierung geschl.
Alles, was zum Stierkampf gehört, einschließlich der Geschichte des berühmten Toreros El Cordobés.

Palacio de los Marqueses de Viana
Plaza Don Gome 2, Córdoba
✆ 957 48 01 34
Di–Fr 10–19, Sa/So 10–15 Uhr
Eintritt Höfe € 3, mit Palast € 6
Der Palast der Grafen Viana ist ein Museum der Patios: 12 Innenhöfe, ein jeder anders bepflanzt, und noch ein Garten dazu. Seit 1980 ist das Privathaus für die Öffentlichkeit zugänglich und immer noch ein Geheimtipp!

Synagoge
C/Judíos 20, Córdoba
✆ 957 20 29 28

Rezept für Salmorejo

(6 Personen) 1 Stange Weißbrot, 1/8 Liter Ölivenöl Virgen Extra (!), 1 kg reife Tomaten, 2 Knoblauchzehen, Salz, 3–4 Esslöffel Essig, 2 hart gekochte Eier, Jamón Serrano
Das Brot befeuchten und in kleine Stücke schneiden, die übrigen Zutaten hinzufügen (Tomaten vorher schälen) und mit dem Rührstab zu einer Creme verquirlen. (Damit der Salmojero schön cremig wird, muss man gegebenenfalls noch etwas Weißbrot oder Tomaten hinzugeben.) Als Garnierung wird die kaltgestellte Creme mit Eier- und Schinkenwürfeln serviert. *¡Que aproveche!*

Di–Sa 9.30–14 und 15.30–17.30,
So 9.30–13.30 Uhr
EU-Bürger Eintritt frei
Wenn man nicht wüsste, was sich hinter der eher unscheinbaren Fassade verbirgt, könnte man eine der ganz wenigen erhaltenen Synagogen Spaniens glatt übersehen. Maurische Handwerker zauberten für die wohlhabenden Sepharden die feinen Stuckornamente in Kombination mit hebräischen Inschriften.

Torre de la Calahorra
Puente Romano, Córdoba
✆ 957 29 39 29
Tägl. 10–18 Uhr
Eintritt € 4,50
Die Torre ist ein alter Wehrturm aus dem 14. Jh. am Fluss. Jetzt beherbergt sie das Stadtmuseum, das mittels einer Audiovisionsschau das Bild der drei Religionen zur Zeit des Kalifats vermittelt. Modelle zur Mezquita, zur Alhambra und zu den Bewässerungssystemen informieren anschaulich.

Hammam
C/Corregidor Luis de la Cerda 51
Córdoba
✆ 957 48 47 46, Fax 957 47 99 17
Tägl. 10–24 Uhr
Reservierung erforderlich
Eintritt € 32
Arabische Bäder mit beruhigender arabischer Musik, Kerzenbeleuchtung, Marmor und Azulejos – wie in Tausendundeinernacht! Angeboten wird der Badegang auch mit Aromamassage. Filialen der Hammam-Kette gibt es in Málaga und Granada.

Almudaina
Jardines de los Santos Mártires 1
Córdoba
✆ 957 47 43 42
Im Almudaina gibt es den besten *Salmorejo* der Stadt, die Tomaten-Brotcreme, die mit Ei- und Schinkenwürfel serviert wird. *Rabo de Toro*, Stierschwanzragout, ist ebenfalls empfehlenswert! €€

Bodegas Campos
C/Los Lineros 32, Córdoba
✆ 957 49 76 43
Eine Sehenswürdigkeit für sich: Die Sherry-Bodega mit Blumenpatios ist in einem ehemaligen Kloster eingerichtet. Das Restaurant wird gerne von Toreros besucht. Exquisite andalusische Küche. €€–€€€

El Caballo Rojo
C/Cardenal Herrero 28, Córdoba
✆ 957 47 53 75
Das »Rote Pferd« ist eines der besten Restaurants Andalusiens und arabisch-andalusischer Kochkunst. Probieren Sie das Honigmilchlamm oder Rebhuhn in Kräutersoße und davor eine weiße Mandelgazpacho. €€€

El Churrasco
C/Romero 16, Córdoba
✆ 957 29 08 19
www.elchurrasco.com
Das beste Restaurant Córdobas laut Gourmetführer! Das Lokal hat eine eigene Bodega und eine Reihe kleiner Privatspeiseräume. In Minigruppen lohnt es, sich etwa den Fächersalón zu reservieren und sich durch das Haus führen zu lassen. Spezialität: Fleisch vom Grill. €€€

Ausflugstipps:

Medina Azahara
Ctra. de Palma del Río, 8 km von Córdoba
✆ 957 35 55 14

Reste des Kalifenpalastes von Medina Azahara an den Hängen der Sierra Morena nordwestlich von Córdoba

Mai–Aug. Di–So 10–20.30, So/Fei 10–14, Sept.–April Di–Sa 10–18.30, So/Fei 10–14 Uhr, EU-Bürger Eintritt frei
Der Ausflug zu den Ruinen der Palaststadt gehört zu jedem Córdoba-Besuch. Außer dem rekonstruierten Botschaftersaal des Kalifen sind nur noch die Grundstrukturen der Anlage zu erkennen. Kalif Abd-ar-Rahman III. gab 936 den Auftrag für den prunkvollen Bau an den Hängen der Sierra Morena. Nicht einmal 100 Jahre später wurde der Palast durch fundamentalistische Berber zerstört und seit 1910 systematisch archäologisch erschlossen.

Restaurante Los Almendros
Ctra. de Trassiera, km 8800
✆ 957 33 00 00
Die Landstraße, die vor Medina Azahara ins Gebirge hinaufführt, führt auch zu diesem Terrassenrestaurant. Dort kann man Bergkaninchen und Kaninchenpaella probieren, oder auch Lammbraten. €

Restaurante Nicol's
Luque
✆ 957 67 40 81
Der Ort Luque liegt auf der Landstraße Richtung Granada, 68 km von Córdoba entfernt (km 341,5). Die nicht mehr genutzte Bahnstation sieht aus wie im Wilden Westen. Das Bahnhofshäuschen ist zur Kneipe und zum Laden umfunktioniert. Man sollte sich von haltenden Tourismusbussen nicht abschrecken lassen, im Gegenteil: Im Laden werden

Montilla-Wein

Der Ruf der Montilla-Moriles-Weine geht gar bis in die Antike zurück. Ihr Anbaugebiet liegt südlich von Córdoba, rund um den Ort Montilla. Und hier ist man sehr stolz auf den Wein. Um nicht unangenehm aufzufallen, sollte man ihn nur nicht mit »Jerez« oder »Sherry« bezeichnen. Wegen des kontinentalen Klimas im Landesinneren hat der Geschmack einen ganz anderen Charakter als etwa Jerez und Manzanilla von der Atlantikregion. Schließlich wird auch eine andere Traube verwendet, hauptsächlich Pedro Ximenez statt der Palomino-Traube. Das Solera-Verfahren und die Klassifizierungen in Fino, Oloroso usw. ist wiederum identisch mit den Sherrys aus Jerez.

besonders gutes Olivenöl und Olivenöl-Schampoo, -cremes etc. verkauft.

Núñez de Prado
Avda. Cervantes 14, Baena
✆ 957 67 01 41
Seit 1795 stellt die Familie Núñez Olivenöl her, doch die *Flor de Aceite* ist etwas Einzigartiges: Nach dem Zermahlen mit dem Granitmühlstein wird die Olivenpaste ohne Pressung auf eine durchlöcherte Metallwalze gestrichen, und was hinuntertropft, ist die »Blume«. Natürlich Virgen Extra und aus ökologischem Anbau. Herr Núñez führt sogar selbst durch die Mühle und mit Anmeldung kann man ein traumhaftes Mühlenfrühstück probieren.

Bodega Alvear
Avda. María Auxiliadora 1
Montilla
✆ 957 65 01 00, Fax 957 65 01 35
www. alvear.es, info@alvear.es
Nach Anmeldung Sherryprobe und Besichtigung (auch auf Deutsch), Tapas-Menü für Gruppen möglich.

Bei der Besichtigung der Bodega lernt man u.a., wie sich Montilla- von Sherrywein unterscheidet. Selbstverständlich auch Führung durch die eindrucksvolle Kathedrale der gestapelten Weinfässer. 1729 gegründet ist sie eine der ältesten und namhaftesten Bodegas der Region.

Fiestas
Semana Santa: Ostern sieht man Karwochenprozessionen, die intimer und pittoresker sind als in Sevilla.
Concurso de Cruces de Mayo: Anfang Mai werden die schönsten blumengeschmückten Kreuze prämiert und auf den Straßen aufgestellt.
Festival de Patios: Das berühmteste Fest Córdobas ist die Prämierung des schönsten Innenhofes. Mitte Mai stehen dann die Kandidaten 12 Tage lang für alle zur Besichtigung offen.
Feria de Mayo: Feiern Ende Mai, Stierkämpfe, Viehmarkt und Konzerte.
San Rafael: Am 24. Oktober wird der Lokalpatron geehrt.

Ausdruck der andalusischen Volksseele: Flamenco in Córdoba

3 Écija

Auf der Strecke zwischen Córdoba und Sevilla, der N IV bzw. E 5, liegt Écija. Ein Ort, den in Spanien jeder kennt, denn hier wird es im Sommer so brütend heiß, dass man Spiegeleier auf dem Straßenbelag braten könnte. Und das hat Écija den wenig schmeichelhaften Beinamen »die Bratpfanne Spaniens« eingebrockt. Sie ist aber auch die Stadt der Türme: Vom Ehrgeiz gepackt, als ob es um einen Wettstreit ginge, haben die vielen Kirchen der knapp 40 000-Seelengemeinde grandiose Glockentürme, die die Giralda in Sevilla imitieren. Einer größer und prächtiger als der nächste. Die schönsten sind die Barocktürme der Santiago- und der San-Juan-Kirche. Und noch ein ehrgeiziges Projekt besitzt die Stadt: Die Eigentümer des **Palacio de Peñaflor** wollten wohl alle anderen Adelsfamilien mit ihrem Balkon übertrumpfen. Der schmiedeeiserne Balkon erstreckt sich fast über die ganze Straßenlänge und passt sich sogar der Kurve an. Der mit Fresken versehene Palast selbst ist heute ein öffentliches Gebäude, ein Kulturzentrum. An der Plaza de España, dem Hauptplatz, stieß man beim Versuch eine Tiefgarage anzulegen, auf römische Baureste. Die Ergebnisse des Fundes dokumentiert heute das Stadtmuseum.

Mosaik aus dem römischen »Astigi«, wie Écija einst hieß

Der Mittelpunkt von Écija ist die Plaza de España

Service & Tipps:

Oficina de Turismo
Plaza de España 1
41400 Écija (Sevilla)
✆/Fax 95 590 29 33
turismo@ecija.org

Bodegón Gallego
C/Arcipreste Aparicio 3
Écija
In der Stichstraße zum längsten Balkon Spaniens gibt es ein galizische Kneipe, in der es Tapas und sogar den *Pulpo*, den Riesenkrake, aus dem Norden gibt. €-€€

Convento de Las Marroquíes
C/Secretario Arnesto 2, Écija
✆ 954 83 12 61
Die »Marokkaner« im Konvent sind ein Biskuitgebäck!

4 Jaén

Es ist lange her, dass Jaén ein Karawanenweg war, denn das bedeutet der Name, und es ist auch keine Grenzlinie mehr, an der sich Christen und Moslems erbitterte Schlachten wie zur Zeit der Reconquista liefern. Jaén ist eine Provinzhauptstadt von 120 000 Einwohnern und sie wird auch die Hauptstadt des Olivenöls genannt, wovon man sich überzeugen kann, wenn man erst einmal oben auf dem Burgberg Santa Catalina steht und seinen Augen nicht traut. Auf der roten Erde der Provinz hat man gar 150 Millionen Bäume gezählt!

Zu Zeiten des Kalifats von Córdoba wurde die alles überragende Wehranlage, das **Castillo de Santa Catalina** (nach der Eroberung wurde es sofort einer Heiligen geweiht), errichtet, die dem christlichen Vorstoß Einhalt gebieten sollte. Sie sollte! – 15 Kilometer südlich von Jaén fand 1212 die Entscheidungsschlacht von Las Navas de Tolosa statt. Alfons VIII. befehligte die Heere Kastiliens, Aragoniens und Navarra gegen die Mauren. Sein Sieg war der maßgebliche Vorstoß, der es Ferdinand III. ein Menschenleben später möglich machte, fast ganz Andalusien einzunehmen. Heute ist der Alcázar einer der schönsten der Paradores, der neben Übernachtungsmöglichkeit auch Ausgangspunkt für verschiedene Wanderwege ist. Zu Füßen der arabischen Burg liegt eine der prächtigsten Kirchen der Renaissance ganz Spaniens, die **Kathedrale Santa María**.

Ihr Architekt, Andrés de Vandelvira, ist die herausragende Persönlichkeit in Baeza und Úbeda, wo er federführend an den wichtigsten Bauprojekten beteiligt war. An der Stelle der Kathedrale in Jaén, an der man ab 1512 über

Blick auf die Provinz-Hauptstadt Jaén mit der Kathedrale Santa María im Zentrum ▷

150 Jahre lang baute, stand ursprünglich die Freitagsmoschee, die Ferdinand III. direkt nach der Eroberung von 1246 in ein Gotteshaus umwandeln ließ. Wuchtig und breit und dabei mit feinem Zierrat, so entwarf Vandelvira die Kirche, was ihm nicht umsonst den Beinamen »Spaniens Brunelleschi« einbrachte.

Service & *Tipps:*

Oficina de Turismo
C/Ramón y Cajal 1, 23001 Jaén
✆ 953 31 32 81/82, Fax 953 31 32 83
www.turjaen.org
Mo–Fr 9–19.30, Sa/So/Fei 9.30–15 Uhr

Kathedrale
Plaza de Santa María s/n, Jaén
✆ 953 23 42 33
April–Sept. Mo–Sa 8.30–13 und 17–20, So /Fei 9–13.30 und 18–20, Okt.–März Mo–Sa 8.30–13 und 16–19, So/Fei 17–19 Uhr, Juli/Aug. geschl. am Nachmittag, Eintritt € 2,10
Die Renaissancekirche entstand auf den Fundamenten einer Mezquita und eines gotischen Vorgängerbaus. Im Museum gibt es Gemälde des 16. und 17. Jh. zu sehen. Lieblingskapelle der Einheimischen ist »El Abuelo«, der Großvater, die Kapelle des Nuestro Padre Jesús.

Castillo de Santa Catalina
Oberhalb der Stadt, Jaén
✆ 953 21 91 16, Sommer 10–14 und 17–21, sonst 10–14 und 15.30–19.30 Uhr, Eintritt € 3
König Alhamar der Nasridendynastie von Granada hat dem Eroberer König Ferdinand III. die Burg friedlich überlassen. In der *torre de homenaje*, dem Bergfried, ist heute ein Interpretationszentrum mittelalterlicher Geschichte eingerichtet. Die Räume des Paradors daneben entsprechen heute natürlich nicht mehr dem ursprünglichen Aussehen der Anlage und sind komplett restauriert.

Palacio de Villardompardo/ Baños Árabes
Plaza Santa Luisa de Marillac s/n, Jaén
✆ 953 25 06 00, Di–Fr 9–20, Sa/So 10.30–14.30 Uhr, Eintritt frei
Ein großes Herrenhaus, das zwei Museen Platz bietet: Über einen hellen Patio geht es in das Volkskundemuseum, Museo de Arte y Costumbes Populares, und das Museum für naive Kunste, Museo Internacional de Arte Naïf. Das Interessanteste befindet sich allerdings im Untergeschoss: die am besten erhaltenen arabischen Bäder Spaniens, die man erst um 1950 entdeckte!

Museo Provincial
Paseo Estación 27, Jaén
✆ 953 31 33 39, tägl. 9–20.30, Di 14.30–20.30, So/Fei 9–14.30 Uhr, Mo geschl., EU-Bürger Eintritt frei
Die größte Ausstellung iberischer Kunst in Spanien. Die Ausstellungsstücke stammen von Ausgrabungsstätten der Region, insbesondere Porcuna, 5. Jh. v. Chr.

Casa Antonio
C/Fermín Palma 3, Jaén
✆ 953 27 02 62
Aug. So abends und Mo geschl.
Jedes Gericht wird auf anderem Tellerdekor serviert. Wildgerichte je nach Saison gehören zur Spezialität, aber auch Filet mit frischer Pasta und Steinpilzen oder Seeteufel mit grünem Spargel. Kreative Küche. €€

Casa Vicente
C/Francisco Martín Mora 1, Jaén
✆ 953 23 22 22,
So abends und Aug. geschl.
Ein andalusischer Patio gleich bei der Kathedrale und den Tapas-Lokalen: Vicente sucht spezielle Weine aus der Region aus, die man sonst nur schwer finden würde. €€

Horno de Salvador
Ctra. Castillo Santa Catalina s/n, Jaén, ✆ 953 23 05 28
Auf dem Weg hinauf zur Burg kann man auf schöner Terrasse Zicklein und Spanferkel genießen. €€

Feste
Romería de Santa Catalina:
Ende November. Tausende pilgern hinauf zum Burgberg – das populärste Fest der Stadt!

❺ Naturpark Cazorla

Im Nordosten der Provinz Jaén beginnt Spaniens größter Naturpark, der sich über 214 300 Hektar ausdehnt. Es gibt verschiedene Zufahrtsmöglichkeiten; ein guter Ausgangspunkt ist Úbeda und als Hauptinformationsstelle die **Torre de Vinagre**. Der Park ist berühmt für seine riesigen Wälder, die schon das Holz für Spaniens mächtige Seeflotte, die Armada, lieferten. Überwiegend sieht man heute Schwarzkiefern, Erdbeerbäume und Steineichen. Als Jagdrevier war die Sierra seit jeher bekannt für Wildschweine, Mufflons und Rot- und Damhirsche.

Raubvögel wie Gänsegeier, Milane, Falken, aber auch der seltene Águila Imperial, der Kaiseradler, segeln durch die Lüfte. Der Río Guadalquivir entspringt im Naturpark, seine Zuflüsse, wie etwa der Río Borosa, haben enge und tiefe Schluchten in die Berge eingeschnitten, eine bizarre und wilde Landschaft, die von mehreren Gebirgen durchzogen ist. Sie sind alle Teil der sogenannten Betischen Kordillere. Mitten im Gebirge liegt ein Stausee, der **Embalse de Tranco**, der vom Guadalquivir gespeist wird und über 500 Millionen Kubikmeter Wasser fasst.

Nördlich des Ortes Cazorla liegt der mit Abstand populärste Teil des Parks, die **Sierra de Cazorla**, gerühmt für ihren Wildreichtum. Die höchsten Gipfel gehen auf über 2000 Meter. Fast die Hälfte des Parks wird mit beinahe 40 Berggipfeln von der **Sierra de Segura** eingenommen. Es ist zugleich der am dichtesten besiedelte Teil des Naturparks, der aber trotzdem einen ursprünglichen, weniger vom Tourismus frequentierten Charakter bewahrt hat. Schafzucht, Olivenbäume, aber auch Getreide bilden für viele dort Lebensgrundlage ihrer Landwirtschaft.

Heimisch im Naturpark Cazorla: der Wanderfalke

Service & *Tipps:*

Naturpark Cazorla
Mit 214 300 Hektar ist er der ausgedehnteste geschützte Park ganz Spaniens und die Wiege des Guadalquivir. Ein ideales Feriengebiet zum Wandern, Reiten und für Flussfahrten.

Besucherzentrum Torre del Vinagre
Sierra de Cazorla
23470 Cazorla (Jaén)
✆ 953 71 30 40
www.turismoencazorla.com
Tägl. außer Mo 10–14 und 16–18, im Sommer 17–20 Uhr

Parador
Sierra Cazorla s/n, Cazorla
✆ 953 72 70 75
Fax 953 72 70 77
cazorla@parador.es
Inmitten der Sierra, in der Nähe des großen Stausees, liegt ganz malerisch in Kiefernwald gebettet dieser Parador. Ideal für eine Pause nach den Wanderungen. *Pisto*, ein Paprikaeintopf, und *Gachamiga*, eine Brot-Speckpfanne, sind die typischen Gerichte dort. Natürlich gibt es auch Hotelzimmer und Schwimmbad!
€€

Die romantischen Hochtäler der Sierra de Cazorla

Granada und die Sierra Nevada

Das versunkene Paradies

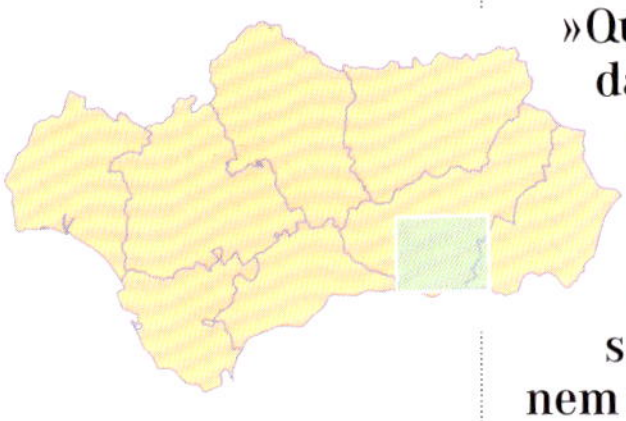

»Quien no ha visto Granada, no ha visto nada«, »Wer Granada nicht gesehen hat, der hat gar nichts gesehen«, so lautet der am meisten zitierte Spruch über die Stadt des Granatapfels, der dem Lob vom wundervollen Sevilla nur allzu sehr ähnelt. Viele kommen eigens nach Spanien, nur um dort die Alhambra zu sehen. Ein Kindertraum aus Tausendundeinernacht wird wahr, wenn man plötzlich vor einem der zauberhaftesten Bauwerke der Weltarchitektur steht. Vom sanften Plätschern der Springbrunnen begleitet, begibt man sich auf eine Zeitreise durch die Gärten des Generalife, ein irdisches Paradies, das alle Sinne betört. Und wie auf einer schlechten Kitschpostkarte türmen sich als Hintergrundkulisse die schneebedeckten Gipfel der Sierra Nevada auf, als ob es darum ginge, die Wirklichkeit nur noch in weitere Ferne zu rücken. Unter dem Talisman Alhambra breitet sich eine quirlige junge Stadt mit studentischem Flair aus, in deren Mitte als christlicher Kontrapunkt zur maurischen Palastanlage eine gigantische Kathedrale steht. Flamenco-Klänge und arabische Teestuben mischen sich auf den Zigeunerhügeln Sacromonte und Albaicín. Und vor Granadas Haustür finden Skihasen ihr Paradies: Die Sierra Nevada ist ein schneesicheres Gebiet und Austragungsort von Skiweltmeisterschaften.

Die Stadt am Guadalquivir erhielt ihren Namen von »granada«, dem Granatapfel.

1 Granada

Würde man Granada mit einem Helikopter überfliegen, sähe die Stadt tatsächlich wie ein aufgesprungener Granatapfel aus und nichts anderes bedeutet ihr Name. Drei Anhöhen und zwei Flüsse, die die Stadt durchziehen, ergeben dieses Bild: Im Süden fließt der Río Genil, ein Zufluss des Guadalquivir, und zwischen den Hügeln des Albaicín und der Alhambra grub sich der Río Darro sein tiefes Bett, der sich schließlich weiter westlich mit dem Genil vereint. Neben dem Albaicín schließt sich der Sacromonte an, der dritte Teil des Granatapfelbildes. Bei klarer Sicht sind die Berge der Sierra Nevada zum Greifen nahe. Nur 35 Kilometer sind es bis dorthin, ein Gebirge, das mit dem Mulhacén von 3482 Metern die höchste Erhebung auf dem spanischen Festland darstellt. Bei aller Schönheit der Kulisse, Granada selbst liegt auf etwa 700 Metern Höhe und gerade im Frühling kann es in der Stadt noch eisig kalt sein, andererseits macht dies auch einen Besuch im Hochsommer erträglich. Eine gute Autostunde fährt man bis zur Küste und so könnte man zu entsprechender Jahreszeit am selben Tag im Meer baden und in der Sierra Ski fahren! Dieses attraktive Freizeitangebot wissen vor allem die jungen Leute zu schätzen, die Granada als Studienort gewählt haben. Die Stadt besitzt eine beachtlich große Universität, sodass von den knapp 300 000 Einwohnern jeder Fünfte Student ist.

Arkaden mit 124 Säulen umgeben den Löwenhof der Alhambra von Granada

In der iberischen, römischen und westgotischen Vergangenheit spielte Granada noch keine bedeutende Rolle, erst mit dem Zerfall des Kalifats in Córdoba 1090 wird die Stadt unter den Almoraviden und ihren Nachfolgern, den Almohaden, als unabhängiges Reich wichtig. Doch die verlieren die Schlacht von Las Navas de Tolosa gegen Ferdinand III. Den Moment nutzt Mohammed Al-Ahmar und gründet eine neue Dynastie, das Königreich der Nasriden, das trotz aller Zwistigkeiten von 1238 bis 1492 Bestand hatte. Auf sie gehen die schönsten Teile der Palastanlage der Alhambra zurück. Freilich war dies nur möglich aufgrund des Bündnisses, das Mohammed mit Ferdinand geschlossen hatte. Mohammed zahlte der kastilischen Krone nicht nur Tribut, sondern er stellte seine Soldaten auch als Söldner für die Einnahme von Sevilla zur Verfügung. Das Volk bejubelte den Sieg. Mohammed jedoch sprach: »Es gibt keinen Sieger außer Allah«, als ob er schon gewusst hätte, dass Kastilien eines Tages die Finger auch nach Granada ausstrecken würde.

Isabella von Kastilien und Ferdinand von Aragonien, die Katholischen Könige, hatten sich zum Ziel gesetzt, die Reconquista unter dem Zeichen des Kreuzes abzuschließen. 1492 war es soweit. Sie belagerten vom nahe gelegenen Santa Fé aus Granada, heute ein wenig attraktiver Industrievorort. Boabdil, der letzte Maurenkönig, kapitulierte schließlich und übergab friedlich die Stadtschlüssel und die Alhambra – Gott sei Dank, denn sie ist die einzige komplett erhaltene arabische Palastanlage in Spanien – mit der einzigen Auflage, dass das Tor, durch das er die Alhambra verlassen würde, nie wieder von jemandem durchschritten werden solle. Und so geschah es. Das Tor ist bis heute zugemauert.

Der letzte Maurenkönig Granadas, Boabdil, fasste sich ein Herz und startete noch einen Feldzug gegen den Sultan von Marokko. Es war ein letzter Versuch, noch einmal an die Macht zu kommen. Boabdil fiel im Kampf 1527.

REGION 5
Granada und die Sierra Nevada

Der Maurenkönig verließ sein Reich Richtung Süden, durch das Alpujarra-Gebirge, in Begleitung seiner Mutter. Von einer Anhöhe aus warf er einen letzten Blick zurück auf die Alhambra und weinte. Dieser Ort heißt heute »Cuesta de las Lágrimas«, »Höhe der Tränen«, ein anderer »El último Suspiro del Moro«, »der letzte Maurenseufzer«. Seine Mutter Aischa soll zu ihm gesagt haben: »Du tust wohl, dass du wie ein Weib beweinst, was du als Mann nicht verteidigen konntest.« Später weilte der frisch vermählte Kaiser Karl V. einige Zeit in der Alhambra und er bemerkte über Boabdil, der wegen seines Verhaltens den Beinamen »das Kind« bekommen hatte: »Wäre ich er oder er ich gewesen, so hätte ich die Alhambra eher zu meinem Grab gemacht, als dass ich ohne ein Königreich in der Alpujarra gelebt hätte.«

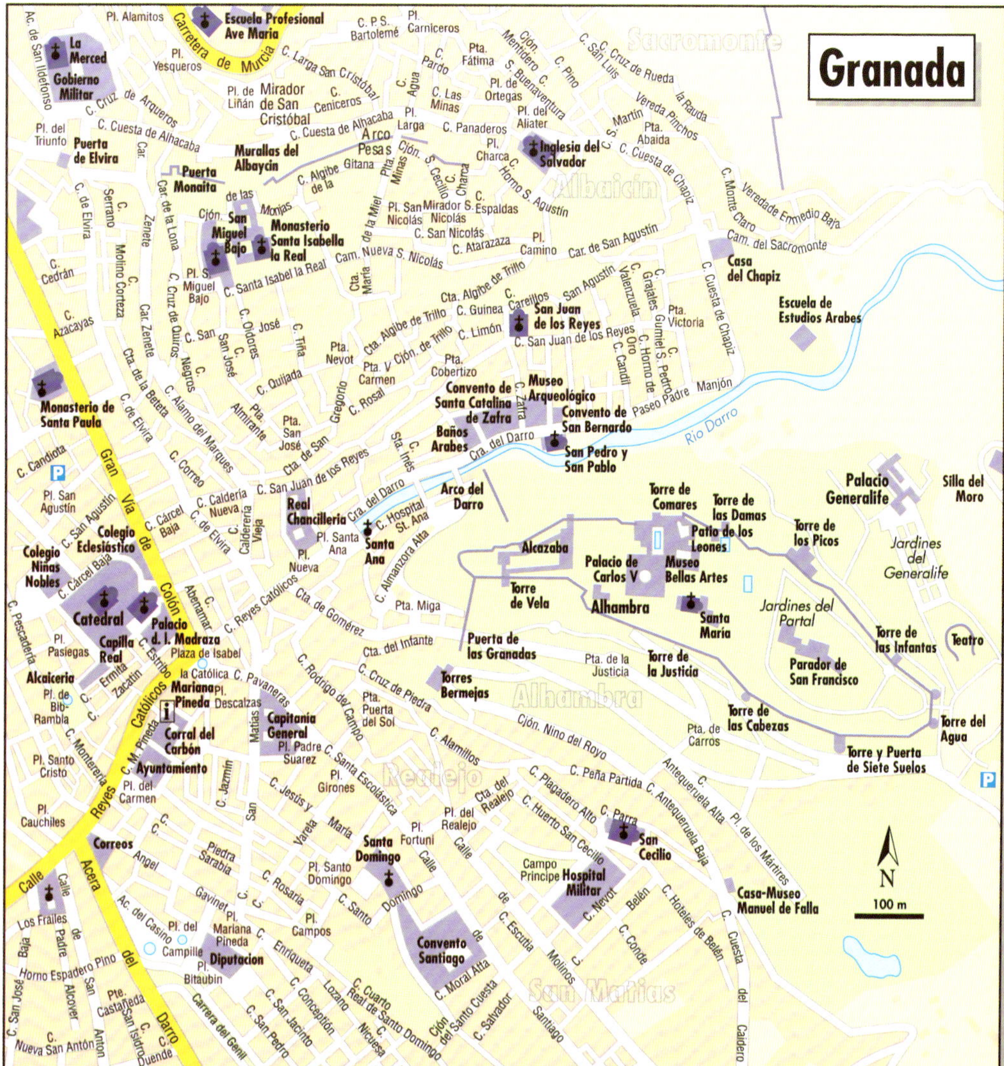

Für Granada folgte mit den Katholischen Königen die Zeit der unbarmherzigen Inquisition. Per Dekret mussten sich erst die Juden und dann die Moslems taufen lassen oder das Land verlassen. Auf dem Albaicín formierte sich Widerstand, der immer wieder blutig niedergeschlagen wurde, bis 1609 die letzten 300 000 Morisken vertrieben wurden.

Dreh- und Angelpunkt für alle Stadtrundgänge ist die **Plaza Isabel la Católica**. Vor einem Hochhaus mit Glasfassade sieht man das Monument der Königin in Bronze. Isabella sitzt auf einem Thronsessel und vor ihr verneigt sich Christoph Kolumbus, der im Eroberungsjahr von Granada für sie Amerika entdeckte. Sie empfing ihn im Zeltlager von Santa Fé. Von hier aus sind es nur wenige Schritte bis zur **Plaza Nueva**, an der das Rathaus steht.

Von dort führt eine schmale Straße, die Cuesta de Gómerez, zur Alhambra hinauf. Natürlich ist der Weg ausgeschildert und auch die Vielzahl an Andenkenläden weisen schon die Richtung. Etwa zehn Minuten benötigt man zu Fuß, es gibt aber auch Linienbusse und Taxis, die in Granada durchaus erschwinglich sind. Wegen der vielen Tagesausflügler von der Küste wurde es nötig, die tägliche Besucherzahl des am meisten frequentierten Monuments Spaniens auf eine Maximalzahl zu beschränken, das heißt, wer unangemeldet kommt, bleibt unter Umständen wegen Überfüllung draußen. 1984 wurde die **Alhambra** außerdem zum UNESCO-Weltkulturerbe erklärt, was den Besucherandrang noch steigerte. Für die gesamte Besichtigung inklusive den Gärten des **Generalife** sollte man sich mindestens einen halben Tag vornehmen und sich auf einige Kilometer gefasst machen, die man in der gewaltigen Palaststadt zurücklegen wird.

Zunächst erreicht man die **Puerta de la Justicia**, an der klar wird, warum Alhambra »die Rote« bedeutet: Ziegelrot ist die dominierende Farbe ihrer Außenmauern. Zwei Mauerringe umgeben sie, die auf das 13. Jahrhundert und den Beginn der Nasridenherrschaft zurückgehen. An diesem Gerechtigkeitstor mit der Hand Fátimas als Dekor wurde einst Justiz gesprochen, auch Urteile wurden vollstreckt. Innen erwartet einen die erste Überraschung: ein Renaissancepalast. Pedro Machuca aus Toledo, ein Schüler Michelangelos, baute ihn im Auftrag von Kaiser Karl V. Einem quadratischen Bau ist ein kreisrunder Innenhof, gleich einer Stierkampfarena, einbeschrieben. Wegen der phantastischen Akustik wird der Patio aktuell immer wieder für Konzertveranstaltungen genutzt. In den Räumen befinden sich zwei Museen: eines für Bellas Artes und eines für maurische Kunst. (Eintritt ist dafür separat zu entrichten.) Der **Palast Kaiser Karls V.** ist manchem Kunstfreund an diesem Ort vielleicht ein Dorn im Auge, andererseits ist er eine gelungene Gegenüberstellung christlicher und maurischer Architektur. Steinschnitt, Harmonie der Proportionen und Konstruktion gegenüber meisterhafter Dekoration und Leichtigkeit.

Im Detail: Relief aus dem Löwenhof der Alhambra (Granada)

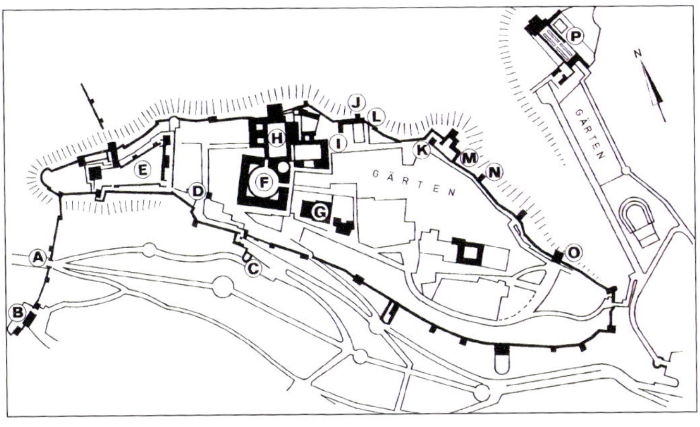

Alhambra (Orientierungsplan)
- *A Puerta de las Granadas*
- *B Torres Bermejas*
- *C Puerta de la Justicia*
- *D Puerta del Vino*
- *E Alcazaba*
- *F Palast Karls V.*
- *G Santa María de la Alhambra*
- *H Königspalast (Palacio Real)*
- *I Jardines del Partal*
- *J Palacio de las Damas*
- *K San Francisco*
- *L ehem. Oratorium*
- *M Torre de los Picos*
- *N Torre de la Cautiva*
- *O Torre de las Infantas*
- *P Generalife*

Über die Puerta del Vino gelangt man in den ältesten Teil der Anlage, in die **Alcazaba**. Sie ist eine Burg mit Zisternen und Wehrtürmen, die man auch besteigen kann. Vom westlichsten Punkt der Zitadelle, von der **Torre de la Vela**, sieht man auf die Stadt hinunter und sogar bis in den Vorort Santa Fé. Jeder Feind konnte durch den freien Blick rechtzeitig entdeckt werden. Die Räume der Festung dienten zugleich als Kaserne, Waffendepot und Gefängnis. Hier steht auch der Pulverturm mit der berühmten Inschrift: »Gib ihm ein Almosen, Frau, denn es gibt im Leben nichts Schlimmeres, als in Granada ein Blinder zu sein.« Innerhalb des Mauerrings liegt der **Nasridenpalast**, das prächtige Herzstück der Alhambra, viel beschrieben und besungen, der die Inschrift des Pulverturms verstehen lässt.

Zunächst gelangt man in den ehemaligen Gerichtssaal und die Audienzhalle, **Mexuar**. Hier wurde viel verändert. Der Kachelausstattung sind Wahlsprüche Kaiser Karls V. hinzugefügt worden: »Plus ultra«, »Es geht weiter«, bezugnehmend auf die Erkenntnis, dass die Welt als vermeintliche Scheibe eben nicht zu Ende war. Weiter gelangt man in einen Innenhof, an den der **Cuarto Dorado**, der Goldene Saal, angrenzt. Auf der anderen Seite des Hofes sieht man eine reich verzierte Fassade mit zwei Türen, von denen aber nur die linke weiterführt: Wer den Sultan erwartete, sollte nicht wissen, welche Tür er benutzen würde. Durch einen verdeckten Gang betritt man den Patio de Arrayanes beziehungsweise den **Myrtenhof**. Hier fühlt man sich an den Serail erinnert. Ein Wasserbecken wird als Spiegel eingesetzt, mit symbolischer Absicht. An den Wänden schimmert feines Stuckgeflecht, das an Textil erinnert. Kufische Schriften preisen Allah unermüdlich. Durch die Spiegelung und das Fehlen scharfer Kanten scheint alles zu schweben. Der Palast entstand im

Die Palaststadt Alhambra vor den Schneegipfeln der Sierra Nevada

Wesentlichen unter Jussuf I. und Mohammed V. während des 14. und 15. Jahrhunderts.

Im **Gesandtensaal** innerhalb des **Comares-Turms** steigert sich die Dekoration. Hier befindet sich auch der **Thronsaal**. In dem Turm waren einst Boabdil und seine Mutter Aischa eingesperrt. Der Grund: Die Favoritin des Sultans Muley Hassan, Soraya, bezichtigte den Thronfolger des Komplotts. Mutter und Sohn flohen jedoch dank zusammengeknoteter Schärpen, mit denen sie sich vom Turm herabließen. Boabdil setzte seinen Vater ab, bestieg selbst den Thron und Mulay Hassan fand später in der Sierra Nevada sein Grab. Der höchste Gipfel heißt nach ihm Mulhacén. Ein Kunstgriff im Thronsaal ist, dass der Herrscher selbst im Gegenlicht saß, von den Hereintretenden nicht gesehen wurde, die aber umgekehrt sofort gesehen werden konnte. Die Wände sind mit Hunderten von Koranversen aus farbigem Stuck verziert. Die Kuppel darüber setzt sich aus 8000 Holzteilchen zusammen und stellt die sieben muslimischen Himmel beziehungsweise das Sternenzelt des Paradieses dar. An den Eingängen finden sich Nischen, die man als Abstellplatz für Duftstoffe verwendete.

Die Granadiner Alhambra, Kupferstich um 1700

Nun folgt der Höhepunkt des Rundgangs: der **Löwenhof**, benannt nach dem Brunnen in der Mitte des Hofes, eine flache Schale, die von zwölf Löwen getragen wird. Eine Inschrift preist die vollkommene Architektur und den Herrscher. Ringsherum lebten die Frauen und die Kinder des Sultans, es handelt sich also um seine Privaträume. Einen besonderen Reiz macht die Archaik der Löwen aus dem 11. Jahrhundert, Relikt eines jüdischen Palastes, gegenüber dem filigranen Stuck im Patio aus. Ursprünglich gab es auch noch Orangenbäume, die man tiefer anlegte, damit die Früchte direkt zu greifen waren – ein wahrlich himmlisches Paradies auf Erden. 124 Säulen zählt man, die die Arkadengänge tragen. Ihre Quersumme, sieben, steht für die Vollendung der Schöpfung. Erschüttert wird die Vorstellung von einer Legende, nach der 36 Angehörige des Geschlechts der Abencerrajes – so heißt einer der Säle hier – in einen Hinterhalt gelockt und enthauptet wurden. Ihre Köpfe warf man in den Löwenbrunnen. Die rostroten Flecken, die vom Eisenoxidgehalt des Steines stammen, deutete man als Blutspuren.

Über den **Zypressenhof** gelangt man in die Räume, die Kaiser Karl V bewohnte und in denen später Washington Irving verweilte. Sein Buch gab Anstoß für die Restaurierung des verwahrlosten Palastes. Unterhalb des Myrten- und des Löwenhofes liegen die königlichen Bäder, die **Baños Reales**. Ihre Azulejos, die Kacheln, und die Bemalung der Wände geben eine Vorstellung von der gesamten Farbgestaltung der Alhambra, die so nicht erhalten ist. Über die Alhambra-Gärten führt der Weg zum Generalife. Dabei kommt man am ehemaligen **Kloster San Francisco** vorbei. Königin Isabella stiftete es direkt nach der Einnahme Granadas und ließ es als Ausdruck ihrer Macht in der Alhambra-Anlage errichten. Die Klosterkirche sollte die königliche Grablege werden, doch dann entschied man sich für den Bau der Capilla Real unten in der Altstadt. Das Kloster wurde zum **Parador**, dem schönsten Hotel Granadas, dessen Cafeteria mit Terrasse die richtige Erholung nach anstrengenden Besichtigungen ist.

1829 kam Washington Irving aus New York nach Granada, eigentlich um Dokumente des Kolumbus ins Englische zu übersetzen. Er wohnte einige Monate in der Alhambra, als sie völlig verwahrlost und noch kein denkmalgeschütztes Monument war. Die »Erzählungen von der Alhambra« machten Irving weltbekannt. Das romantische Buch berichtet Legenden, aber auch die realistische Geschichte des Palastes.

Wenn man in den **Generalife** gelangt, vergleicht man unwillkürlich mit Versailles. Tatsächlich war es das Sommerschloss der Sultane. Sein Name bedeutet »Garten des Architekten« – das Gelände gehörte ursprünglich einem Baumeister und wurde ihm dann vom Nasridenherrscher Ismael I. abgekauft. Der Palast war in Teilen bereits 1319 vollendet und ist damit älter als der eigentliche Nasridenpalast. Nach der Reconquista gehörte die Anlage verschiedenen Adelsfamilien und seit 1921 erst befindet sie sich in Staatsbesitz. Diese Oase aus Magnolien, Granatapfelbäumen, Ulmen und einer Fülle von Rosen inspirierte den Komponisten Manuel de Falla zu seinen symphonischen Bildern der »Nächte in spanischen Gärten«: Springbrunnen mit einer unendlichen Zahl an Fontänen, die den Reichtum an Wasser und damit den Reichtum schlechthin demonstrieren, ein Herrschertum, das aus der Wüste kam. Und auch was Ibn Zamrak, Granadas berühmter Poet aus dem 14. Jahrhundert, besang, ist noch immer gültig:

»…so komm und schau:
Die Stadt ist eine Dame, ist eines Berges Frau.
Gürtelgleich umspannt ein Fluss ihres Leibes Schimmern
Blumenhaft an ihrem Halse die Juwelen flimmern.«

Wieder unten in der Altstadt zeigt die **Capilla Real** die rege Bautätigkeit, die nach der Eroberung Granadas einsetzte. Isabella verfügte den Bau einer königlichen Grablege. Sie starb 1504. Enrique Egas, der in Toledo an der Kathedrale mitarbeitete, wurde als Architekt bestellt. Die Kapelle bildet eine Einheit mit der danebenliegenden Börse, der Lonja. Ihre Dekoration ist der persönliche gotische Prestigestil der Königin, die Isabellinik. Typisch dafür sind das Anbringen von Wappen und Herrschaftssymbolen. Man sieht ein »F« und ein »Y«, das sind die Initialen von Ferdinand und Isabella (man schrieb ihren Namen damals mit Y) und zugleich Symbole des Zusammenhalts. Y steht auch für »Yugo«, Ochsenjoch, und F für »Flechar«, Pfeilbündel, die man auch an den Fassaden darstellt. Durch die Heirat der Katholischen Könige wurde etwas zusammengebunden: die christlichen Königreiche, die erstmals einen spanischen katholisch legitimierten Nationalstaat formten. In der Kapelle trifft man zunächst auf eine gigantische *Reja*, ein schmiedeeisernes Gitter, das Maestro Bartolomé 1518 schuf. Ein Vergleichsbeispiel von seiner Hand findet sich in Úbeda.

Die hölzerne Kolossalbüste der »Eva« (1666/67), die Alonso Cano ursprünglich für die Fassade schuf, schmückt heute die prachtvoll dekorierte Capilla Mayor im Inneren der Kathedrale (Granada)

Bald steht man vor den Prunksarkophagen aus Carrara-Marmor, ein sehr hartes und zugleich brüchiges Material, aus dem die Königsfiguren in höchstem Naturalismus herausgearbeitet sind. Der Italiener Alexandro Fancelli schuf rechts Isabella und Ferdinand. Dass ihr Kopf tiefer in das Kissen eindrückt, ließ den Volksmund vermuten, dass ihr Gehirn schwerer gewesen sei als das ihres Gemahls! Bartolomé Ordoñez schuf das Marmorgrabmal links daneben für Johanna die Wahnsinnige und ihren Gemahl Phillipp den Schönen aus Burgund. Sie hat einen Hund zu ihren Füßen, das Symbol ehelicher Treue. Der Volksmund meint, sie sei hündisch gewesen. Ihre Eifersucht soll dazu geführt haben, dass ihr Vater Ferdinand sie für wahnsinnig erklärte und in das kastilische Kloster von Tordesillas einsperren ließ. Dort vegetierte sie nach dem Tod ihres Mannes 46 Jahre lang dahin. Tatsächlich war die melancholische Johanna jedoch der Spielball der Machtinteressen geworden. Ferdinand hatte befürchtet, dass durch seinen Schwiegersohn und dessen Vater, Maximilian I. von Österreich, die Habsburger den spanischen Thron besteigen würden – was tatsächlich geschah. Eine Dynastie, die ziemlich genau 200 Jahre lang Spaniens Geschicke lenkte.

In der Krypta stehen die Bleisärge, unter anderem der des portugiesischen Infanten Miguel. Am Hochaltar arbeitete der Burgunder Meister Felipe Vigarny. Die Reliefszenen sind frisch restauriert, die Farben und das Blattgold strahlen jetzt besonders kräftig. Ein Flachrelief in der Predella, dem unteren Teil des Altaraufsatzes, zeigt die Zwangstaufe Boabdils nach der Übergabe der Residenz. Im kleinen Museum nebenan sind in den Vitrinen Ferdinands Schwert und Isabellas Krone und Zepter ausgestellt. Mit dem Inhalt einer Goldtruhe soll angeblich die Reise des Kolumbus finanziert worden sein. Die königliche Gemäldesammlung flämischer Tafelbilder ist beeindruckend. Kaum einer der großen Niederländer fehlt. Die Könige umgaben sich mit Bildern von Dieric Bouts, Hans Memling und Rogier van der Weyden.

Über einen gesonderten Eingang geht es nun in die **Kathedrale**, die ursprünglich direkt von der Grablege aus zugänglich war. Auch hier baute Enrique Egas, allerdings in Zusammenarbeit mit Diego de Siloé. 1523 erfolgte die Grundsteinlegung und fast 200 Jahre dauerten die Bauarbeiten, die dennoch ein geschlossenes Ganzes bilden. Mit 116 Metern Länge, fünf Schiffen, 67 Metern Breite und 48 Metern Höhe ist sie eine der größten Kirchen des Landes. Diego de Siloé steht für den Renaissancestil und Enrique Egas für die Gotik. Das Ergebnis ist eine gotische Syntax, wenn man so die Bauform bezeichnen wollte, die Vokabeln, das heißt der Zierrat, sind Renaissance. Alonso Cano aus Granada arbeitete vor allem an der Westfassade, und dort am Platz hat man ihm zu Ehren seine Figur aufgestellt. Canos Ansehen in der Stadt war so groß, dass ein Wirt statt Bezahlung von ihm auch eine Zeichnung akzeptierte. Gleich bei der Westfassade kann man sich auf dem Platz **Bib-Rambla** ausruhen und Blumenstände betrachten. Die Fußgängerzone verläuft hier. Doch darf man die **Sakristei** in der Kathedrale nicht versäumen. Dort findet man das berühmteste Schnitzwerk Canos, eine Immaculata mit puppenhaftem Gesicht. Anstelle der Kathedrale stand vor der Eroberung die Freitagsmoschee. Einem Soldaten Isabellas gelang es noch während der Belagerungszeit, bis dort vorzudringen und einen Zettel mit einem Ave Maria an die Tür zu heften.

»Der Todeskampf« (um 1500) von Sandro Botticelli war einst im Besitz der Katholischen Königin Isabella von Kastilien (Capilla Real, Granada)

Südlich der Kathedrale steht die ehemalige arabische Universität und Koranschule, die **Madraza**, an der auch Ibn Zamrak studierte. Sie geht auf das 14. Jahrhundert zurück. Dann tagte dort der Stadtrat, der Cabildo, und heute ist die Kunstschule darin untergebracht. Daneben erstreckt sich der Basar, die **Alcaicería**. Früher war es der Seidenmarkt, wesentlicher Erwerbszweig im maurischen Granada, heute haben sich die Souvenirhändler breit gemacht. Überquert man die Haupteinkaufsstraße Los Reyes Católicos, sieht man schon den großen Hufeisenbogen des **Corral del Carbón**. Er ist die einzige erhaltene Karawanserei in Spanien und stammt aus der Zeit um 1330. Die ursprüngliche Anordnung der Zimmer um den Innenhof ist noch erhalten. Später kamen dort die Carbón- beziehungsweise Kohlenhändler unter. Und im Goldenen Zeitalter der Literatur wurden dort Theaterstücke aufgeführt.

Gegenüber dem Eingang der Kathedrale für Besichtigungen führt eine schmale Straße den **Albaicín** hinauf, die Calle Caldería Nueva, gesäumt von Teestuben und einer Menge Läden, die Arabisches anbieten, Importware aus Marokko. Eine neue islamische Gemeinde formiert sich in Granada, zum Islam Übergetretene aus Mode- und Traditionsbewusstsein oder aus echter Überzeugung. Den Duft von Räucherstäbchen in der Nase heißt das Ziel ganz oben auf dem Hügel **Plaza San Nicolás**. Leichter ist es, vor allem um sich im Gassengewirr nicht zu verlieren, mit einem Taxi bis zum Aussichtspunkt, dem **Mirador San Cristóbal**, zu fahren und von dort den Weg nach unten bis zur Kathedrale zu Fuß zurückzulegen.

Der Albaicín steht heute komplett unter UNESCO-Schutz und ist Weltkulturerbe. Das ehemals ärmliche und verruchte Viertel ist schick geworden. Der Name stammt von geflüchteten Moslems aus Baeza, als Ferdinand III. die Stadt eroberte und sie sich hier in Granada niederließen: aus Al-Baeza wurde Albaicín. Die Besonderheit der Häuser ist ihr Vorgarten, der sogenannte Carmen. Vielleicht kann man da oder dort durch das Schlüsselloch die Blumen der stolzen Besitzer sehen. Vom Miradór San Cristóbal aus kommt man an der **Plaza Larga** vorbei, an der vormittags Markt abgehalten wird. Vor der Kirche **San Nicolás** steht man auf der Aussichtsterrasse mit dem Paradeblick auf die gesamte Alhambra und den Generalife. An diesen Platz sollte man unbedingt abends zurückkehren, denn die Monumente werden illuminiert! Von hier aus geht es wieder bergab und zur Kirche **San Salvador**, die am Platz der Freitagsmoschee auf dem Albaicín steht. Gegenüber steigt der nächste Hügel an, der **Sacromonte** mit einer gleichnamigen Abtei. Weiß getünchte Höhlenwohnungen, in denen traditionell die Zigeuner wohnen, machen sich wie unzählige weiße Tupfen aus. Viele haben als eine Art Familienbetrieb ein Flamenco-Lokal eröffnet, in dem Touristen hautnah ihre Tänze beobachten können.

Thujahecken in der Alhambra von Granada

»Ich betrete bezauberten Boden und bin von romantischen Bildern umgeben. Von meiner ersten Kindheit an, als ich an den Ufern des Hudson zuerst in die Blätter der alten spanischen Geschichte von den Kriegen um Granada mich vertiefte, war diese Stadt Gegenstand meiner wachen Träume, und oft durchschritt ich im Geist die romantischen Hallen der Alhambra. Sieh da, den Tagtraum nun verwirklicht? Doch kann ich meinen Sinnen kaum trauen und glauben, dass ich wirklich den Palast des Boabdil bewohne und von seinen Balkonen auf das ritterliche Granada hinabschaue. Während ich durch dessen orientalische Gemächer streife und das Murmeln der Brunnen und den Gesang der Nachtigallen höre, während ich den Duft der Rosen einatme und den Einfluss des balsamischen Klimas fühle, bin ich fast versucht, mich in das Paradies Mohammeds zu denken …«

Washington Irving

Service & Tipps:

ⓘ **Patronato Provincial de Turismo**
– Pza. Mariana Pineda 10, 18009 Granada, ✆ 958 24 71 28, Fax 958 24 71 27
www.dipgra.es
www.turismodegranada.org
Mo–Fr 9.30–19, Sa 10–14 Uhr
– C/Virgen Blanca 9, 18071 Granada
✆ 902 40 50 45, Fax 958 53 69 73
www.granadatur.com
Wer in einem der Hotels der Stadt wohnt, dem bietet das Fremdenverkehrsamt Ausflüge rund um Granada an (Höhlenwohnungen von Guadix, Thermalbäder von Alhama, in die Sierra Nevada etc.).

Granada ohne Warteschlangen verspricht auch der **Bono Turístico**, der einem mit € 32,50 Eintritt in alle wichtigen Sehenswürdigkeiten

gewährt, inkl. 10 Busfahrten. In der Caja General de Ahorros (Stadtsparkasse) kann man ihn erwerben und beim Tourismusamt:
✆ 902 10 00 95, 915 96 26 93
www.turgranada.es
www.cajagranada.es

Alhambra und Genaralife
Cuesta de Gomérez
Karten sollte man mind. eine Woche vorher bestellen: ✆ 902 88 80 01 (aus dem Ausland: ✆ 0034-934 92 37 50) www.alhambra-tickets.es, und man bekommt Tickets an den Bankautomaten und in den Filialen der Caixa
März-Okt. tägl. 8.30-20, Fr/Sa Nasridenpalast auch 22-23.30, Nov.-Feb. tägl. 8.30-18, Fr/Sa Nasridenpalast auch 20-21.30 Uhr, Eintritt € 12/6
Wer nach 10 Uhr ankommt, gelangt unter Umständen nicht mehr hinein, denn es wird nur ein bestimmtes Kartenkontingent vergeben. Die Bezahlung erfolgt über Kreditkarte, auch über die Bank La Caixa kann man Eintrittskarten kaufen. 30 Min. vor dem gewünschten Termin muss man die Karten abholen. Über die Hotels und Reisebüros in Granada kann man sich ebenfalls Eintritte besorgen lassen.

Die Alhambra ist das mit Abstand am meisten frequentierte Monument Spaniens, deshalb lohnen die Nachtöffnungen, um den Nasridenpalast etwa weniger gefüllt zu erleben. Man sollte die Alhambra zum frühest möglichen Zeitpunkt besichtigen oder so spät wie möglich.

El Bañuelo
Carrera del Darro 31, Granada
✆ 958 02 78 00
Di-Sa 10-14 Uhr, Eintritt frei
Eine Badeanlage aus arabischer Zeit, die noch älter als die der Alhambra ist. Die im 11. Jh. entstandenen Wasch-, Bade- und Ruheräume zeigen, welche große Bedeutung die Mauren der Körperkultur und Reinigung beimaßen. Die meisten Bäder wurden von den Christen auf ihrem Glaubensfeldzug zerstört, da sie als unsittlich galten.

Kathedrale
C/Gran Vía de Colón 5
Granada
✆ 958 22 29 59
Mo-Sa vormittags 10.45-13.30 und 16-20, Nov.-März nachmittags 16-19 Uhr, Eintritt € 3,50
Das weiträumige, kunstvolle Steingebirge aus dem 16. Jh. wurde nach Plänen von Diego de Siloé erbaut. Die Arbeiten dauerten von 1523 bis 1703. Entscheidend für die Vollendung des Baus war der granadische Bildhauer, Architekt und Maler Alsonso Cano (1601-67), nach dem der Platz vor der Kirche benannt ist.

Capilla Real
C/Oficios 3, Granada
✆ 958 22 78 48
Mo-Sa 10.30-13.30 und 16-19.30, So 11-13.30 und 15.30-19.30 Uhr
Eintritt € 3,50
In der Königlichen Kapelle stehen die Prunksarkophage der Katholischen Könige Isabella von Kastilien und Ferdinand von Aragonien, ihrer Tochter Johanna der Wahnsinnigen und deren Gemahl Philipp des Schönen. In der Sakristei neben der Grablege sind Zepter und Krone Isabellas ausgestellt und eine erstaunliche Sammlung niederländischer Tafelmalerei.

Monasterio de la Cartuja
Paseo de la Cartuja s/n, Granada
✆ 958 16 19 32 (10-12 Uhr)
Tägl. 10-13 und 16-20, Nov.-März nachmittags 15.30-18, So/Fei 10-12 und 16-20 bzw. 15.30-18 Uhr
Eintritt € 3,50

In Stein geschnittene Leichtigkeit: Detail aus dem Salón de Comares (Alhambra, Granada)

Hat es ein Verbrechen gegeben? Hat Ferdinand vielleicht seinen frühzeitig verstorbenen Schwiegersohn vergiftet, um nach Isabellas Tod noch einmal zu heiraten und einen Thronfolger zu zeugen? Das fragte man, doch dazu kam es ohnehin nicht. Ferdinand starb 1516 und sein Enkel, der spätere Kaiser Karl V., regierte das Weltreich.

Die Katholischen Könige Ferdinand von Aragón und Isabella von Kastilien vor dem knienden Kolumbus

Im ehemaligen arabischen Seidenbasar, der Alcaicería, nahe der Kathedrale (Granada)

Das Kartäuserkloster stammt aus dem 16. Jh. Doch die Sakristei und der Chorraum wurden üppig im Barockstil ausgestattet, die Sakristei wird gar als die »christliche Alhambra« bezeichnet.

Monasterio San Jerónimo
C/Rector López Argueta 9, Ecke C/Gran Capitán, Granada
✆ 958 27 93 37
Tägl. 10–13.30 und 16–19.30, So ab 11, Okt.–März tägl. 10–13.30 und 15–18.30 Uhr, Eintritt € 3
Das Kloster in isabellinischer Gotik stiftete »El Gran Capitán«, der große Feldherr und Eroberer im Dienste Königin Isabellas. In der Kirche ließ er sich ein geradezu königliches Grabmal für sich und seine Gemahlin aufstellen.

Hospital und Kirche San Juan de Dios
C/San Juan de Dios, Granada
✆ 958 27 57 00, tägl. 8–11.30 und 18.30–21 Uhr, Eintritt frei
Direkt neben dem Hieronymuskloster liegt das große Krankenhaus, das auf den karitativen Ordensgründer San Juan de Dios im 16. Jh. aus Granada zurückgeht. Es wurde modernisiert und ist aktuell immer noch ein Krankenhaus. Interessant ist die barock ausgestattete zugehörige Kirche, vielleicht noch prächtiger als die Sakristei der Cartuja!

Corral del Carbón
C/Mariana Pineda 12
Granada
Eine einzigartige arabische Karawanserei, die nach der Eroberung Granadas zur Herberge für Kohlenhändler wurde und später ein Corral de Comedias, ein Freilichttheater. Heute sind hier verschiedene Läden und Büros eingerichtet.

Madraza
C/Oficios, Granada
✆ 958 22 34 47, Mo–Sa 8–15 Uhr
Die Koranschule aus dem 14. Jh. war einst das prächtigste Gebäude direkt gegenüber der Freitagsmoschee. Später zog der christliche Cabildo, der Stadtrat ein. Von der arabischen Ausstattung blieb das Oratorio erhalten. Heute gehört das Haus zur Universität. Die Kunstschule ist dort untergebracht.

Huerta de San Vicente
C/de la Virgen Blanca s/n
Granada
✆ 958 25 84 66, Juli/Aug. Di–So 10–14.30, Okt.–März 10–12.30 und 16–18.30, April–Juni, Sept. 10–12.30 und 17–19.30 Uhr; nur mit Führung, ca. 30 Min., Eintritt € 3
In diesem Haus verbrachte Federico García Lorca den Sommer mit seiner Familie. Möbel, Fotografien, Zeichnungen und Gedichte sind ausgestellt. Seine besten Werke entstanden

Das ansonsten quirlige Albaicín-Viertel nördlich der Alhambra hat auch seine ruhigen Plätze (Granada)

in diesem Haus, u.a. »Bluthochzeit«, »El Romancero Gitano«.

Paseo de los Tristes
Bukolischer Spazierweg, der dem Río Darro folgt, eingekeilt zwischen Alhambra- und Albaicínhügel. Steinbrücken überspannen den Fluss. Ein Spaziergang, der bei Dunkelheit verzaubert, wenn Monumente und Brücken beleuchtet sind. Der Name »Weg der Traurigen« kommt von den Leichenzügen, die hier entlangführten.

Parque de las Ciencias
Avda. Del Mediterráneo s/n
Granada
✆ 958 13 19 00, Fax 958 13 35 82
www.parqueciencias.com
Di–Sa 10–19, So/Fei 10–15 Uhr
Museum € 6, Planetarium € 2,50
Mit EU-Hilfe hat Granada vor ein paar Jahren ein Wissenschaftsmuseum bekommen, in einem nicht zu übersehenden modernen Bau an der Nationalstraße: 8 interaktive Säle mit Planetarium, Schmetterlingsvolieren und Dinosaurier-Ausstellung. Zu Fuß sind es 15 Min. vom Zentrum aus bis zum Museum.

Chikito
Plaza del Campillo 9, Granada
✆ 958 22 33 64, Mi geschl.
www.restaurantechikito.com
Vielleicht Granadas traditionsreichster Gasthof, in dem schon Persönlichkeiten wie Federico García Lorca und Manuel de Falla saßen. Die Küche bietet Arabisch-Andalusisches wie etwa das Nasridenfilet. €€

La Ermita en la Plaza de Toros
Avda. Doctor Olóriz 25, Granada
✆ 958 29 02 57 und 958 27 63 08
Das Restaurant ist unter den Arkaden der Stierkampfarena eingerichtet. Die elegante Dekoration fasziniert genauso wie die Gourmetteller: Stockfischsalat mit Orangen *(Remojón)* oder Rinderfilet mit Roquefortsauce *(Solomillo)*. Sehr gute Tapasbar! €€–€€€

Cunini
Plaza de la Pescadería 14
Granada
✆ 958 25 07 77
So abends und Mo geschl.
Eines der besten Fischlokale der Stadt. Gourmets schätzen vor allem die enorme Auswahl an Meeresfrüchten. €€

Gran Café Bib-Rambla
Plaza Bib-Rambla 2, Granada
1919 eröffnetes Jugendstil-Kaffeehaus mit altem Interieur. €€

Posada del Duende
C/Duende 3, Granada
✆ 958 26 66 10
Stierkampfambiente im »Teufelshaus«. Vorzüglicher Schinken, Paté und Fleischgerichte. €€

La Tana
C/Rosario 9, Granada
Tägl. 13.30–16.30 und 20.30–24 Uhr
Die Dekoration ist wie in Omas guter Stube, riesige Weinauswahl und Tapas-Spezialitäten, z.B. kleine Fleischspießchen zum Selbstgrillen, *Pincho infierno*, und unglaublicher Tomatensalat! €

Casa Enrique
Avda. Acera del Darro 8, Granada
✆ 958 25 50 08, So geschl.
Eine winzig kleine Taverne, die aber in ganz Granada bekannt ist wegen der guten Ribera-del-Duero-Weine und den *Embutidos*, Schinken, Salami etc. €

Pilar del Toro
Hospital Santa Ana 12, Granada
✆ 958 22 38 47, So geschl.
Regionale Küche, z.B. *Habas con jamón*, grüne Babybohnen mit Schinken. Am Tresen gibt es köstlich gefüllte Tapas. €

Las Tinajas
C/Martínez Campos 17, Granada
✆ 958 25 43 93
Das Lokal ist bekannt für seine Stierkampftertulias bzw. Gesprächsrunden. Ein Klassiker traditioneller Küche von Qualität. €€

Mirador de Morayma
C/Pianista García Carillo 2
Granada
✆ 958 22 82 90, So abends geschl.
Ein typischer »Carmen«, ein Vorgarten auf dem Albaicín mit Panoramablick auf die Alhambra! Hier gibt es die traditionelle Sacromonte-Tortilla, eine Art Eierkuchen, oder auch Lammbraten. €€

Regionale Spezialitäten: »Jamón serrano«, Salami und Schafskäse

»Wenn ich sterbe,
macht den Balkon
nicht zu
Das Kind isst Orangen
Von meinem Balkon
aus sehe ich's
Der Schnitter mäht
Korn
Von meinem Balkon
aus spüre ich's
Wenn ich sterbe,
macht den Balkon
nicht zu.«

Am 19. August 1936 wurde Lorca, der ahnte, was passieren würde, von den Falangisten im Spanischen Bürgerkrieg oberhalb der Stadt erschossen und verscharrt.

In Granada gibt es unzählige nette **Tapas-Bars**, man kann sie gar nicht alle aufzählen. Sie konzentrieren sich vor allem in der Zone Campo del Príncipe südwestlich der Alhambra, in der Zone Pedro Antonio de Alarcón und in der westlichen Neustadt sowie im Zentrum des Albaicín. Arabische Teestuben findet man um die Carcel Baja bei der Kathedrale, am Aufstieg zum Albaicín.

Zambra Gitana La Rocío
Cno. del Sacromonte 70
Granada
✆/Fax 958 22 71 29 und
✆ 659 11 51 87
Mit Hotelabholung für die 1. Vorstellung: 21 Uhr, 2. Vorstellung: 22.30 Uhr, ca. € 25 inkl. 1 Getränk und Nachtführung durch den Albaicín
Auf dem Albaicín und dem Sacromonte haben eine Menge Lokale für Zambra Gitana eröffnet, die alle ähnliche Qualität liefern. Vereinfacht gesagt ist die Zambra eine familiäre Variante des Flamenco. Man sitzt in den engen Höhlenwohnungen, den *Cuevas*, und sieht die Tänzer aus nächster Nähe. Die anschließende Führung durch den Albaicín sollte man inhaltlich mit Humor nehmen, der nächtliche Blick auf die beleuchtete Alhambra ist atemberaubend schön.

Gitarren
Cuesta de Gomérez 26/29
Granada
An der Straße zur Alhambra hinauf findet man Läden, die außer vielen anderen Souvenirs auch Gitarren aus Granada anbieten.

Qualitätsvolle Handwerkskunst: Gitarren aus Granada

Artespaña
C/Mariana Pineda 12, Granada
Im Corral del Carbón wird Kunsthandwerk, vor allem Keramik, von hoher Qualität, aber auch zu entsprechendem Preis angeboten.

Souvenirs
Im ehemaligen Seidenbazar, der Acaicería, wird vom Flamenco-Kleid bis Postkarten alles angeboten. Die Straße zum Albaicín hinauf ist von Andenkenläden marokkanischer Provenienz gesäumt. Antiquitäten, echte und falsche, finden sich in der Calle Elvira.

Feste
In Granada wird oft gefeiert. Man startet gleich am 2. Januar mit der Gedenkfeier der Einnahme der Stadt durch die Katholischen Könige, **Día de la toma de Granada** por los Reyes Católicos.
Am 1. Februar findet eine Wallfahrt auf den Sacromonte statt, um des Martyriums von Granadas erstem Bischof **San Cecilio** zu gedenken.
In der **Karwoche** ziehen Prozessionen mit berühmten Schnitzfiguren von Pedro de Mena u.a. durch die Straßen.
Am 3. Mai werden anlässlich des **Día de la Cruz** volkstümliche Altäre mit Maikreuzen und vielen Blumen an allen möglichen Ecken der Stadt aufgestellt.
Corpus Cristi, Fronleichnam, ist das wichtigste Fest Granadas, inklusive Stierkampf und Flamenco-Festival.
Ende Juni gibt es eine bunte Albaicín-Prozession, **El Sagrado Corazón de Jesús**.
Seit 50 Jahren etwa findet von Mitte Juni bis Juli das **Festival International de Música y Danza** statt.
Am letzten Sonntag im September wird ein Volksfest zu Ehren der Stadtpatronin **Nuestra Señora de las Angustias**, Granadas Lieblingsmadonna, mit Prozession und Stierkämpfen begangen. Und am 29. September zieht eine Wallfahrt mit Reitern und geschmückten Wagen quer durch das Albaicín-Viertel zur Kirche **San Miguel** Alto.

2 Guadix

Vor der Bühne der Sierra Nevada erstreckt sich diese scheinbar endlose Stadt, eine Stadt, die ihre Geheimnisse unterirdisch versteckt. Weiß gekalkte Schornsteine, die aus dem Boden wachsen, deuten auf etwas Unergründliches unter der Erde hin. Die **Höhlenwohnungen von Guadix** sind vielen Granada-Besuchern einen Ausflug wert. Auf der A 92, 58 Kilometer nordöstlich der Provinzhauptstadt, liegt der geschichtsträchtige Ort am Südrand der Sierra de Cogollos und in der gleichnamigen Niederung. Ihr Name geht auf die Mauren zurück, der soviel wie »Fluss des Lebens« bedeutet. Sie errichteten dort im 11. Jahrhundert eine **Alcazaba**, eine Burg, die die heute etwa 20 000 Einwohner

Blick auf die Höhlenstadt Guadix

zählende Stadt überragt. Den Kontrapunkt bildet der barocke Turmhelm der **Kathedrale**. Die Kirche dazu hat der berühmte Diego de Siloé im 16. Jahrhundert entworfen. Weiß getünchte Häuser mit roten Dächern heben sich vor der kahlen Bergkulisse ab. Nach der Eroberung von Granada flüchteten immer mehr Mauren vor den katholischen Machthabern in die Höhlen. Sie erkannten den Vorteil, in Höhlen zu leben, weil diese das ganze Jahr über eine gleich bleibende angenehme Temperatur von etwa 18 Grad versprachen, im Winter nicht zu kalt und im Sommer nicht zu heiß. Ihr Material, die Tonerde, ist im Prinzip weich, aber im Kontakt mit der Atmosphäre verwandelt sie sich in einen regenundurchlässigen und thermischen Schutz. 2000 bewohnte Höhlen sind in Guadix registriert, und noch mehr sind es in der ganzen Umgebung.

Von der Alcazaba aus hat man den besten Blick auf das **Barrio de Cuevas**, das Höhlenviertel. In einer der Höhlenwohnungen wurde ein Museum zur Wohnkultur eingerichtet, in einer anderen, im mozarabischen Viertel San Miguel, befindet sich ein Keramikmuseum, das Museo de Alfarería. Im Barrio Santa Ana lebten ursprünglich die Morisken, die konvertierten Moslems, wurden aber von dort nach und nach in die Cuevas vertrieben. Im Barrio Santiago hingegen stehen reiche Herrenhäuser.

Sechs Kilometer außerhalb von Guadix, an der Landstraße Richtung Granada, trifft man auf das Dorf **Purullena**. An beiden Straßenseiten sind unzählige Keramikstände aufgebaut, seit ewigen Zeiten das dominierende Handwerk

der Gegend. Die etwa 2000 Einwohner leben praktisch ausschließlich in den Höhlenwohnungen und zeigen ihr Zuhause gegen Trinkgeld.

Weiter Richtung Süden und Sierra Nevada sieht man nach 18 Kilometern auf einer Anhöhe das Dorf La Calahorra in einem Meer von Mandelbäumen auftauchen. Das **Castillo de Calahorra** hat vier ungewöhnliche zylindrische Ecktürme. Und innen überrascht ein Renaissancehof aus dem 15. Jahrhundert, der sich mit großer Architektur italienischer Palazzi messen kann.

Service & Tipps:

Autobus Bonal
✆ 958 46 50 22
Abfahrt: Estación de Autobuses, Carretera de Gaen
Mehrmals täglich fährt von Granada aus eine Buslinie bis Pradollano in die Sierra.

Besucherzentrum El Dornajo
Crta. Sierra Nevada, km 23
18196 Granada
✆/Fax 958 34 06 25
Tägl. 9.30–14.30 und 16.30–20, Winter ab 10 Uhr
Außer Karten- und Buchmaterial kann man hier einen Ausflug organisieren lassen, inklusive Fahrradverleih.

Federación Andaluza de Montañismo
Camino de Ronda 101 (Gebäude Atalaya), 18003 Granada
✆ 958 29 13 40, www.fedamon.com

Cueva-Museo
Guadix, Plaza Pedro Poveda s/n
Mo–Fr 10–14 und 16–18 (im Sommer 17–19), Sa 10–14 Uhr, Eintritt € 2,50
Höhlenwohnkultur aus dem 19. Jh.

Museo de Alfarería
Guadix
✆ 958 66 47 67
Tägl. 10–14 und 16–20 Uhr
Das Keramikmuseum in der Höhle besitzt noch einen alten Brunnen aus Moriskenzeit und Amphoren für Wein.

Castillo de Calahorra
Guadix
✆ 958 67 70 98
Mi 10–13 und 16–18 Uhr
Selten geöffnet, aber trotzdem schön: ein Renaissance-Patio vom Feinsten.

Ruta del Veleta
Ctra. de la Sierra 136
Cenes de la Vega
✆ 958 48 61 34, So abends geschl.
Das Restaurant auf dem Weg in die Sierra Nevada ist ein kulinarischer Stern in der Provinz Granada. Die Speiseräume sind bis aufs Detail dekoriert und die Küche imaginativ und kreativ. Reservierung erforderlich. €€–€€€

3 Sierra Nevada und Alpujarras

Von der Costa del Sol in ein paar Stunden zur Skipiste – das muss einem »spanisch« vorkommen, doch in Andalusien gibt es das! Eigentlich ist jede Jahreszeit geeignet, die Sierra Nevada aufzusuchen, denn außer den Skistationen bietet der Sommer die Möglichkeit für Wanderungen, Mountainbiking oder Ausflüge zu Pferd. Zwei Drittel des Jahres verbuchen Sonnentage, sie versprechen strahlend weißen Schnee und endlos blauen Himmel. Strandverwöhnte Urlauber würden gar nicht vermuten, dass sich hier nach den Alpen Europas höchste Gebirgskette versteckt. Ein Fünftel ihrer Gipfel geht über 3000 Meter hoch. Die drei höchsten, das sind der Mulhacén, 3481 Meter, Veleta, 3394 Meter, Alcazaba, 3371 Meter. 170 000 Hektar umfasst das Gebiet, wovon über die Hälfte 1999 zum Nationalpark erklärt worden ist. Wiederum ein Teil davon liegt in der Provinz Almería. Eis und Schnee, fast das ganze Jahr über, haben zur Erosion beigetragen. Nach Norden hin zeigt sich das Gebirge schroff und felsig, sanft abgestuft schließen sich im Süden die Alpujarras an, das der Sierra Nevada vorgelagerte Gebirge.

1964 hat man eine Skistation gebaut und 1977 wurde dort erstmals ein alpiner Weltcup ausgetragen. Kaum zu glauben, dass man sie danach mangels Rentabilität wieder schließen wollte. In den 80er Jahren änderte sich das: Die Spanier fanden mehr und mehr Gefallen am weißen Sport, eine Bewegung, die zusammenfiel mit dem Naturschutz in der Sierra. 1995 schließlich sollten die Weltmeisterschaften ausgetragen werden, doch gerade in dem Jahr musste man wegen Schneemangels absagen. Das Jahr darauf bekam die Sierra Nevada jedoch endlich ihre »Mundiales«. Derzeit zählt man 20 Lifte, 45 Pisten und 60 Kilometer Abfahrt. Und in **Pradollano** findet man die entsprechenden Einrichtungen für den Après-Ski. Was die Zufahrt in die Sierra mit dem Privatauto anbelangt, gibt es immer mehr Restriktionen, denn das Gebirge trägt seit 1999 sogar den Titel eines geschützten Nationalparks. Zwei Panoramafahrten sind jedoch für die Sommermonate empfehlenswert: Man verlässt Granada auf der A 8-Abzweigung Pinos-Genil und fährt nach Güejar-Sierra. Es geht am Stausee Canales vorbei und dann Richtung Estación Maitena. Die kurvige und steile Straße verläuft parallel zum Río Genil und endet an einem Besucherzentrum. Die andere Möglichkeit ist ein Ausflug vom Besucherzentrum El Dornajo aus. Eine Straße führt links den Hügel Las Sabinas hoch. Es geht durch Pinienwald mit Ausblick auf das Tal des Genil. Die Straße führt über die Bergkuppe und geht weiter bis Pradollano und von dort bis zur Kreuzung Borreguiles.

Die Sierra Nevada steht aber nicht nur für Wintersport und Natur, sondern auch für Geschichte: Mulay Hassan, der sich auf dem höchsten Gipfel begraben ließ, damit seine sterblichen Überreste nicht in Besitz von Feindeshand kommen. Und später der überaus wichtige Berufszweig der »Neveros«: Zehnergruppen von Männern, mit Maultieren ausgestattet, gingen in die Berge, um Eis zu holen für Krankenhäuser, Läden und Privathäuser. Der Abstieg war abends, damit nicht zu viel Eis schmolz. Der Beruf wurde derart wichtig, dass man im 17. Jahrhundert sogar Lizenzen dafür vergab. 1920 starb der Erwerbszweig mit den ersten Eismaschinen aus.

Die Geschichte der **Alpujarras** geht auf die Invasion durch Tarik 711 zurück, als dort Berber aus Marokko siedelten. Nach der Eroberung von Granada waren die Alpujarras der letzte Zufluchtsort, in den sich die geflüchteten

Ein kontrastreiches Farbenspiel: die grünen Hügelkuppen Granadas vor den schneeweißen Gipfeln der Sierra Nevada – darüber der azurblaue andalusische Himmel

Mit dem Hundeschlitten über die Schneefelder der Sierra Nevada

Moslems zurückzogen. Ihre Spuren finden sich bis heute im Terrassenanbau. Zitrusfrüchte, Mandelbäume und Esskastanien sieht man an den terrassierten Hängen. Die Häuser mit ihren Flachdächern schmiegen sich an die Hänge an, und das Dach wird zugleich vom Haus darüber als Terrasse genutzt, so wie man das auch in den Atlas-Dörfern in Marokko sehen kann.

An Wasser mangelt es in den Alpujarras nicht, mehrere Flüsse, der größte darunter der Río Guadalfeo, werden aus der Sierra Nevada gespeist und das kommt der Landwirtschaft zugute. Aus Lanjarón kommt das Mineralwasser, das es in Andalusien überall zu kaufen gibt. Für die freiheitsliebenden Berber aus Marokko war das Anpflanzen von Maulbeerbäumen für die Seidenraupen und -produktion entscheidend wichtig. In jedem Dorf gab es Webstühle, die Málaga, Almería und Granada mit Seidenstoff versorgten.

Nachdem Boabdil 1492 kapituliert hatte, übergaben ihm die Katholischen Könige die Alpujarras als Lehen. Von hier ging auch 1499 die erste Revolte der Mauren gegen die christlichen Reconquistadoren aus. Das unwegsame Gelände und die Ortskenntnis kamen den Morisken entgegen, doch nach der endgültigen Niederlage 1571 und grausamen Kriegen mussten die getauften Moslems Spanien endgültig verlassen.

Das menschenleere Gebiet musste nun irgendwie wieder besiedelt werden. Man holte Leute aus Galizien, Kastilien und Murcia, die allerdings nicht sehr viel von der Landwirtschaft verstanden. So ist der Ausspruch zu verstehen, dass ein christlicher Siedler Hunger leidet, wo früher zehn Morisken reich wurden. Nach und nach verfielen die Bewässerungsanlagen und die Terrassenwirtschaft. Stattdessen verbreitete sich der Getreideanbau, der auch heute noch den wesentlichen Ertragsanteil in den Alpujarras darstellt.

Das Dorf, durch das man in die Alpujarras einfährt, ist **Lanjarón**. Wegen seines heilenden Mineralwassers hat sich dort eine Hotellandschaft breit gemacht. Ein Castillo, eine Burganlage aus dem 16. Jahrhundert, thront über dem Ort. Die Landstraße A 348 ist zugleich eine Panoramastraße.

Pampaneira ist der Hauptort der Region, die mittlerweile hauptsächlich vom Tourismus lebt. An der Ortseinfahrt gibt es einen Parkplatz, an dem man sein Auto stehen lassen sollte. Am Hauptplatz, an der Plaza de la Libertad, erhebt sich die Barockkirche Santa Cruz aus dem 17. Jahrhundert und dort befindet sich auch das Informationszentrum für das gesamte Gebiet. Pampaneira erstreckt sich mit den beiden folgenden Orten an der **Schlucht von Poqueira**. Die Schlucht gehört landschaftlich zu den reizvollsten Zielen in den Alpujarras. Sie liegt den Gipfeln Veleta und Mulhacén zu Füßen. Eine Wanderung durch das Gebiet lässt die alten Terrassen- und Bewässerungsstrukturen der Mauren erkennen, über denen sich malerisch die drei Dörfer Bubión, Pampaneira und Capileira staffeln. **Bubión**, der nächste Ort, liegt bereits auf fast 1300 Metern Höhe, einst ein Ort der Moriskenrevolten.

Alltag in Capileira am Rand der Sierra Nevada

In den Dörfern sind noch die nordafrikanischen Hausstrukturen zu erkennen, in Pampaneira noch die alte Technik des Teppichwebens. Die Wohnhäuser sind möglichst Richtung Süden ausgerichtet und besitzen in der Regel zwei Stockwerke. Ganz charakteristisch ist das flache Dach, das »Terrao« genannt wird. Man macht die Mauerträger aus Kastanienholzbohlen, Holzbrettern und Zweigen und darauf Steinplatten. Das Flachdach wird mit einem grauen Sand (Magnesiumtonerde, spanisch »launa«) bedeckt, der sich durch den Kontakt mit Wasser zu einer undurchlässigen Schicht verwandelt. Leider lösen moderne Baumaterialien wie Zement und Hohlziegel die traditionelle Bauweise mehr und mehr ab. Traditionell werden die Dächer auf jeden Fall noch genutzt, wie zum Wäsche aufhängen und natürlich zum Plausch mit den Nachbarn.

Capileira ist mit seinen 1436 Metern der höchstgelegene der drei Orte. In einem der Alpujarra-Häuser hat man ein Volkskundemuseum zur Lebensweise im 19. Jahrhundert eingerichtet, das **Museo Alpujarreño de Artes y Costumbres Populares**. **Pórtugos** ist berühmt für sein eisenhaltiges Wasser. An der Ortsausfahrt hinter der Dorfkirche Nuestra Señora de las Angustias trifft man auf einen Brunnen mit rot gefärbtem, eisenhaltigem Wasser.

Beim Dorf **Busquístar** beginnt das Tal **Valle del Río Trevélez**. Und so heißt auch der Hauptort: **Trevélez**, im Übrigen die höchstgelegene Ortschaft Spaniens auf 1600 Metern! Drei Ortsteile gibt es: Alto, Medio und Bajo, das heißt eine Ober-, Mittel- und Unterstadt. Das Dorf wurde im 19. Jahrhundert sogar in Madrid bekannt, weil einer beleibten Königin, Isabella II., der Bergschinken aus Trevélez besonders mundete. Das Geheimnis der luftgetrockneten Wurstwaren aus dem Dorf ist das Klima: trocken und kalt. Und die Verwendung von Meersalz. Der Schinken, ein Jamón Serrano, stammt von großen, hellhufigen Schweinen und wiegt etwa zehn Kilogramm pro Schlegel. Secaderos, Schinkentrockenhäuser, gibt es überall im Dorf. Wanderfreunde lockt es hinauf zu den sieben Lagunen, begleitet, wenn man Glück hat, von Steinböcken. Die sieben übereinander liegenden Lagunen entstanden zur Eiszeit.

Über die Landstraße A 348 erreicht man ab der Ortschaft Laroles den östlichen Teil der Alpujarras und die Provinz Almería. Bis zur Passhöhe **Puerto de la Ragua** steigt die Straße stetig an und führt auf 2000 Meter Höhe. Dann geht es auf schmalerer Spur hinunter auf die Hochebene von Guadix mit herrlicher Aussicht. Bis hin zur Burg La Calahorra schweift der Blick.

Laujar de Andarax ist der Hauptort in diesem Teil der Alpujarras. Hier entspringt der Río Andarax. Der Weg dorthin ist ausgeschildert und von einigen Picknickplätzen flankiert. Im Ort selbst stehen stattliche Herrenhäuser aus dem 16. und 17. Jahrhundert. In den Kneipen kann man den Clarete, den Roséwein, probieren, der im Ort hergestellt wird. Typisch für die Gegend sind kleine Ermitas, Kapellchen, am Ortsende oder -eingang, die beinahe an bayerische Gnadenkapellen erinnern. Ein Marienbild soll mit Engelsunterstützung helfen, die Höllenfeuer aus der Seele der Menschen zu ziehen, die sie anbeten. Ein lohnender Abstecher ist die Landstraße nach **Ohanes** wegen ihrer ungewöhnlichen Aussicht auf die Sierra de Gata von Almería. Die Straße führt immerhin bis auf knapp 1000 Meter. Auf demselben Weg kehrt man wieder zurück auf die A 348, oder man fährt weiter Richtung Beires, um nach Almería zu gelangen.

Eine der höchstgelegenen Ortschaften Spaniens: Capileira im Parque Nacional de Sierra Nevada

Service & Tipps:

Museo Alpujarreño de Artes y Costumbres Populares
Capileira
✆ 958 76 30 51
Di–Fr und So 11.30–14.30, Sa 16–19 Uhr (im Sommer bis 20 Uhr)
Volkskundemuseum zur Landwirtschaft und zum Dorfleben in einem Bauernhaus.

Nevadensis – Infozentrum zur Sierra Nevada und den Alpujarras
– Plaza de la Libertad s/n
18411 Pampaneira
✆ 958 76 31 27, Fax 958 76 33 01
www.nevadensis.com
http://pampaneira.touralpujarra.com
Organisierte Ausflüge und Touren.

Informationspunkt Puerto de la Ragua – Alpujarras Services
Crta. Puerto de la Ragua, km 1
✆ 958 76 02 31, www.laragua.net

Hotel-Restaurante Alcadima
C/Francisco Tárrega 3, Lanjarón
✆ 958 77 08 09
Das Lokal ist spezialisiert auf arabisch-andalusische Küche wie Salatherzen mit Honigessig oder auch Kastanieneintopf. €€

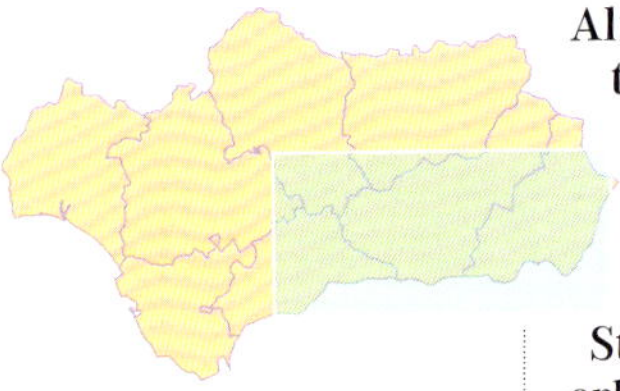

Die Costa Tropical und Almería

Der Spiegel des Meeres

Almería ist eine Provinz mit einer aufstrebenden Infrastruktur: 2005 trug sie die 15. »Mediterranen Spiele« aus, und darauf bereitete sich Almería mit aller Kraft sowie urbanistischen Veränderungen vor. Die Hauptstadt im Zentrum der Bucht öffnet sich dem Meer. Sie ist umgeben von einem Zirkel an Bergen, der sie vor der Kälte schützt. Almería ist die Stadt Europas, die die allermeisten Sonnenstunden im Jahr erhält: 3217! Sie blickt auf 10 000 Jahre Geschichte zurück – und alle großen Zivilisationen haben ihre Spuren hinterlassen. Die Cueva de los Letreros bei Vélez Blanco ist nur ein Beispiel dafür.

Und in Almería durchzieht eine Ladebühne für Mineralien, der sogenannte Cargadero de Mineral (auch »Cable Inglés« genannt und heute ein Industriemonument), die Avenida Cabo de Gata bis hin zum Hafen. Durch edle Metalle hat sich die Stadt einen Namen in aller Welt gemacht. Die Mauren verliehen ihr ihren heutigen Namen: Mería und Albahri, das heißt »Spiegel des Meeres«.

Die Wirtschaftsstruktur der Provinz ist vielschichtig und vor allem durchsichtig: Landwirtschaft unter Plastikbahnen bei El Ejido und Níjar, eine der produktivsten in Europa! Tourismus, Kino und Fischfang sind die anderen wichtigen Erwerbszweige. Und dann sind die diversen Naturparks und der Tourismus nicht zu vergessen: Die Alpujarra de Almería, das Cabo de Gata, die Sierra María und die Wüsten von Tabernas beziehungsweise der Sierra de Alhamilla.

◁ In den Gewächshäusern an der Costa Tropical arbeiten überwiegend Einwanderer aus Nordafrika

1 Almería

»Von Puerto Lumberas nach Almería. Landschaften zwischen Wüste und Fruchtbarkeit, kahle, scharfe Hügel, Land, weit und geduldig. Dann wieder Ausläufer der Sierra, Felswände in verschiedenen Farben, in die Gesteine die Geschichte ihrer Herkunft geschrieben haben«, so wirkt auf Cees Nooteboom in seinem Buch »Umweg nach Santiago« die Wüstenlandschaft bei Almería. Große Baudenkmäler hat die Provinz Almería nicht aufzuweisen, aber eine einmalige Natursehenswürdigkeit: Vor den Toren der Provinzhauptstadt beginnt in der **Sierra de Alhamilla** Europas einzige und echte Wüste! Ohne sich dessen bewusst zu sein, kennt man sie aus dem Kino: »Lawrence von Arabien« wurde in Almería gedreht. Die Mondlandschaft eignet sich wirklich vorzüglich als Filmkulisse, vor allem für Westernfilme. Manche lockt **Mini-Hollywood** in **Tabernas** an, weil sie den Originalschauplatz ihres Lieblingsfilms sehen wollen. Und Sergio Leone ließ für einen seiner Italo-Cowboyfilme eine Westernstadt aufbauen. So fühlt man sich wie im fernen Kalifornien oder in Arizona.

Nur 24 Kilometer liegt das Arabien der Traumfabrik von einer echten Maurenburg entfernt. **Almería** wird von einer **Alcazaba** dominiert, der größten, die die Mauren in Spanien je gebaut haben. Sie gleicht einem Saurier, der die Berge hindern will, bis zum Meer vorzudringen. Und die mächtigen Mauern der Festung boten 20 000 Moslems Schutz. Kalif Abd-ar-Rahman III. aus Córdoba ließ den Verteidigungskoloss erbauen, sein Nachfolger Almansor vergrößerte ihn und Emir Al-Jairán ließ ihn fertig stellen. Nach einem Erdbeben wurde die Alcazaba zerstört und unter den Katholischen Königen wieder aufgebaut. Das Kastell besteht aus drei zinnenbekrönten Mauerringen, die sich dem Gelände anpassen. Bei möglicher Gefahr machten sich die Soldaten des Maurenfürsten hinter dem ersten Mauerring bereit, um loszustürmen. Heute hat man dort Gärten angelegt. Anstelle der Hofmezquita errichteten die Katholischen Könige eine Kirche.

Ein Fenster an der Palastruine heißt *Ventana de la Odalisca* und erinnert an eine Liebesgeschichte, ganz ähnlich der von Antequera. Als die verbotene Liebe zwischen einem christlichen Gefangenen und der Favoritin des Maurenfürsten entdeckt wurde, stürzte sich der Christ in die Schlucht hinter dem Burgberg und die schöne Maurin sprang aus besagtem Fenster in den Tod.

Almería besitzt die größte von den Mauren in Spanien je gebaute Alcazaba

Die Innenhofgärten der wehrhaften Alcazaba von Almería

Eine Wehrmauer führt noch immer in die steinige Hoya-Schlucht, auf einem benachbarten Hügel liegt das kleine Castillo de San Cristóbal, eine ehemalige Templerburg.

Kalif Abd-ar-Rahman III. war es, der die Hafen- und Handelsstadt im 10. Jahrhundert gründete. Doch von der arabischen Vergangenheit spürt man ansonsten nur noch wenig. Unterhalb des Burgbergs breiten sich die volkstümlichen Stadtviertel aus, la Chanca und die Pescadería. Der **Paseo de Almería** ist die Prachtstraße der Stadt. Sie beginnt an der Puerta Purchena und endet am Hafen. An beiden Seiten des Boulevards erheben sich palastartige Villen aus dem 19. Jahrhundert. Auf der **Plaza Vieja** steht das Rathaus, das Ayuntamiento, und von dort ziehen sich in Schlangenlinien Straßen bis hinunter zur Meerespromenade, dem **Paseo Marítimo**. Auf dem Weg geht man an Kirchen, Palästen und Herrenhäuser der Bourgeoisie des 18. Jahrhunderts vorbei. Und an der Kathedrale, die einer Festung gleicht. Man muss sich vorstellen, dass in Almería eine Freitagsmoschee stand, mit 800 Säulen und ähnlich groß wie diejenige in Córdoba, die kurz nach der christlichen Eroberung zur Kirche geweiht wurde. Bei dem Erdbeben von 1522 war diese wie die ganze Stadt weitgehend zerstört worden. Reste der Mezquita, Teile der Kibla-Wand und des Mhirab finden sich heute in der Kirche **San Juan**, die auf den Grundmauern dieser früheren Moschee erbaut worden ist.

Die neue **Kathedrale** wurde nach dem Erdbeben von Diego de Siloé gebaut und dem Erzengel Gabriel geweiht. Sie sieht nicht nur wie eine Festung aus, sondern wurde auch als Wehrkirche konzipiert. Der Burgvogt Hernando de Cárdenas ließ in ihr Waffen verstauen, aus Furcht vor Angriffen von Piratenschiffen. Am Turm des Gotteshauses prangt ein großes Sonnenmotiv: »El Sol«, das Wahrzeichen der Provinz!

Das enge Verhältnis, das Almería mit dem Meer geknüpft hat, wird in der Industrie- und Hafenarchitektur deutlich. Es gab eine Zeit, in der von dieser Stelle aus die begehrtesten Metalle in die halbe Welt gesandt wurden. Aus dieser goldenen Epoche stammt der **Cargadero de Mineral** oder **Cable Inglés**, eine Metallvorrichtung wie ein Steg im Wasser, der die Eisenbahnlinie direkt mit den Schiffen verbindet. Kapital aus Großbritannien finanzierte im 19. Jahrhundert den modernen Bau, um die Waren noch schneller vom Land auf die Schiffe zu laden.

Buntes Markttreiben vor der Stierkampfarena in Almería

Service & Tipps:

Oficina de Turismo de Almería
Parque Nicolás Salmerón, Ecke C/Martínez Campos
04002 Almería
✆ 950 27 43 55, Fax 95 07 52 20
www.almeria-turismo.org

Alcazaba
C/Almanzor s/n, Almería
✆ 950 17 55 00
Di–So 9.30–18.30, April–Okt. 9.30–20.30 Uhr, EU-Bürger gratis
Mehr als 43 000 Quadratmeter umfasst die Festung, die größte, die die Mauren auf der Iberischen Halbinsel jemals bauten. Nach der Reconquista von 1489 wurde sie Regierungssitz der jeweiligen Machthaber. Gärten, Terrassen und archäologische Reste verteilen sich in ihrem Mauerring.

Kathedrale
Plaza de la Catedral, Almería
✆ 609 57 58 02
Mo–Fr 10–14 und 16–18, Sa 10–14 Uhr
Eintritt € 2
Sie ist das bedeutendste sakrale Monument der gesamten Provinz. Von außen sieht sie wie eine Festung aus, aber innen werden ihre Formen weich und harmonisch. Diego de Siloé war federführender Architekt. Unter den Bildwerken stechen die Meister Alonso Cano, Murillo, Ribera und Ventura Rodriguez hervor.

La Encina
C/Marín 19, Almería
✆ 950 27 34 29
Die Taverne im historischen Ortskern befindet sich in einem Haus aus dem 19. Jh. Mediterrane, aber auch kreative Küche. Vorzügliche Fischplatten vom Grill, Parilladas! Am Eingang gibt es gute Tapas am Tresen. €€

La Gruta
Ctra. N 340, km 436
Almería
✆ 950 23 93 35
Di–Sa 20–24 Uhr
In Höhlen Fleischgerichte zu gutem Preis essen, das kann man in La Gruta, z.B. Hirschfilet mit Sherrycreme, es gibt aber auch Stockfisch mit scharfer Sauce. €€

Torreluz Mediterráneo
Plaza Flores 1, Almería
✆ 950 23 43 99
www.torreluz.com
So geschl.
Das Restaurant gehört zum Hotel Torreluz. In elegantem Ambiente speist man mediterrane, aber auch kreative Gerichte. Wie wäre es mit Seehecht in Lauchsauce oder Entenschenkel mit Orange? €€€

Club del Mar
Playa de las Almadrabillas 7
Almería
✆ 950 23 50 48
Im Club Náutico mit großem und elegantem Speisesaal gibt es alle möglichen Fischsorten, bis hin zu den berühmten roten Garnelen aus Garrucha. €€

El Bello Rincón
Ctra. 340, km 436, Almería

Die Wüstenlandschaft in der Umgebung von Tabernas erinnert an das ferne Arizona

✆ 950 23 84 27
Juli/Aug. und Mo geschl.
Eines der besten Lokale an der Küste! Fisch und Meeresfrüchte, im Salzmantel oder auch vom Grill lassen sich auf der Terrasse mit Meerblick genießen.
€€€

Casa Sevilla
C/Rueda López (Ladengalerie Almericentro), Almería
✆ 950 27 29 12
So und Mo abends geschl.
Ein runder Bau, mit Bar und zwei Speiseräumen. Hier gibt es regionale Küche. In Almería muss man *Migas* probieren, angeröstete Brotbrösel mit Schweinefilet, Knoblauch und Trauben. €€€

El Quinto Toro
C/Juan Leal 6, Almería
✆ 950 23 91 35
Eine typische Bar in dem Stadtteil, in dem es viele Tapas-Lokale gibt. Und nicht vergessen: In jeder Bar trinkt man eine Copa und geht dann zur nächsten. Papierservietten und Olivenkerne am Fußboden sind Zeichen für gute Tapas!
€

Jamonería Andaluza
Puerta Purchena 2, Almería
✆ 950 23 54 94
In diesem Laden gibt es Geräuchertes und luftgetrockneten Schinken aus den Alpujarras.

La Dulce Alianza
Paseo de Almería 18, Almería
✆ 950 23 73 79
Das Haus wurde 1888 als Teesalon gegründet. Hier kommen die Stierkampf-Fans hin, um sich belegte Baguettes zu kaufen, denn ab dem dritten Stier in der Arena werden die Brote und Weinbeutel ausgepackt.

Centro de Actividades Náuticas
Playa de Mojácar (gegenüber dem Dorf Indalo), Almería
✆ 950 47 84 90
Das kompletteste Wassersportzentrum in Almería. Außerdem werden Bootsausflüge organisiert. Schule für Tauchen, Wasserski, Windsurfen, Wassermotorrad und Kanu.

Feste
Semana Santa: Barocke Prozessionsaltäre werden durch die Altstadt von Almería getragen, die Umzüge wurden mit dem Titel »von nationalem Interesse« versehen.
Feria de Almería: In der zweiten Augusthälfte wird gefeiert, aber nicht nur für die Stadtheilige und Schutzpatronin Almerías, die »Virgen del Mar«. Auf dem Messegelände werden 50 Casetas aufgestellt, so wie bei der Feria in Sevilla, doch hier sind sie für alle zugänglich. In der Altstadt gibt es Wein- und Tapas-Degustation.
Festival Internacional de Guitarra Clásica: Im Mai wird das prestigevolle Gitarrenfestival im Auditorio Maestro Padilla ausgerichtet.
Carnaval: Im Februar findet im Auditorium der Karnevals-Konkurs statt. Umzüge durch die Altstadt.

REGION 6
Die Costa Tropical

Sorbas: Arbeit am Keramikbrennofen

Tipps am Wege:

Tabernas

Mini-Hollywood lockt in **Tabernas.** Hier ist der Originalschauplatz von Lawrence von Arabien. Und Sergio Leone ließ für einen seiner Italo-Cowboyfilme eine Westernstadt aufbauen. So fühlt man sich wie im fernen Kalifornien oder Arizona. Clint Eastwood, Claudia Cardinale und viele mehr drehten hier »Spaghetti-Western«.

Service & Tipps:

Información de Turismo
Plaza del Pueblo 1
04200 Tabernas
✆ 950 36 50 02
www.tabernas.es

Mini-Hollywood/Oasys
A 370, der Auschilderung folgen, 5 km SO von Tabernas
✆ 950 36 52 63, tägl. 10–21 Uhr

Los Albardinales
Ctra. N 340, km 474, Tabernas
✆ 950 61 17 07
Ölmühle und Museum: Hier kann man Olivenöl und ökologisch erzeugte Naturprodukte probieren.

Ausflugstipps:

Paraje Natural de Karst en Yesos
Centro de Visitantes: ✆ 950 36 45 63
C/Terraplén s/n, 04270 Sorbas
Ctra. nach Molinos von Río Aguas, AL 140, Sorbas
Tausende von Höhlen, gebildet durch Wasser und Erosion im weichen Kalkstein. Mit einer Führung und ausgestattet mit Taschenlampen und Helmen ist das ein besonderes Erlebnis für Abenteuer-Freaks.

Höhlenforschung-Espeleología
In den Höhlen des Karst, Yesos de Sorbas, gibt es offizielle Führungen bei: Natur-Sport, ✆ 950 36 47 04, und bei Paraje Barranco del Infierno, 04270 Sorbas, www.cuevasdesorbas.com.

Las Fuentes
Ctra. de Velefique s/n, Bacares
✆ 950 42 11 38
Vom Lokal aus hat man einen schönen Blick auf die Sierra de Bacares. Landestypische Hausmannskost bereitet die Küche zu wie Stockfischeintopf, Schnecken mit Kichererbsen und Gurullos, eine Nudelart. €€

2 Antequera

Antequera, Industriestadt und zugleich landwirtschaftliches Zentrum, und ihre 45 000 Einwohner blicken zumindest auf eine römische Vergangenheit zurück. Zu der Zeit hieß sie *Anticaria* und bei den *Arabern Medina Antikaria.* 1410 eroberte der spätere König und noch Prinz Ferdinand von Aragonien die Stadt. Sein jugendlicher Militärerfolg brachte ihm den Beinamen »El de Antequera« ein, nicht zu verwechseln mit König Ferdinand von Aragonien, der 1492 Granada eroberte. Auf ihn geht der Satz zurück »Salga el sol por Antequera«. In der Nacht vor der Eroberung erschien ihm die spätere Stadtheilige Eufemia und prophezeite ihm, dass alles geschehe, wie Gott es will, »wenn die Sonne über Antequera aufgeht«. Am Tag darauf siegte Ferdinand, und noch heute sprechen die Leute den Satz aus, um sich vor bösen Dingen zu schützen.

Im Hintergrund der Stadt erhebt sich der Felsen der Verliebten, die **Peña de los Enamorados**. Man könnte, so will es der Volksmund, in der Silhouette des Felsens das Gesicht eines Mannes erkennen, der in den Himmel schaut. Ein tragisches Unglück beziehungsweise eine Legende gab den Namen für den Felsen: Ein katholischer Sklave im Haus eines reichen Mauren verliebt sich in die Tochter des Herrn. Die beiden flüchten, werden aber vom Vater und seinen Freunden verfolgt. In ihrem Versteck auf dem Felsen bleibt ihnen kein anderer Ausweg mehr, als sich gemeinsam hinunterzustürzen, um für immer vereint zu sein.

Durch einen großen Torbogen, den Arco de los Gigantes, gelangt man zum Kastell der Stadt, zur **Alcazaba**, mit mehreren Türmen. Römer, Mauren und dann die christlichen Eroberer beherrschten von dort aus die Stadt. Ein Tempelchen ist oben aufgestellt. Und man blickt hinüber bis auf das Torcal-Gebirge.

Harmonische Mischung aus Renaissance, Barock und Mudéjar-Stil: Antequera

Zu Füßen der Burggärten steht die königliche Stiftskirche, die **Real Colegiata Santa María**. Sie erinnert innen an frühchristliche Kirchen Roms oder auch an den großen Florentiner Renaissancearchitekten Filippo Brunelleschi. Wirklich sehenswert ist die Mudéjar-Holzdecke.

In der **Iglesia del Carmen** ist ebenfalls eine derartige Holzdecke erhalten. Ein üppiger Barockhochaltar protzt vor der Chorwand. Auf der kleinen Plaza del Coso Vieja steht der Palacio de Nájera, der heute das Stadtmuseum beheimatet, das **Museo Municipal**. Ein Patio mit toskanischen Säulen und viel Stuck führt hinein. Das stolzeste Exponat ist der »Efebo de Antequera«, eine römische Bronzefigur aus dem 1. Jahrhundert: ein nackter Jüngling, der die Hände derart hält, als würde er etwas tragen, wahrscheinlich einen Gegenstand, der nicht erhalten ist. Die Feinheit und Leichtigkeit der Figur machen sie zu einer der schönsten römischen Skulpturen in Spanien. Unter den übrigen Ausstellungsstücken besticht ein ekstatischer heiliger Franziskus von Pedro de Mena.

Casa de los Bouderé (Antequera)

Service & Tipps:

Centro de Iniciativas Turísticas Comarca de Antequera
C/Coso Viejo 1, Bajo
29200 Antequera
✆ 952 70 00 05, Fax 952 70 51 29
www.turismoantequera.com

Alcazaba/Torre del Homenaje
C/Herradores, Antequera
✆ 952 70 25 05
Di–Sa 10–14 und 15.30–18, So/Fei 10–14 Uhr, Führungen alle 30 Min.
Ruinen, Türme und ein zauberhafter Ausblick auf Stadt und Berge.

Colegiata de Santa María
Neben Alcazaba, Antequera
✆ 952 70 25 05
Di–Fr 10.30–14 und 16.30–18.30, Sa 10.30–14, So 11.30–14 Uhr
Man fühlt sich bei dieser Renaissancekirche an Brunelleschi erinnert.

Iglesia del Carmen
Cjón. Ramírez, Antequera
✆ 952 70 25 05
Mo–Sa 10–14 und 16–19, So/Fei 10–14 Uhr, Eintritt € 2
Ein immenser Barockaltar erstaunt die Besucher.

Museo Municipal
Casa Viejo s/n, Antequera
✆ 952 70 40 21
Di–Fr 10–13.30 und 16.30–18.30, Sa 10–13.30, So 11–13.30 Uhr, Eintritt € 3
Der Bronze-Efebo, ein Figürchen aus dem 1. Jh., ist das Glanzstück der Sammlung.

El Angelote
C/Encarnación, Ecke Coso Viejo
Antequera
✆ 952 70 34 65
So abends und Mo geschl.
Das Restaurant in der Altstadt wurde mit einem nationalen Gastronomiepreis ausgezeichnet. Schwertfisch mit Pinienkerncreme und Garnelen ist nur eine der Leckereien, die freundlichst serviert werden. €–€€

Caserío de San Benito
Ctra. Málaga–Córdoba, km 108
Antequera
✆/Fax 952 03 40 00
Im Winter Di–Do abends geschl., im Sommer tägl. geöffnet außer 1.–20. Juli
Ein paar Kilometer von Antequera entfernt liegt das Restaurant und zugleich Volkskundemuseum, **Museo de Usos y Costumbres**. Dicke Holzbalken zieren den Speiseraum, die Küche wurde mit dem Goldenen Teller ausgezeichnet. Die Gerichte aus Schweinefleisch, Grillgerichte und Reis sind exzellent. €–€€

La Espuela
C/San Agustín 1, Antequera
✆ 952 70 30 31
Das Lokal liegt hinter der Agustín-Kirche und hat eine schöne Terrasse.

Die weiße Stadt Antequera liegt in einer fruchtbaren Hochebene

Preisgekrönt ist die Schokoladenträne mit Olivenöleis und Karamellkranz. Rebhuhnpaté, Ziegenkäse mit Bratapfel oder Straußenfilet: Wem läuft da nicht das Wasser im Mund zusammen. Der Sommelier ist ebenfalls preisgekrönt! €€

Pastelería
Madres Clarisas
C/Belen 4, Antequera
Die Klarissinnen verkaufen ihr Klostergebäck. Spezialität: *Bienmesabe* (Mir-schmeckt-es-gut).

Multiaventura Las Navillas
Ctra. N 331, km 134
Antequera
✆/Fax 952 11 16 80
www.multiaventuralasnavillas.com
15 km von Antequera entfernt und im Wald organisiert diese Firma verschiedenste Abenteuer-Beschäftigungen. Tag- und Nachttouren auf dem Pferd, Trekking, Mountainbiking, Schießen, Fischen – und natürlich Wildgerichte im dazugehörenden Restaurant.

Feste
Spektakuläre **Semana Santa. Real Feria de Agosto:** 17.–22. August mit Stierkampf. Rindermarkt zum Frühlingsfest. **8. und 15. September:** Feste mit Prozessionen für die Stadtheiligen Nuestra Señora de los Remedios und Santa Eufemia.

Ausflugstipps:

Cuevas de Menga, Viera und El Romeral

Einen Kilometer östlich von Antequera erwartet einen ein unglaubliches kulturelles Relikt: die **Cuevas de Menga, Viera und El Romeral**. Zwischen Ölbäumen verbergen sich prähistorische Grabhöhlen, die zu den bedeutendsten Zeugnissen der iberischen Megalithkultur zählen. Vor 4500 Jahren muss es eine entwickelte und hierarchisch gegliederte Zivilisation gegeben haben, die im Stande war, dies zu konstruieren.

Eine höhere Kulturstufe gab es zu dieser Zeit vergleichsweise nur in Ägypten, in Mesopotamien und auf Kreta. Die ersten Dokumente über die Höhlen stammen von einem gewissen Rodrigo Méndez de Silva, der sie für Erzgruben hielt. 1847 schließlich legte sie Rafael Mitjana, ein Stadtplaner aus Malaga, frei und schrieb sie keltischen Druiden zu. Ein 180 Tonnen schwerer Stein, den man aus einem Kilometer Entfernung anschleppte, führt in den Grabgang der Höhle von Menga. Sie liegt in einem künstlichen Hügel aus Mergel und Schiefer. Fünf Monolithe auf beiden Seiten begrenzen den Gang.

Die Viera-Höhle ist 19 Meter lang und liegt direkt neben der Menga-Höhle. 27 Wandsteine flankieren den Gang, durch eine Lochtür gelangt man in eine quadratische Kammer. Um 2000 v. Chr. wurde diese Grabkammer angelegt. Vier Kilometer weiter trifft man auf die Cueva El Romeral, die Straße führt an einer Zuckerfabrik und an einem Krankenhaus vorbei dorthin. Sie ist die Höhle mit der entwickeltsten Grabform von den dreien, die außer einem Gang einen Rundbau mit einem sogenanntem falschen Gewölbe besitzt. Sie wurde um 1800 v. Chr. konstruiert. Man könnte das Gewölbe, gebildet durch vorkragende Steine, mit den Maya-Architekturen in Mexiko vergleichen.

Trotz der Plünderungen wurden in den Gräbern noch Schüsseln, Kupferwaffen und Schmuckstücke gefunden, die den Toten in ihre letzte Ruhestätte mitgegeben wurden. Bei den gigantisch großen Monolithen stellt man sich vor, dass sie mithilfe von dicken Tauen angehoben worden sind.

Service & Tipps:

Cuevas de Menga, Viera und El Romeral
✆ 952 70 25 05
Di–Sa 9–18, So 9.30–14.30 Uhr
Nach einer Tankstelle gabelt sich die Straße und es geht hinein zu den Höhlen. Die Cuevas von Viera, Menga und El Romeral reihen sich hintereinander auf. In El Romeral gibt es eine Grabkammer, *tholos*, und in Menga 15 Monolithen, die auf 4500 Jahre Geschichte zurückblicken.

Durch eine Lochtür gelangt man ins Innere der Viera-Höhle

Playa Cerrada in El Cabo de Gata

Die bizarren Felsformationen am Cabo de Gata sind vulkanischen Ursprungs

3 Cabo de Gata

Die Uferpromenaden, die Almería vom Mittelmeer trennen, ziehen sich weiter fast bis zum Naturpark. Die Berge sind dort sanft, abgerundet und umarmen sich in einer Kette, als würden sie den Meereshorizont beobachten. Das Mittelmeer schimmert in allen hellen und leuchtenden Türkistönen. Das Licht scheint hier zu Hause zu sein, setzt sich nieder und regiert mit all seiner Kraft. Die Sensation, die das Cabo de Gata hervorruft, ist ein Verschmelzen der Ockerfarben der Erde mit einem Mosaik vom Blau des Himmels und des Wassers, eine Komposition von ungeheurer Kraft und Spannung. Im 18. Jahrhundert war sie die Piratenküste, die es nötig machte, vielerorts Verteidigungsanlagen zu bauen. Ihr Name bedeutet wörtlich Kap der Katze, ursprünglich war aber eher *agata*, Achat, damit gemeint.

Direkt am Meer erstrecken sich 300 Hektar Salinen, ein Reservat für 70 verschiedene Arten von Zugvögeln. Am Kap steht ein Leuchtturm, der **Faro de Cabo de Gata**, und kristallklares Wasser schmettert gegen die vulkanischen Felsen der Küste. Neben dem Leuchtturm liegen ein Aussichtspunkt, der **Mirador de Las Sirenas,** und ein Informationszentrum.

Service & Tipps:

Bellavista
Urbanicación Bellavista
El Alquián (Almería)
✆ 950 29 71 56
So abends und Mo geschl.
Das Seemannslokal bietet Blick über die Bucht Cabo de Gata. Einfache Küche mit erstklassigen Produkten aus Almería: Seeteufel mozarabisch, Fischeintopf und Reisgerichte. Gute Weinkarte! €€€

Tauchen in Cabo de Gata
Die Zentren Alpha in San José, ✆ 950 38 03 21, www.alphabuceo.com, und Carboneras in Carboneras, ✆ 950 13 06 50, www.buceocarboneras.com, organisieren Tauchausflüge am Kap.

Für das Tauchen sollte man sich ohnehin an örtliche Organisationen wenden, da es im Naturpark genehmigungspflichtig ist.

Naturpark Cabo de Gata-Níjar Centro de Visitantes Amoladeras
Carretera ALP-202, km 7
✆ 950 16 04 35
Juli–Sept. Di–So 10–14 und 17–21, Okt.–Juni 10–15 Uhr

Ausflugstipp:

El Rancho
Paraje de la Hoyca s/n
Carboneras
✆ 661 21 41 20
Der Rancho ist wie der Name schon sagt ein alter Bauernhof, außerhalb von Carboneras. Besonders gut ist das selbst gebackene Brot mit Tomate und Knoblauch. Und dazu sollte man unbedingt die Calamares mit Lorbeer und Olivenöl bestellen! €

4 Costa Tropical

Schroffe Steilküsten und ▷ malerische Buchten bestimmen die Küste zwischen Málaga und Almería

Von Málaga aus gibt es zwei Möglichkeiten Richtung Osten zu fahren: auf der Küstenstraße N 340 oder auf einer gut ausgebauten *autovía*, die ungefähr auf der Höhe von Nerja endet. Die zweite Möglichkeit ist sicherlich die schnellere, doch die eindrucksvollere ist bestimmt die kurvige Küstenstraße an der sogenannten **Costa Tropical**, wie man diesen Abschnitt wegen der vielen Tropenfrüchte auch nennt. Man sieht jede Menge Zuckerrohrfelder und saftig

glänzende Avocadobäume. Zitronen, Orangen, Bananen und Kakis wachsen hier wie in einem Schlaraffenland irgendwo in der Karibik. Doch immer wieder sieht man eine Frucht, die sich schwer identifizieren lässt: Sie hat eine hellgrüne Haut, die ein rautenförmiges Muster bildet, innen ist sie weiß und hat schwarze Kerne. Sie heißt Chirimoya, Zuckerapfel, und so schmeckt sie auch. Auf Felsspornen und Anhöhen trifft man auf Reste arabischer Leuchttürme. Manchmal sieht man angelegte Terrassen für die landwirtschaftliche Nutzung, die aufgegeben wurde.

In **Frigiliana** sollte man Halt machen, um das ehemalige arabische Viertel kennenzulernen. Früher war Frigiliana ein Dorf der intellektuellen Aussteigergeneration zur Franco-Zeit, doch zunehmend weicht der Hippie-Charme der Kommerzialisierung und dem Tourismus. Es geht steil nach oben, doch für fußmüde gibt es ein Burro-Taxi, das heißt, man kann sich auf Eselsrücken tragen lassen. Das weiße Dörfchen hat seinen besonderen Farbenreiz durch den Kontrast der weißen Häuser gegenüber dem strahlend blauen Himmel – die Sonnentage sind schließlich die Mehrheit – und den roten Geranientöpfen hinter den schmiedeeisernen Balkons. Kachelbilder an den Wänden erzählen von den erbitterten Kämpfen zwischen Mauren und Christen. In den Fußgängerzonen hat man Wellenmuster mit verschieden grauen Steinen am Boden gelegt. Frigiliana schmiegt sich an die Sierra de la Almijara an. Die Almijara- und Alhamaberge im Hintergrund steigen auf 2000 Meter an und sind Teil eines Naturparks.

Und dahinter liegt **Alhama de Granada**, ein charmantes Dörfchen, das den Stein ins Rollen brachte, als es um die Eroberung von Granada ging. Ponce de León nahm die Stadt 1482 ein, zehn Jahre später fiel die letzte Bastion des Nasridenreichs. Der arabische Ortsname bedeutet »heißer Brunnen«, denn tatsächlich ist Alhama für seine Thermal-Heilbäder berühmt und das schon seit Reconquista-Zeiten, als Christen bereit waren, viel Geld dafür zu bezahlen, um sich in den arabischen Bädern kurieren zu lassen.

Weiße Häuser vor strahlend blauem Himmel – Frigiliana nördlich von Nerja

Zigarettenpause in Frigiliana

Im ehemals arabischen Viertel dominieren heute die Kirchtürme statt der Minarette. Hinter der **Iglesia del Carmen** blickt man auf die Schlucht des Alhama-Flusses hinunter. Die **Iglesia de la Encarnación** steht an der Stelle der Haupt- und Versammlungsmoschee. Gleich nebenan befindet sich das Haus der Inquisition, das in den 1950er Jahren renoviert und rekonstruiert wurde. Das alte Gefängnis aus dem 17. Jahrhundert, **La Cárcel**, steht in nächster Umgebung, am Platz der Gefangenen, **Plaza de los Presos**. Die Bädertradition existiert in Alhama im Übrigen immer noch: Es gibt ein **Balneario**, das auf den Resten einer römischen und dann arabischen Badeanlage gebaut wurde. Allerdings haben sich diese Art Einrichtungen bei jungen Spaniern noch wenig durchgesetzt, mit Balneario verbindet man zwar Wohlbefinden, aber nur für Pensionisten.

5 El Ejido

War der Verpackungskünstler Christo auch in Andalusien? Es kommt einem zumindest so vor, wenn man die endlosen Plastikbahnen bei **El Ejido** sieht. Kilometerlang fährt man an Gewächshäusern vorbei, über 10 000, die billig und schnell aus dem durchsichtigen Material über 35 000 Hektar Boden gezogen wurden. Intensive Obst- und Gemüseproduktion hat den einst ärmsten Flecken Spaniens reich gemacht. Pro Hektar Plastik, so heißt es, erntet man 160 Tonnen Tomaten. In den Gewächshäusern arbeiten überwiegend Einwanderer aus Nordafrika, Marokkaner, von denen viele illegal nach Spanien immigrierte. Mit Fremdenfeindlichkeit hat sich El Ejido in jüngster Vergangenheit einen Namen gemacht, als man nach dem Mord an einem spanischen Mädchen wie in einer Art Pogromstimmung »Moros« verfolgte und bedrohte. Viele von ihnen sind Tagelöhner, die isoliert von den Einheimischen in aufge-

gebenen Bauernkaten und Bretterverschlägen hausen. Demgegenüber steht der Luxus mit Einrichtungen wie **Almerimar**, einem Küstenparadies und einer Oase, in denen man den Gästen jeglichen Komfort, unbegrenzte Wassersportmöglichkeiten, Golfspiel und einfach Vergnügen bieten will. **Roquetas de Mar** und **Aguadulce** buhlen um die Gunst der Urlaubsgäste.

Fischer im Hafen von Roquetas de Mar

Service & Tipps:

El Segoviano de Almerimar
Puerto Deportivo (Darsena 2)
Urb. Almerimar, El Ejido
✆ 950 49 75 44, Mo. geschl.
Küche mit deftigen Gerichten und Gemüse aus ökologischem Anbau. Spanferkel und Lamm sind die Spezialitäten der kastilischen Gerichte.
€€

Náutico
Puerto Deportivo
Urb. Almerimar
El Ejido
✆ 950 49 70 73
Das Lokal ist von Meer umgeben, hat einen Wintergarten und spezialisiert sich ebenfalls auf ökologisches Gemüse. Es gibt vor allem Fischgerichte, Fischeintopf oder Meeresfrüchte. €€

Im Felslabyrinth des Torcal findet der Turmfalke seine Beute

6 El Torcal

Über Loja und auf der A 92 dringt man noch weiter ins Landesinnere der Provinz Málaga vor, ins **Torcal-Gebirge**. Wenn man in dieser Landschaft steht, meint man, hier sei eine Märchenfilmkulisse zu echtem Stein geworden. Sonne, Wind und Regen haben mitgeholfen, ein bizarres Felslabyrinth langsam erodieren zu lassen. Geologisch gehört das Torcal-Gebirge zur Subbetischen Kordillere. Es besteht aus mehreren abwechselnden Schichten von härterem und weicherem Kalkstein, und genau das führte zu den eigenartigen Formationen. Denn die weicheren Schichten wurden durch die Erosion schneller abgetragen als die härteren. Das Ergebnis ist unbeschreiblich, jeder erkennt etwas anderes in den merkwürdigen Gebilden. Manche haben Namen bekommen, wie zum Beispiel die Sphinx. Man könnte auch an Riesenmorcheln, überdimensional große Termitenhügel oder an die Sagrada Familia in Barcelona denken.

Die Vegetation unterstreicht die Schönheit der Landschaft: Weißdorn, Schlehe und anderes Gebüsch. Im Frühjahr gesellen sich Pfingstrosen und Schwertlilien dazu. Und in den Felsen blühen gelbe Veilchen. Botanikern ist der Torcal auch für seine verschiedenen Orchideenarten bekannt. An einem Informationszentrum beginnen mehrere Wanderwege, die durch das Steinlabyrinth führen. Zwanzig Kilometer nordwestlich von Antequera liegt der Naturpark **Laguna de Fuente de Piedra**, der einzige Flamingo-Brutplatz nach der Camargue in Frankreich!

Service & Tipps:

Parque Natural El Torcal
14 km südöstl. von Antequera, C 3310 Richtung Villanueva de la Concepción
Informationszentrum El Torcal
✆ 952 70 25 05
Tägl. 10–17 Uhr
12 ha umfasst die beeindruckende Karstlandschaft. Ausgeschilderte Wege führen durch den Naturpark, der kürzeste Rundweg dauert etwa 1 Stunde, der längste 3 Stunden.

Laguna de la Fuente de Piedra
22 km nordwestl. von Antequera. Auf der A 92 Richtung Sevilla, Ausfahrt 132, MA 701 bis Fuente de Piedra. Dann folgt man im Ort der Ausschilderung zur Lagune. Man kann Flamingos, Störche, Lachmöwen, Kraniche sehen. Beste Tageszeit: Spätnachmittag, bester Monat: Februar.

Unter Botanikern ist das Torcal-Gebirge südöstlich von Antequera für seine Orchideenarten bekannt

El Torcal – ein zerklüftetes Felsenlabyrinth, in Millionen von Jahren geformt

Flamingos

Es ist sicher der auffälligste Vogel in Andalusien, den man in Florida, aber nicht im Süden Spaniens erwarten würde. Für Flamingos gibt es in Europa auch nur zwei Möglichkeiten zu brüten: entweder in der Camargue in Südfrankreich oder in Fuente de Piedra bei Antequera. Etwa 70 000 Tiere umfasst die Population in Europa. Ab Februar kehren die Tiere aus ihren rund um das Mittelmeer verstreut liegenden Winterquartieren in ihre Brutgebiete zurück. In Fuente de Piedra versammeln sich nahezu 15 000, um auf Schlammhaufen im flachen Wasser zu brüten. Für den Brutverlauf ist ganz entscheidend, dass nicht zu viel Wasser vorhanden ist, das die Schlammhaufen überfluten könnte. Außerdem ist ihnen Ruhe sehr wichtig. Und das ist auch der Grund, warum die Flamingos nicht im Doñana-Nationalpark brüten, denn dort werden sie von Wildschweinen gestört. In Fuente de Piedra wurde die Lagune als Saline genutzt, wodurch für die Brut Idealbedingung geschaffen waren.

Kaum zu glauben, aber noch in den 1980er Jahren wurden die Flamingos von den Salinenbetreibern verfolgt, weil sie mit ihren Exkrementen das Salz verunreinigten. Die Saline wurde geschlossen und so konnten Andalusiens merkwürdigste Vögel bleiben. Jedes Pärchen legt nur ein Ei, das dann 29 Tage lang ausgebrütet werden muss. Nach dem Schlüpfen verbringen die Jungvögel etwa drei Monate lang eine Art Kindergartenzeit mit den anderen jungen Artgenossen. Im Sommer, wenn die Lagune fast ausgetrocknet ist, unternehmen sie weite Flüge in andere Feuchtgebiete, zum Beispiel zu den Salinen nach Cádiz und in den Coto de Doñana. Sie ernähren sich hauptsächlich von Kleinkrebsen, Insektenlarven und Wasserpflanzen, die sie sich aus der obersten Schlammschicht der Marismas holen. Die Brutkolonie ist heute gut geschützt als Naturreservat.

Andalusiens merkwürdigste Vögel: die Flamingos

7 Mojácar

Folgt man der Küstenstraße weiter Richtung Osten trifft man in **Mojácar** auf einen Ort, in dem schon zu Römerzeiten Münzen geprägt wurden, und weiter Richtung Norden auf die **Cuevas de Almanzora**, Höhlen, die zu den reichsten Fundstellen vorgeschichtlicher Zeit zählen. Sie liegen im Tal Almanzora und waren verschiedene Zivilisationen hindurch bewohnt. Im Paraje de Calguerín gibt es Hunderte von Wohnhöhlen, die vor nicht allzu langer Zeit verlassen wurden, einige sind noch bewohnt und werden von ihren Besitzern vorgezeigt.

Playa de Villazar in Mojácar nördlich von Almería

Service & Tipps:

Don Tadeo
C/Barria Villaricos 37
Cuevas del Almanzora
✆ 950 46 71 05
Auf der Tageskarte wird angeboten, je nach dem, welche Fische und Meeresfrüchte auf dem Markt sind. Die Spezialität des Hauses ist Reis mit Hummer und riesengroße *Berberechos*, Herzmuscheln. €€

Ausflugstipps:

El Almejero
C/Explanada del Puerto s/n
Garrucha
✆ 950 46 04 05
Es liegt nur zwei Schritte vom Hafen entfernt, und so erfüllt das Restaurant, was es verspricht: Vom Meer auf den Teller! Wenn es keinen frischen Fisch gibt, schließt das Lokal.
€€

8 Nerja

Kommt man von Málaga über die Küstenstraße Richtung Salobreña, gelangt nach etwa 50 Kilometern in den Ort Maro und zu den **Cuevas de Nerja**, die auf jeden Fall eine Abzweigung lohnen. Auf ausgeschilderter Straße geht es zu den Höhlen hinauf, etwa 160 Meter über dem Meer mit zauberhaftem Blick auf die Küste. Auch wenn man schon Tropfsteinhöhlen gesehen hat, wird man von den Dimensionen derer von Nerja überrascht sein. Ihre Entstehung begann vor fünf Millionen Jahren, als Wasser durch die Spalten des Felsmassivs einsickerte. In Verbindung mit pflanzlichem Kohlendioxid löste es das Marmorgestein, und es bildeten sich Gän-

Überraschende Dimensionen – die Tropfsteinhöhlen Cuevas de Nerja

PILI

ge und Hohlräume und später Stalaktiten und Stalagmiten, die ein bizarres Tropfsteingebilde formen, als ob Schaum von den Wänden gleiten würde. In der Steinzeit nutzten Jäger und Sammler die Höhlen als Wohn- und Kultraum. Es sind sogar noch Reste von Felsmalereien erhalten. Bekannt sind die Cuevas de Nerja erst seit 1959, seitdem wurden sie touristisch erschlossen. Es wäre schon eine Seltenheit, würde man keine parkenden Busse auf der Anlage antreffen. Mit farbiger Höhlenbeleuchtung nutzt man die Höhlen auch für Konzertaufführungen, die gerühmt werden für die gute Akustik. Sogar das Bolschoi-Ballett ist unter Tage schon aufgetreten.

◁ *Strandleben an der Playa Calas Occidentales in Nerja*

Service & Tipps:

Cuevas de Nerja
Crta. de Maro s/n, Nerja
✆ 952 52 95 20, tägl. 10–14 und 16–18.30, Juli/Aug tägl. 10–19.30 Uhr
Eintritt € 8,50/4,50
Großer Parkplatz, Terrassenrestaurant und Informationszentrum zur Geologie der Tropfsteinhöhle.

Cuevas de Nerja
Ctra. de la Cueva s/n, Nerja
✆ 952 52 96 00
Tägl. 9.30–19.30 Uhr
Eigentlich ein touristisches Lokal, aber mit einfach traumhaften Blick von der Terrasse aus auf die Höhlen von Nerja. Salate, Schwertfisch oder Entrecote sind zu empfehlen. €€

Casa Luque
Plaza Cavana 2, Nerja
✆ 952 52 10 04
An einem schönen Platz in der Nähe des »Balcón de Europa«. Eine Terrasse mit herrlichem Blick und einfallsreiche Küche, wie z.B. Seezungenröllchen mit Garnelen in Weißweinsauce. €€

9 Níjar

Zwischen dem Kap und Níjar, dem besten Ausgangspunkt für die Naturparkbesuche, liegen verstreut aufgegebene Höfe, verloren zwischen Opuntien und Agaven. Darunter erlangte einer literarische Berühmtheit: **El Cortijo del Fraile**. Hinter seinen blinden Fenstern und Mauern spielte sich im letzten Jahrhundert ein Liebesdrama ab, das mit Rache und Mord endete. Das Verbrechen von Níjar machte Federico García Lorca mit der »Bluthochzeit« unsterblich. Der Schriftsteller stammt zwar aus einem Ort bei Granada, doch lebte er auch einige Zeit in Almería und ging dort zur Schule. In **Níjar** genießt man von seinem Wachturm aus noch einmal den zauberhaften Panoramablick auf das Cabo de Gata. Überall im Ort werden *Jarapas*, eine Art Flickenteppich aus bunten Baumwoll- oder Wollbändern, angeboten.

Die Pfarrkirche von Níjar

⑩ Salobreña

Auf der Küstenstraße Richtung Almería sieht man von Ferne einen Burgberg und das Castillo von **Salobreña**, thronend über schneeweißen Häusern, die sich an die Festung zu klammern scheinen, umgeben von Zuckerrohrfeldern. Vielleicht ist es einer der hübschesten Orte an der Costa Tropical und in der Provinz von Granada, die nur einen kurzen Abschnitt am Meer besitzt. Am Strand **Playa del Peñon** gibt es jede Menge Chiringuitos, kleine Restaurants, die Salate mit tropischen Früchten, Paella, Fisch und Meeresfrüchte anbieten. Spanier haben den Strand fest in ihrer Hand. Viele Häuser sind eigens als Ferienwohnungen für die einheimischen Badeurlauber geplant und gebaut worden.

Bougainvilleen, die hier das ganze Jahr über und in allen Tönen von Orange bis Pink blühen, säumen den Weg durch die engen Gassen hinauf zum Castillo. Es wurde im 10. Jahrhundert gebaut und von den Nasridenfürsten zu einer luxuriösen Residenz erweitert. Später diente es zeitweise als Gefängnis. Ein paar Kilometer weiter kommt man durch **Motril**, das wirtschaftliche Zentrum des Küstenstreifens, in dessen Hafen die Tropenfrüchte verladen werden. Für die meisten ist es ein Durchfahrtsort Richtung Norden, denn hier liegt die Abzweigung nach Granada.

Service & Tipps:

Oficina Municipal de Turismo de Salobreña
Plaza de Goya s/n
18680 Salobreña (Granada)
✆/Fax 958 61 03 14
www.ayto-salobreña.org

Chiringuito Casa Emilio
Paseo Marítimo s/n, Salobreña
✆ 958 34 94 32
Allein Emilios Chiringuito am Strand ist es wert, einen Aufenthalt in Salobreña einzuplanen! Er übertrifft sich jedes Mal selbst mit noch größeren und besseren *Ensaladas Tropicales*, die alle Fruchtsorten der Landschaft dekorieren. Seine Fischplatte vom Grill und die Paella sind ein Traum. €-€€

Paquillo
Entrada Puerto Pesquero s/n
✆ 958 82 16 11
So Abend und Mo geschl.
Ein Restaurant wie eine Fischbörse: Die Fische werden einem fast noch lebend gezeigt! Das Lokal ist in der Nähe des Hafens und stets gut besucht. €€

Ausflugstipps:

Animaventur
Playa de Velilla s/n (gegenüber dem Tao-Gebäude), Almuñecar
✆ 956 34 92 06
Kurse für Kinder ab dem 4. Lebensjahr, aber genauso für Erwachsene, in: Wasserski, Wassermotorrad, Windsurf. Material kann gemietet werden. Auch Sommercamps werden organisiert.

Jacquy Cotobro
Paseo Cotobra Playa
Almuñecar
✆ 958 63 18 02, Mo geschl.
Jacquy ist ein ehemaliger belgischer Fußballspieler, der vor 22 Jahren an der Playa de Cotobro ein Strandrestaurant eröffnete, in dem sich französisch angehauchte Küche genießen lässt, z.B. Steinbutt mit Seeigelcreme oder Langustenfrikassee mit Austernpilzen. €€

Über schneeweißen Häusern thront die arabische Festung von Salobreña

⓫ Vélez Blanco

Vélez Blanco liegt ganz im Norden der Provinz, abgeriegelt von der **Sierra de María**, einem Zweitausendergebirge. Hier geht Andalusien auch zu Ende, man kommt ins Land von Murcia. Erst denkt man, die Alcazaba auf dem Hügel von Vélez Blanco sei ein Almería im Kleinen, doch etwas genauer betrachtet, kann man feststellen, dass hier ein italienischer Festungsspezialist, Francisco Florentini, und kein Maure am Werk war. Die Zinnen sehen fast wie Knöpfe aus, weniger wuchtig, mehr italienisch verspielt. Auftraggeber war 1515 ein gewisser Marqués de Vélez. Seine Fahne hängt noch immer in der Pfarrkirche. Viele andere Dinge der Burg gingen verloren, gar verkaufte man einen ganzen Patio nach New York, wo er im Metropolitan Museum zu sehen ist.

Farbkontraste in Vélez Blanco

Service & Tipps:

Castillo Vélez Blanco
Vélez Blanco
✆ 950 41 50 01
Zzt. in Restaurierung
Festung eines italienischen Renaissancearchitekten.

El Molino del Reloj
Ctra. A 137, km 163
Vélez Blanco
✆ 950 41 56 00, So/Mo abends geschl.
Die Terrasse des Restaurants eröffnet einen beruhigenden Blick auf die Sierra de Pinos, die Speisekarte ist umfangreich, sodass jeder etwas nach seinem Geschmack finden kann.
€-€€

Ausflugsziel:

Cueva de los Letreros

In der Nähe von Vélez Blanco wurden im 19. Jahrhundert in der **Cueva de los Letreros** Höhlenmalereien entdeckt, die wahrscheinlich um 5000 v. Chr. entstanden sind: Tierdarstellungen und menschliche Figuren. Seit 1998 ist die Höhle Weltkulturerbe.

Hier ist der Ursprung des **El Indalo**, das sympathische Symbol von Almería, das in Spanien jeder kennt. Es schmückt als Aufkleber zahllose Autos und wird voller Stolz als Goldanhänger um den Hals getragen: Wie ein Strichmännlein sieht es aus, das mit ausgebreiteten Armen einen Bogen trägt. Design des 21. Jahrhunderts unterscheidet sich manchmal kaum von der Aussagekraft vor über 7000 Jahren!

Die Höhle liegt im Naturpark der Sierra María. Der Park umfasst 22 500 Hektar, Steppe, Ginster, Kiefernwald und Steineichen wechseln sich ab. Der Hauptort im Park heißt wie die Sierra: **María**. Weiter im Westen und im Landesinneren von Vélez hat man oben in der Sierra los Filabres ein astronomisches Forschungszentrum eingerichtet, das **Observatorio astronómico de Calar Alto**.

Auf 2000 Metern Höhe, wo der Himmel für deutsche und spanische Forscher die größte Transparenz hat, wurden mächtige Teleskope aufgestellt. Denn in der Provinz von Almería ist das Licht zu Hause!

Service & Tipps:

Parque Nacional de Sierra María-Vélez/
Centro de Visitantes
Avda. Marqués de los Vélez s/n
04830 Vélez Blanco
✆ 950 41 53 54, Sommer Mo–Fr 10–14 und 18–20, Winter Mo–Fr 10–14 und 16–18 Uhr

Cueva de los Letreros
C/Acequia grande 18, 04820 Vélez Rubio-Almería, ✆ 950 41 25 27
Sommer tägl. 12–18, Winter nur bis 16.30 Uhr, nur mit Führung und Anmeldung.

Unterkünfte

Hotels, Pensionen, Casas Rurales/Landhäuser und Campingplätze

Die bei den Unterkünften angegebenen Preiskategorien gelten für eine Übernachtung pro Doppelzimmer:

€ - bis 80 Euro
€€ - 80 bis 120 Euro
€€€ - 120 bis 140 Euro
€€€€ - über 140 Euro

HOTELKETTEN

Paradores
Reservierungszentrale
C/Requena 3, 28013 Madrid (España)
✆ 902 54 79 79, Fax 902 54 54 32
www.parador.es, reservas@parador.es
1928 hat König Alfons XIII., der Großvater des derzeitigen Königs Juan Carlos, diese staatliche Hotelkette ins Leben gerufen. In der Regel sind es Vier- und Fünf-Sterne-Hotels, die man in restaurierten historischen Gebäuden wie alten Burgen und Palästen einrichtete.

Die hervorragende Qualität und das Ambiente sind unschlagbar. Über Internet gibt es die Möglichkeit eine »Amigo«-Karte zu erhalten und sich über Sonderangebote zu informieren. Die schönsten Paradores in Andalusien sind in der Hotelliste angegeben.

Estancias de España
Reservierungszentrale
C/Luxemburgo 4, Oficina 5
28224 Pozuelo de Alarcón (Madrid)
Reservierungszentrale: ✆ 902 10 11 59
✆ 913 45 41 41, Fax 917 15 80 64
www.estancias.com, info@estancias.com
Die Hotelkette ist der Organisation »Historic Hotels of Europe« angeschlossen und bemüht sich, historische Gebäude wie alte Klöster, Höfe, Fincas etc. durch die Hoteleinrichtung zu sanieren. In Preis und Qualität lässt sich die Einrichtung mit den staatlichen Paradores vergleichen. Auch hier, wie bei allen anderen Ketten, lohnt der Blick ins Internet für Preisvorteile.

€iajes Rural Andalus
C/Montes de Oca 18
29007 Málaga

Preiswert und landestypisch: Urlaub in einer »Casa Rural«, einem Landhaus

✆ 952 27 62 29
Fax 952 27 65 56
www.ruralandalus.es
ruralandalus@ruralandalus.es
Eine vom Tourismusamt mehrfach prämierte Einrichtung und eine Art von Tourismus, die derzeit die größte Expansion hat. Man organisiert den Familienurlaub in einem Landhaus, einer Casa Rural, mit Wohnzimmer und Kücheneinrichtung. Preiswert und schön, für Naturfreunde ideal, die das Hotel nicht in Großstädten suchen.

Tryp und **Solmelià** sind zwei der großen zusammengehörenden spanischen Ketten, die qualitätsvolle meist Vier-Sterne-Hotels anbieten. Im Internet kann man sich über Sonderangebote informieren:
www.solmelia.com. Außerdem zu empfehlen und von ähnlichem Standard und Preisniveau: www.occidental-hoteles.com, www.hoteles-hesperia.es und www.nh-hotels.com.

ALGECIRAS

Huerta Grande
Crta. Cádiz–Málaga N340/km 96, Pelayo
11390 Algeciras
✆ 956 67 97 00, 616 48 90 64
www.huertagrande.com
Die Anlage besteht aus klimatisierten Holzbungalows, bei Tarifa und am Nationalpark Los Alcornocales gelegen, d.h. von Natur wird das Auge umgeben. Das dazugehörige Restaurant befindet sich in einem historischen Gebäude. €€

Unterkünfte

ALHAMA DE GRANADA

Hotel Balneario
Ctra. del Balneario s/n
18120 Alhama de Granada (Granada)
✆ 958 35 00 11, Fax 958 35 02 97
info@balnearioalhamadegranada.com
Die Badeanstalt mit Spa geht auf die Römerzeit zurück und besitzt eine Zisterne aus dem 11. Jh.! Die Klientel ist älteren Jahrgangs. €€

ALMERÍA

AM Torreluz IV
Plaza Flores 5, 04001 Almería
✆ 950 23 43 99, Fax 950 28 14 28
www.torreluz.com, torreluz@torreluz.com
Im Zentrum gelegen entwickelte es sich zum Lieblingshotel von Künstlern und Toreros. Mit Terrasse und Pool. Gleich nebenan steht ein zweites Torreluz-Hotel einer niedrigeren Kategorie. €€

Balneario de Sierra Alhamilla
Sierra Alhamilla, 04259 Pechina
(10 km von Almería)
✆ 950 31 74 13, Fax 950 16 02 57
sierraalhamilla@gmail.com
Eine Badeanstalt aus dem 18. Jh., die über Bauresten einer römischen und dann arabischen Badeanstalt errichtet wurde. Hydrothermalkur mit Wasser, das mit 58 Grad aus der Erde kommt. Maurisches Restaurant und Einrichtungen im maurischen Stil vervollständigen das Angebot. €€

Gran Hotel Almería
Avda. Reina Regente 8, 04001 Almería
✆ 950 23 80 11, Fax 950 27 06 91
www.citymar.com
Das renovierte Hotel bietet einen exzellenten Blick aufs Meer und den Fischereihafen. In der Suite Real haben schon Spaniens König Juan Carlos und Königin Sofía geschlafen. €€€

Hotel Costasol
Paseo de Almería 58, 04001 Almería
✆ 950 23 40 11, Fax 950 23 42 12
www.hotelcostasol.com
recepcion@hotelcostasol.com
Hotel im Zentrum, das den Stil der 60er Jahre bewahrt hat. 50 Zimmer. €€

Hostal Nixar
C/Antonio Vico 24, 04003 Almería
✆ /Fax 950 23 72 55
Zentral gelegenes kleines Hotel zu kleinem Preis. Zimmer mit Balkon sind zu bevorzugen, die anderen sind etwas dunkel. €

ALPUJARRAS

Miramar
Avda. de las Alpujjarras 10
18420 Lanjarón (Granada)
✆/Fax 958 77 01 61
info@elhotelmiramar.com
Klassisch eingerichtet mit angenehmen Aufenthaltsräumen. Ein Balneario im Zentrum des Heilwasserortes Lanjarón, allerdings mit etwas veralteten Badeanlagen. €

€illa Turística de Bubión
C/Barrio Alto s/n
18412 Bubión (Granada)
✆ 958 76 39 09, Fax 958 76 39 05
bubion@villabubion.com
43 Bungalows im Herzen der Alpujarras. Die Häuschen haben jeweils einen Kamin, sind geräumig und hell. Auch einen Pool gibt es. €-€€

€illa Turística de Laujar
Camino del Calvache, Cortijo de la Villa
04470 Laujar de Andarax (Almería)
✆ 950 51 30 27
Fax 950 51 35 54
comercial@servimar.net
Ein Appartment-Komplex in der Alpujarra von Almería. In der Küche wird Gemüse aus dem eigenen Garten verarbeitet. Fotosafari und Jeepausflug in den Naturpark werden organisiert. €€

ANTEQUERA

La Posada del Torcal
Partido de Jeva, Parque del Torcal
Villanueva de la Concepción
(15 km von Antequera)
29230 Antequera (Málaga)
✆ 952 03 11 77 oder ✆ 629 53 40 55
Fax 952 11 19 83
www.laposadadeltorcal.com
Ein typischer andalusischer Cortijo im Grünen. Jedes seiner 10 Zimmer ist einem spanischen Maler gewidmet. Guter Geschmack in der Dekoration. Mit Pool und Fitnessraum. €€€€

Lozano
Avda. Principal 2, Polígono Industrial A 6-7
29200 Antequera (Málaga)
✆ 952 84 27 12, Fax 952 84 20 12
hotellozano@hotellozano.com
An der Einfahrt nach Antequera, komplett restauriert. €

ARCOS DE LA FRONTERA

Marqués de Torresoto
C/Marqués de Torresoto 4
11630 Arcos de la Frontera (Cádiz)
✆ 956 70 07 17, Fax 956 70 42 05
marques-torresoto@tugasa.com
Eine preiswerte Alternative zum luxuriösen Parador: ein Palast inmitten des historischen Zentrums aus dem 17. Jh. Antiquarisches Mobiliar, Hauskapelle und Patio. 15 Zimmer. €

AYAMONTE

Parador
Avda. de la Constitución s/n
21400 Ayamonte (Huelva)
✆ 959 32 07 00, Fax 959 02 20 19
ayamonte@parador.es
Ein privilegierter Standort am Guadiana-Fluss und an der Atlantikküste. Im Restaurant verwöhnt man mit Speisen wie Rochen in Paprika oder Seeteufel. €€€€

Ria€ela
C/Canto de la Villa s/n
21400 Ayamonte (Huelva)
✆ 959 47 19 19, Fax 959 47 19 29
riavela@terra.es
Rustikale Dekoration und Modernes. Außerhalb des Ortes gelegen. €-€€

BAEZA/ÚBEDA

TRH Baeza
C/Concepción 3, 23440 Baeza
✆ 953 74 81 30
Fax 953 74 26 19
www.hoteltrhbaeza.com
Das Hotel liegt direkt im Ortskern und wurde auf den Resten eines Konvents aus dem 16. Jh. erbaut. Mit Garage. Freundlicher Service und gutes Restaurant. €

Hotel Fuentenue€a
C/Carmen 15, 23440 Baeza
✆ 953 74 31 00, Fax 953 74 32 00
www.fuentenueva.com
reservas@fuentenueva.com
Das Hotel überrascht mit seiner Designer-Einrichtung und dem günstigen Preis. Es liegt im historischen Zentrum. Ein kleiner Pool und ein »aisatischer Garten« bieten Entspannung. Außerdem werden Apartments angeboten. €-€€

Palacete Santa Ana
C/Santa Ana Vieja 9, 23440 Baeza
✆/Fax 953 74 16 57
www.palacetesantana.com
info@palacetesantana.com
Ein Palästchen aus dem 16. Jh. mit eleganter Dekoration und Patios. Im Zentrum, 13 Zimmer. €

Hotel Paraje La Lambra
Carretera Canena Arquillos km 3
23430 Rus-Jaén
✆ 953 12 71 15, 609 58 00 99, www.lalambra.com
Das Landhotel liegt am Stausee Giribaile, 30 Min. vom Naturpark Cazorla und 10 Min. von Baeza und Úbeda entfernt, umgeben von Steineichen. €

Parador
Plaza Vázquez Molina s/n, 23400 Úbeda
✆ 953 75 03 45, Fax 953 75 12 59
ubeda@parador.es
Am Hauptplatz und zugleich eine Hauptsehenswürdigkeit. Der Renaissance-Innenhof ist mehr als sehenswert. Spezialität des Restaurants: Zicklein mit Pinienkernen. €€€

Palacio de la Rambla
Plaza del Marqués 1, 23400 Úbeda
✆ 953 75 01 96, Fax 953 75 02 67
www.palaciodelarambla.com
Mitte Juli–Anfang Aug. geschl.
In diesem Palast ist alles Renaissance. Er gehörte der Adelsfamilie Rambla und ist heute auch ein Familienbetrieb mit 8 Zimmern, ein Parador im Kleinformat. €€

Hotel SPA Sierra de Cazorla
Ctra. de la Sierra s/n, 2 km vor Cazorla
23476 La Iruela
✆ 953 72 00 15, Fax 953 72 00 17
www.hotelssierradecazorla.com
info@hotelsierradecazorla.com

Zimmer im kastilischen Stil. Ein Hotel an der Landstraße, die in den Naturpark führt. Es besteht aus 3 Gebäuden mit Panoramablick in die Berge. Dazu gehört ein Spa mit Öl-Therapie. Möglichkeit organisierter Ausflüge. €€

Noguera de la Sierpe
Ctra. del Tranco, km 13, 25 km vor Cazorla
23478 Coto Ríos
✆ 953 71 30 21, Fax 953 71 31 09
Am Ufer des Guadalquivir gelegen. Die Finca ist 50 000 m^2 groß und hat einen Privatsee zum Angeln und eine Reitschule. Man merkt, dass es früher ein Jagdhaus war: Trophäen schmücken die Wände. Mit Pool. €€

CABO DE GATA-NIJAR

Las Salinas de Cabo de Gata
Calle Almadraba de Monteleva s/n
04150 Almería, ✆ 950 37 01 03, Fax 950 37 12 39
www.lasalinascabodegata.com, Okt. geschl.
Ein zweistöckiges Haus mit Zimmerterrassen, Kamin, Klimaanlage und Blick auf Meer, Salinen und Naturpark. €-€€

Cortijo El Sotillo
San José/an der Einfahrtsstraße
04118 Almería
✆ 950 61 11 00, Fax 950 61 11 05
www.cortijoelsotillo.com
Das Hotel ist ein alter Reiterhof, mit klimatisiertem Schwimmbad und Reitmöglichkeit.
€€-€€€€

CÁDIZ

Hostal Bahía
C/Plocia 5, 11002 Cádiz
✆ 956 25 91 10, Fax 956 25 42 08
Ein kleines Hotel mit 21 Zimmern im historischen Zentrum. Gutes Preis-Leistungs-Verhältnis, moderne Zimmer. €-€€

Fantoni
C/Flamenco 5, 11005 Cádiz
✆ 956 28 27 04, Fax 956 28 27 04
www.hostalfantoni.es
In der Fußgängerzone von Cádiz. 18 Zimmer mit Klimaanlage und Heizung. €

Playa Victoria
Glorieta Ingeniero La Cierva 4
11010 Cádiz
✆ 956 20 51 00, Fax 956 26 33 00
www.palafoxhoteles.com
Ein modernistisches Hochhaus, das auch in Miami Beach stehen könnte. Alle Zimmer haben Meerblick. Luxuriöse Einrichtung mit viel Komfort, auch mit Pool. €€€

Tryp Caleta
Avenida Amílcar Barca 47
11009 Cádiz
✆ 956 27 94 11, Fax 956 25 93 22
tryp.la.caleta@solmelia.com
Funktional und schön: Das Tryp liegt direkt am Paseo Marítimo. Gutes Frühstücksbuffet!
€€-€€€

CARMONA

Casa de Carmona
Plaza de Lasso 1, 41410 Carmona (Sevilla)
✆ 954 19 10 00, Fax 954 19 01 89
www.casadecarmona.com
Absoluter Luxus und sich fühlen wie ein Schlossherr: in Carmona, inmitten des historischen Zentrums mit Pool, Reit- und Fahrradmöglichkeit. Das hübsche Städtchen liegt nur 30 Autominuten von Sevillas Zentrum entfernt. Das Hotel wäre als Ausgangspunkt für Sevilla-Besuche eine gute Idee. Elegantes Restaurant und Billard-Saal. €€€-€€€€

Parador
Alcázar s/n, 41410 Carmona (Sevilla)
✆ 954 14 10 10, Fax 954 14 17 12
carmona@parador.es
Es war der Palast Peters des Grausamen, der völlig umstrukturiert wurde und einen Patio im Stile des Löwenhofs der Alhambra besitzt. Der Pool liegt in einem lauschigen Garten mit Pavillons, die Restaurantterrasse lässt weit blicken und im Restaurant sollte man Spinat mit Kichererbsen und Rebhuhn probieren. €€€-€€€€

Hacienda El Triguero
Ctra. Carmona-El Viso del Alcor (N-398)
km 18, 41410 Carmona (Sevilla)
✆/Fax 955 95 36 26, www.eltriguero.com
Zwischen Stieren und Olivenbäumen und vor den Toren Carmonas (4 km) liegt die alte Hacienda, die der Organisation Casas Rurales angeschlossen ist. Es ist immer noch ein Landwirtschaftsbetrieb und zum Frühstück gibt es hausgemachte Marmeladen und Brot. Toller Pool! Sehr ruhig. €

CHICLANA DE LA FRONTERA

Alborán
Plaza de Andalucía 1, 11130 Cádiz
✆/Fax 956 40 39 06 und 956 40 39 06
www.hotelesalboran.com
chiclana@hotelesalboran.com
Neue Sanitäreinrichtungen, funktional und modern im Zentrum von Chiclana. €€

Meliá Novo Sancti Petri
Urb. Novo Sancti Petri s/n
11139 Novo Sancti Petri (Cádiz)
✆ 956 49 12 00, Fax 956 49 70 53
www.melia-sanctipetri.com
melia.sancti.petri@solmelia.com
Das erste Hotel an der 8 km langen Playa Barrosa! Im Stile eines andalusischen Palastes konstruiert, eines seiner Restaurants heißt dementsprechend Alhambra. €€€€

CHIPIONA

Cruz del Mar
Avda Sanlúcar 1
11550 Chipiona (Cádiz)
✆ 956 37 11 00, Fax 956 37 13 64
Das Hotel liegt zu Füßen der Playa Cruz del Mar und 300 m vom Sporthafen entfernt. Das Gebäude besteht aus zwei Teilen: einem mit Terrassen zum Meer hin und den Doñana-Park als Hintergrund, dem anderen im andalusischen Stil. Der Golfplatz La Ballena liegt in der Nähe und das Hotel hat einen privaten Strandclub. €€

Las Galias
Avda. de Sevilla 65
11550 Chipiona (Cádiz)
✆/Fax 956 37 09 10
www.hostallasgalias.com
Ein familiäres Hostal in einem zweistöckigen Haus. Die Zimmer sind komfortabel eingerichtet, außerdem gibt es eine Terrasse und einen Patio. Nur 50 m vom Strand! €

CONIL DE LA FRONTERA

Flamenco
Urb. Fuente del Gallo s/n
11140 Conil de la Frontera (Cádiz)
✆ 956 44 07 11, Fax 956 44 05 42
Ein ruhiges Wohnviertel und etwas abseits des Rummels im Ort mit kleinem Strand. Bei Flut kommt das Wasser fast ans Hotel. Intime Terrasse und schöner Meerblick. €€

Fuerte Conil
Playa de la Fontanilla s/n
11140 Conil de la Frontera (Cádiz)
✆ 956 44 33 44, Fax 956 44 23 00
conil@fuertehoteles.com
Andalusisches Design und zudem respektvoll mit Umweltschutz und Umgebung. Geräumige Zimmer und jede Menge Freizeit- und Sportmöglichkeiten. Golfplatz vorhanden. €€€

CÓRDOBA

NH Amistad Córdoba
Plaza de Maimonides 3
14004 Córdoba
✆ 957 42 03 35, Fax 957 42 03 65
nhamistadcordoba@nh-hotels.com
Besser kann die Lage kaum sein: Im jüdischen Viertel direkt neben der Synagoge und an der Stadtmauer entstand auf historischen Bauresten ein Designhotel der Kette NH mit dem üblichen Komfort. €-€€€

Conquistador
C/Magistral González Francés 15–17
14003 Córdoba
✆ 957 48 11 02, Fax 957 47 46 77
www.hotelconquistadorcordoba.com
Mit allem Luxus ausgestattet und unlängst renoviert. Orientalischer Stil direkt an der Mezquita gelegen. Garage vorhanden. €€-€€€

Hotel Lola
C/Romero 3, 14003 Córdoba
✆ 957 20 03 05, Fax 957 20 02 18
www.hotelconencantolola.com
Mit Patio und Blick auf den Glockenturm der Kathedrale/Mezquita. 8 Zimmer mit arabischen Namen und Dekor. €€

Maimonides
C/Torrijos 4, 14004 Córdoba
✆ 957 47 15 00, Fax 957 48 38 03
www.eurostarshotels.com
2000 restauriert und direkt neben der Mezquita. Mit Tiefgarage. Dazu gehört das Restaurant Bandolero nebenan. Trotz zentraler Lage ruhig. €€€

Al-Mihrab
Avda. del Brillante, km 5

14012 Córdoba
✆/Fax 957 27 21 98
Außerhalb des Zentrums, in einem Wohngebiet oberhalb der Stadt, in dem sich einige Hotels konzentrieren, wie z.B. der Parador. Al-Mihrab ist eine preiswerte Alternative mit Pool, Aussicht auf die Stadt und Garten. Das Gebäude ist ein Palast aus dem 19. Jh. €

EL PUERTO DE SANTA MARIA

Dunas Puerto
Camino de los Enamorados s/n
11500 El Puerto de Santa María (Cádiz)
✆ 956 85 03 11, Fax 956 85 02 50
www.hoteldunas.es, dunas@hoteldunas.es
Das Hotel besteht aus Bungalows in einem Pinienwald außerhalb der Stadt. €€

Hotel Duques de Medinaceli
Plaza de los Jazmines 2
11500 El Puerto de Santa María (Cádiz)
✆ 956 86 07 77, Fax 956 54 26 87
www.jale.com/dmedinaceli
Um einen eleganten Patio sind die 28 Luxussuiten angeordnet mit barockem Mobiliar und sogar einer Hauskapelle. Der Palast der Medinacelis und der Terrys ist eine Sehenswürdigkeit für sich. Ein botanischer Garten, Swimmingpool und Terrassenrestaurant direkt neben der Bodega spenden Erholung. Polizeipräsenz vor dem Hotel verrät, ob gerade eine wichtige Persönlichkeit zu Gast ist. €€€€

Monasterio de San Miguel
C/Larga 27
11500 El Puerto de Santa María (Cádiz)
✆ 956 54 04 40, Fax 956 54 26 04
monasterio@jale.com
Die zweite Adresse in El Puerto: Ein modern umgestalteter Konvent im Zentrum. Mit Pool und schönem Kreuzgang. Das Restaurant allerdings hat wenig Charme und mit Reisegruppen muss man rechnen. €€€

EL ROCÍO

Camping La Aldea
Ctra. El Rocío, km 25 Apdo. Correos n 1
21750 El Rocío-Almonte (Huelva)
✆ 959 44 26 77, Fax 959 44 25 82
www. campinglaaldea.com
Moderner Campingplatz mit Restaurant und Pool am Eingang zum Nationalpark La Doñana und beim Wallfahrtsort El Rocío. 15 Min. vom Strand entfernt. Möglichkeit für Jeepausflüge und zum Reiten. €

Cortijo de los Mimbrales
Ctra. A 483, km 30, 21750 El Rocío
✆ 959 44 22 37, Fax 959 44 24 43
www.cortijomimbrales.com
Schöne Finca mit Orangenplantage. 6 Häuser und 21 Zimmer. Reiten und Biken sind möglich. Swimmingpool. €€

Hotel y Restaurante Toruño
C/Plaza Acebuchal 22, 21750 El Rocío
✆ 959 44 23 23, Fax 959 44 26 26
www.toruno.es
Das Hotel ist mit dem »Etiqueta Doñana 21« ausgezeichnet für besondere Verdienste in Sachen Umweltschutz im Doñana-Gebiet. 30 Zimmer mit zauberhaftem Dünenblick, Strand und Nähe zum Ortszentrum El Rocío. Schmuckes Restaurant mit Gartenbetrieb. €€

ESTEPONA

Altamarina
Avda. San Lorenzo 32
29680 Estepona (Málaga)
✆ 952 80 61 55, www.hotelaltamarina.com
Zentral gelegenes Hotel, das gerne von Geschäftsleuten besucht wird, 150 m vom Strand. €-€€

Albero Lodge
Támesis 16. Ctra. N 340, km 164,5
29680 Estepona (Málaga)
Urb. Finca La Cancelada
✆ 952 88 07 00, Fax 952 88 52 38
www.alberolodge.com
Ein verträumtes Hotel am Meer, von Gärten umgeben. Die Eigentümer haben die Zimmer im Stil von Großstädten thematisch gestaltet: Berlin, Florenz, New York etc. Mit Pool. €€

Las Dunas Beach Hotel & Spa
C/La Boladilla Baja
Ctra. N 340, km 163,5
29689 Estepona (Málaga)
✆ 952 80 94 00, Fax 952 80 94 06
www.las-dunas.com
Sehr luxuriös und mit Olivenhain, dazwischen

tropische Pflanzen. Springbrunnen im Stil des Generalife, pastellfarbene Dekoration. Schönheitsfarm und Klinik gehören zum Komplex. In der Kette »The Leading Hotels of the World«. €€€€

Kempinski Hotel
Playa El Padrón, Ctra. N 340, km 159
29680 Estepona (Málaga)
✆ 952 80 95 00, Fax 952 80 95 50
www.kempinski-spain.com
Neben der Stadt und direkt am Strand. Thematische Zimmer im Safari-Look. Innen- und drei Außenpools. Beach-Club und Schönheitssalon. €€€€

FRIGILIANA

Las Chinas
Plaza Capitán Cortés 14
29788 Frigiliana (Málaga)
✆ 952 53 30 73, Fax 952 53 30 73
Geöffnet März–Dez., 9 Zimmer
Ein andalusisches Dörflein, in dem es statt Autos Esel-Taxis gibt, um nach oben zu gelangen. Madrids Intellektuelle verbringen hier ihre Ferien. Die Pension hat einfache Zimmer, aber dafür mit Meerblick. €

Los Caracoles
Ctra. Frigiliana-Torrox, 6 km nordöstl. von Frigiliana, Apda. Correos 145
29788 Málaga, ✆/Fax 952 03 06 80
www.hotelloscaracoles.com
Im Gebirge Sierra de Tejeda überblickt man das Meer und die Dörfer ringsum. 6 Zimmer und modernistische Schneckenbauform. Mit Pool. €-€€€€

FUENGIROLA

Ángela
Calle Jaén 2
29640 Fuengirola (Málaga)
✆ 952 47 52 00, Fax 952 46 30 38
www.hotel-angela.com
Strandhotel für Sonnenurlauber. Speiseraum mit Buffetangebot. Mit Tennisplatz und klimatisiertem Innenpool. Hotel mitten im Küstentrubel. €€€€

Yaramar
Paseo Marítimo Rey de España
29640 Fuengirola (Málaga)
✆ 952 92 11 00, Fax 952 47 30 10
recepcion@hotelyaramar.es
Derselbe Eigentümer wie Hotel Ángela baute das neue Haus direkt daneben. Modern und funktional, zusätzlich gibt es noch einen Fitnessraum. €€

GRANADA

AC Palacio de Santa Paula
C/Gran Vía de Colón 31, 18001 Granada
✆ 958 80 57 40, Fax 958 80 57 41
psantapaula@ac-hotels.com
Die Hotelkette AC hat den alten Konvent Santa Paula restauriert und Historisches mit modernem Design geschmackvoll verbunden. Nach dem Parador auf der Alhambra ist dieses AC momentan vielleicht das schönste Hotel in Granada, zentral in Nähe der Kathedrale gelegen. Vom Speiseraum aus sieht man in den Kreuzgang. €€€€

Alhambra Palace
Plaza Arquitecto García de Paredes 1
18009 Granada
✆ 958 22 14 68, Fax 958 22 64 04
reservas@h-alhambrapalace.es
Ein einzigartiger Palast auf dem Alhambra-Hügel, dessen rote Fassadenfarbe schon von weitem sichtbar ist. Die maurisch inspirierte Architektur bietet unglaublichen Ausblick auf die Sierra Nevada und auf die Stadt. €€€€

Parador de Granada
C/Real de la Alhambra s/n
18009 Granada
✆ 958 22 14 40, Fax 958 22 22 64
granada@parador.es
Das erste Kloster, das Königin Isabella nach der Eroberung Granadas stiftete, liegt auf der Alhambra. Jedes Zimmer ist anders gestaltet. Der Garten und die Höfe machen den Aufenthalt zum Erlebnis. Man muss nur lange im Voraus reservieren! €€€€

América
C/Real de la Alhambra 53
18009 Granada
✆ 958 22 74 71, Fax 958 22 74 70
reservas@hotelamericagranada.com
Ein Familienbetrieb mit nur 16 Zimmern und einer Suite auf der Alhambra. Schöner Patio und

blumenüberzogene Fassade. Leider kein Geheimtipp, aber traumhaft gelegen, direkt neben dem Nasridenpalast. Zeitig reservieren! €€€

Palacio de Santa Inés
Cuesta de Santa Inés 9
18010 Granada
✆ 958 22 23 62, Fax 958 22 24 65
www.palaciosantaines.com
Ein Mudéjar-Haus aus dem 16. Jh. mit lauschigem Patio und Wandmalereien inmitten des Albaicín. €€-€€€

Carmen de Santa Inés
Placeta de Porras 7, 18018 Granada
✆ 958 22 63 80, Fax 958 22 44 04
www.carmensantaines.com, sinescar@teleline.es
Klein, aber fein: Das renovierte arabische Haus hat nur 9 Zimmer! Dachbalken und Holzdecken aus dem 16. und 17. Jh. sowie ein Patio schaffen historisches Ambiente. €-€€

Casa Morisca
Cuesta de la Victoria 9, 18010 Granada
✆ 958 22 11 00, Fax 958 21 57 96
www.hotelcasamorisca.com
Ein Maurenhaus aus dem 15. Jh. mit Säulenpatio. Wie der Name schon verrät: arabische Dekoration, auch im Frühstücksraum. 14 Zimmer mit Traumblick auf die Alhambra. €€€-€€€€

Camping Motel Sierra Nevada
Avda. de Madrid 107, 18014 Granada
✆ 958 15 00 62, Fax 958 15 09 54
www.campingsierranevada.com
Camping, Appartements und Zimmer auf dem Weg Richtung Madrid, 3 km außerhalb Granadas. Großzügiger Garten mit Pool. Auch Tennisplatz und Restaurant sind vorhanden. €

Hotel Comercio
Mira de Amezcua 3
18500 Guadix (Granada)
✆ 958 66 05 00, Fax 958 66 50 72
hotelcomercio@moebius.es
Zentral gelegen in Guadix, 7 km von den berühmten Höhlenwohnungen Purullenas entfernt. Exzellente Küche, 24 rustikal eingerichtete Zimmer. Mit Spa. €

Cuevas Pedro Antonio de Alarcón
Barriada de San Torcuato
18500 Guadix (Granada)
✆ 958 66 49 86, Fax 958 66 17 21
cavehotel@infonegocio.com
2,5 km nördlich von Guadix auf der Landstraße Richtung Murcia
Eine einmalige Schlafgelegenheit: prähistorische Höhlen. 20 Appartement-Höhlen, Garten und Schwimmbad sind vorhanden und ein einfaches, aber gutes Restaurant. Jede Höhle hat Fernsehen, Küche und Kühlschrank, jeweils für 4–8 Personen. €

Kenia Nevada
C/Virgen de las Nieves 6
18196 Sierra Nevada (Granada)
✆ 958 48 09 11, Fax 958 48 08 07
www.kenianevada.com
Holz und Stein als Berghoteldekoration. Im Restaurant gibt es ein Buffet. Eines der wenigen Hotels in der Sierra Nevada, die das ganze Jahr über geöffnet haben, 30 km von Granada entfernt und direkt bei Sessellift und Kabinenbahn gelegen. Sauna, Fitnessraum und Schwimmbad vorhanden. €€

GRAZALEMA

Casa de las Piedras
C/Las Piedras 32
11610 Grazalema (Cádiz)
✆/Fax 956 13 20 14
info@casadelaspiedras.net
Ein Komplex mehrerer typischer Bauernhäuser, im neuen Teil mit Heizung. Der Speiseraum der Pension hat einen offenen Kamin. Im Patio isst man im Sommer. Landestypische Küche mit den Produkten aus der Region. 16 Zimmer. €

Villa Turística de Grazalema
C/El Olivar s/n, 11610 Grazalema (Cádiz)
✆ 956 13 21 36, Fax 956 13 22 13
villa-turistica@tugasa.com
Vor dem Ort gelegen und regional eingerichtet. Schöner Bergblick. Schwimmbad vorhanden. €

Hotel Fuerte Grazalema
A 372, km 53, 11610 Grazalema (Málaga)
✆ 956 13 30 00, Fax 956 13 30 01
grazalema@fuertehoteles.com
Das Hotel ist eine urige Alternative zur Puerta de la Villa. Die Zimmer haben fast alle eine Terrasse, und man schläft inmitten des Naturparks. €€

Hotel Puerta de la Villa
Plaza Pequeña 8, 11610 Grazalema
✆ 956 13 23 76, Fax 956 13 20 87

www.grazalemahotel.com
Vier-Sterne-Hotel am Platz. €€€

HUELVA

Hotel Familia Condes
C/Alameda Sundheim 14
21003 Huelva
✆ 959 28 24 00, Fax 959 28 50 41
reservas@hotelfamilia.com
Sehr gutes Preis-Leistungs-Verhältnis. Modernes Stadthotel, das überwiegend von Geschäftsleuten frequentiert wird. €

NH Luz Huelva
C/Alameda Sundheim 26, 21003 Huelva
✆ 959 25 00 11, Fax 959 25 81 10
nhluzhuelva@nh-hotels.
Modern und gewohnter NH-Komfort, ganz nah am Zentrum. €€

ISLA CANELA

Vincci Seleccion Canela Golf
Ctra. Isla Canela
21409 Ayamante (Huelva)
✆ 959 47 78 30, Fax 959 47 78 31
canelagolf@vincci-hoteles.com
Andalusisch-portugiesischer Mischstil in der Einrichtung. Das Hotel bietet allen Komfort und Luxus, durchgehaltenes Design, so wie man es von dieser erstklassigen Hotelkette gewohnt ist. €€€€

ISLA CRISTINA

Los Geranios
Avda. de la Playa s/n
21410 Isla Cristina (Huelva)
✆ 959 33 18 00, Fax 959 33 19 50
geraniosh@yahoo.com
In diesem Hotel spielen die Farben eine besondere Rolle: Der Anstrich verleiht Gemütlichkeit. Moderne Badezimmer. Mit Pool und 150 m vom Strand. €€

Paraíso Playa
Avda. de la Playa s/n
21410 Isla Cristina (Huelva)
✆ 959 33 02 35, Fax 959 34 37 45
www.hotelparaisoplaya.com
Freundlicher Familienbetrieb. Mit Kinderschwimmbad und deshalb ein Tipp für Familienurlauber. €€

JAEN

Parador
Castillo de Santa Catalina, 23001 Jaén
✆ 953 23 00 00, Fax 953 23 09 30
www.parador.es
Eine großartige Lage über der Stadt, Blick auf endlose Olivenhaine und Bergzüge: Die renovierte Araberburg aus dem 13. Jh. ist heute ein Hotel, sogar mit Pool! Tolle Wanderrouten kann man von der Burg aus unternehmen. €€€-€€€€

Xauen
Plaza Deán Mazas 3, 23001 Jaén
✆ 953 24 07 89, Fax 953 19 03 12
reservas@hotelxauenjaen.com
Komfortabel und zentral, mit Snackbar und gratis Wifi. €€

JEREZ DE LA FRONTERA

DB Hotel Doña Blanca
C/Bodegas 11, 11402 Jerez de la Frontera
✆ 956 34 87 61, Fax 956 34 85 86
www.hoteldonablanca.com
Familiäres Hotel inmitten der historischen Altstadt von Jerez. 30 Zimmer mit Klimaanlage, Minibar und Tiefgarage. €€

Jerez
Avda. Alcalde Alvaro Domecq 35
11405 Jerez de la Frontera
✆ 956 30 06 00, Fax 956 30 50 01
reservas@jerezhotel.com
Die Nummer 1 in Jerez. Ein Capricho, mit großem Garten. Nachteil: Ins Zentrum benötigt man ein Transportmittel. €€€€

Tryp Jerez
C/Alameda Cristina 13
11403 Jerez de la Frontera
✆ 956 32 70 30, Fax 956 33 68 24
tryp.jerez@solmelia.com
Das Tryp hat eine schlichte, elegante Linie. Die Fassade des ehemaligen Domecq-Palastes ist vorzüglich restauriert. Und eines der guten Hotels, das direkt im Zentrum, an der Fußgängerzone, liegt. €€-€€€€

Serit
C/Higueras 7

11402 Jerez de la Frontera
✆ 956 34 07 00, Fax 956 34 07 16
info@hotelserit.com
Ein Familienbetrieb mit 35 Zimmern, angenehm eingerichtet und zentrale Lage in der Nähe des Alcázars. €

LOJA

Abades Loja Hotel
A 92 Málaga-Granada, km 192
18300 Loja (Granada)
✆ 958 32 72 00, Fax 958 32 38 04
reservas@abades.com
Ein typisches Landstraßenhotel, für den, der billig und schnell eine Unterkunft sucht. Vorteil: Man kann gut Ausflüge in die Umgebung unternehmen. Zum Hotel gehört ein Andenkenladen, ein Self-Service und ein Supermarkt. €

La Bobadilla
Finca La Bobadilla. Ctra. Granada-Loja/A 92 nach Sevilla, km 175
18300 Loja (Granada)
✆ 958 32 18 61, Fax 958 32 18 10
www.barcelolabobadilla.com
Ein Traum, ein Paradies und eine andere Art zu leben – so könnte man das Bobadilla am einfachsten beschreiben. 350 Hektar ist die Anlage groß. Zu allem Luxus gehört ein klimatisiertes Innenschwimmbad, Sauna, Türkisches Bad, Fahrräder und Pferde. Dazu passt das erstklassige, rustikal eingerichtete Restaurant. Leckereien wie Hummergazpacho oder Austernpilzravioli mit Täubchen stechen aus der Speisekarte hervor. €€€€

LUQUE

Zuhayra
C/Mirador 10 in Zuheros, 2 km von Luque
14900 Luque (Córdoba)
✆ 957 69 46 93, Fax 957 69 47 02
zuhayra@teleline.es
Das Hotel liegt außerhalb des Dorfes im Naturpark Sierra Subbética, Andalusiens geographische Mitte. Im Salon gibt es Kaminfeuer und das Schönste: den Patio. Landestypische Küche, Pool und Air-Condition runden das Angebot ab. €

MÁLAGA

AC Palacio
Cortina del Muelle 1, 29015 Málaga
✆ 952 21 51 85, Fax 952 22 51 00
mpalacio@ac-hoteles.com
Direkt neben der Kathedrale und mit Schwimmbad auf dem Dach. Nach dem Parador das edelste Hotel der Stadt! Die Mini-Bar ist inbegriffen. €€€€

Hostal Elcano
Avda. Juan Sebastián Elcano 103
29017 Málaga
✆ 952 20 43 03
Schönes Hostal in einem Wohnviertel und nur zwei Gehminuten vom Strand entfernt. Golf, Reiten, Wassersportclub und Tennis sind gleich in der Nähe zu finden. €–€€

Monte Victoria
C/Conde de Ureña 58
29014 Málaga
✆ 952 65 65 25, Fax 952 65 65 24
info@hotelmontevictoria.com
Klein aber fein: 8 Doppelzimmer mit Terrasse, hinter der Alcazaba, in einem Wohnviertel und 5 Gehminuten vom historischen Zentrum entfernt gelegen. Zimmer mit Panoramablick! €€

Parador de Málaga Gibralfaro
Castillo de Gibralfaro s/n
29016 Málaga
✆ 952 22 19 02, Fax 952 22 19 04
gibralfaro@parador.es
Eine traumhafte Lage über der Stadt und am Gibralfaro. Man blickt auf den Hafen und die Stierkampfarena. Den Stierkampf erlebt man sozusagen ohne Eintritt zu zahlen. Ein Schwimmbad befindet sich auf dem Sonnendach. Sehr gute Küche mit Terrassenbetrieb. An Sonntagen Treffpunkt der Malageños. €€€€

Parador de Málaga Golf
Apto. de Correos 324
29080 Málaga
✆ 952 38 12 55, Fax 952 38 89 63
malaga@parador.es
Der Parador ist nur 12 km von Málaga entfernt und über die N 340 leicht zu erreichen. Der 18-Loch-Golfplatz wurde von Tom Simpson 1925 entworfen und liegt direkt am Meer. Auch eine Golfschule gehört zum Hotel. Wie in allen Paradores: besonders gute landestypische Küche! €€€€

MARBELLA

Artola
Ctra. Cádiz, km 194
29600 Marbella (Málaga)
✆ 952 83 13 90, Fax 952 83 04 50
www.hotelartola.com
In der Nähe der Dünen Marbellas und von Pinien umgeben: Das familiäre Hotel hat einen 9-Loch-Golfplatz. Und Pool! Hunde erlaubt! €€

Incosol Hotel Spa
Urb. Golf Río Real s/n
Ctra. de Cádiz, km 195
29603 Marbella (Málaga)
✆ 952 86 09 09, Fax 952 82 30 53
www.incosol.com
Hotel und Klinik, ideal, um nach Stress und Arbeit wieder aufzutanken. 900 m vom Strand mit herrlichem Blick aufs Meer. Aufmerksames und professionelles Personal. Pool, Tennis- und Golfplatz, Fitnessraum und Sauna. €€€€

Le Meridien los Monteros
Ctra. de Cádiz, km 187
29600 Marbella (Málaga)
✆ 952 77 17 00, Fax 952 82 58 46
www.monteros.com
Historisch und ein Emblem für Qualität: Nach langer Restaurierung entstand ein Komplex mit 18-Loch-Golfplatz am Río Real. Auch ein Squash-Platz steht zur Verfügung. Der Club La Cabanne verspricht Fröhlichkeit für laue Sommernächte, Garten, Tennis, Sauna, Fitnessraum und Pool sind Standard für das Meridien. €€€€

Marbella Club Hotel
Bulevar Principe Alfonso von Hohenlohe s/n
29600 Marbella (Málaga)
✆/Fax 952 82 22 11
www.marbellaclub.com
Symbol für Luxus an der Costa del Sol: ein Hotel im andalusischen Stil mit ausgedehntem Garten, Beach-Club, 20 Min. vom eigenen Golfplatz gelegen. 4-Sterne ist fast zu kurz gegriffen, immerhin gehört die Anlage zu den »Leading Hotels of the World«. Außerdem gibt es einen Pool, eine Sauna, ein Fitnessstudio und einen Tennisplatz.
€€€€

MATALASCANAS

El Rocio
Sector L 68-69, 21760 Matalascañas
✆/Fax 959 44 03 50, Okt.–April geschl.

Costa del Sol: Karibikflair für den Exklusivtourismus in Marbella

300 m vom Strand gelegen, kann man sagen, dass es vielleicht das Hotel mit dem besten Preis-Leistungs-Verhältnis ist. 270 Zimmer. €€

Tierra Mar Golf
Sector M, Parcela 120–130
21760 Matalascanas
✆ 959 44 03 00, Fax 959 44 07 20
www.vimehoteles.com
In erster Strandreihe. Komplett renoviert. Mit Sauna, Fitnessstudio, Golfplatz und Pool. €€€

MAZAGÓN

Albaida
Ctra. Huelva-Matalascañas, km 18, Urb. El Faro
21130 Mazagón (Huelva)
✆ 959 37 60 29, Fax 959 37 61 08
informacion@hotelalbaida.com
Bequem und nur 5 Min. vom Strand. Gutes Restaurant. €–€€

Carabela Santa María
Avda. Conquistadores s/n

21130 Mazagón (Huelva)
✆ 959 53 60 18
Fax 959 37 72 58
An der Ortseinfahrt. Schöner Ausblick, Restaurant mit Buffet. Funktional eingerichtet.
5 Gehminuten zum Strand und zum Sporthafen.
€€

Parador de Mazagón
Playa de Mazagón
21130 Mazagón (Huelva)
✆ 959 53 63 00
Fax 959 53 62 28
mazagon@parador.es
60 Zimmer mit Balkon und traumhaftem Meerblick. Herrliche Gartenanlage mit Pool und einsamen Strand. €€€€

MIJAS

La Cala Resort
Finca La Cala Golf s/n
29649 Mijas (Málaga)
✆ 952 66 90 16, Fax 952 66 90 13
www.lacala.com
Im Herzen der Golfplätze von La Cala. Die luxuriös dekorierten Zimmer haben Blick aufs Umland. 4000 Hektar zum Spazieren. Natürlich gehört ein Golfplatz dazu, Pool, Fitnessstudio, Sauna und Tennisplatz. €€€€

TRH Mijas Hotel
Urb. Tamisa 2, 29650 Mijas (Málaga)
✆ 952 48 58 00, Fax 952 48 58 25
mijasres@hotasa.es
In den Bergen von Mijas mit herrlichem Meerblick, umgeben von Gärten mit subtropischer Vegetation. Andalusische Architektur und Dekor. Pool, Tennisplatz, Sauna und Fitnessstudio. €€

Mijas an der Costa del Sol bietet Urlaubern ein subtropisches Ambiente

MOJÁCAR

Mamabel's
C/Embajadores 5
04638 Mojácar (Almería)
✆/Fax 950 47 24 48
hotel@mamabels.com
Ein Hostal mit nur 9 Zimmern, fein dekoriert und mit privilegiertem Meerblick. Früher war das Haus nur für seine gute Paella bekannt, nun auch als Gästehaus. €€

El Puntazo
Paseo del Mediterráneo 257
04638 Mojácar (Almería)
✆ 950 47 82 65
Fax 950 47 82 85
info@hotelelpuntazo.com
Das Strandhotel bietet drei Zimmertypen mit jeweils anderem Preis an, je nachdem, ob es sich um ein Zimmer mit Aussicht, Terrasse etc. handelt. €-€€

MONTILLA

Don Gonzalo
Ctra. N 331, 14550 Montilla (Córdoba)
✆ 957 65 06 58, Fax 957 65 06 66
info@hoteldongonzalo.com
Hotel mit Garten, Kinderspielplatz, Disko und gutem Restaurant an der Einfahrt nach Montilla. €

MOTRIL

Casa de los Dates
Ctra. N 340, km 329,5
18600 Motril (Granada)
✆ 958 34 94 95, Fax 958 83 41 31
www.casadelosbates.com
Ein Palast aus dem 19. Jh., perfekt restauriert. Chinoiserien und Möbel aus dem 16. Jh. verleihen einen aristokratischen Hauch. Ein romantischer und ein botanischer Garten von 20 000 m^2 umgeben ihn. Zum Frühstück gibt es Tropenfrüchte aus dem eigenen Anbau. €€€€

Gran Hotel Elba Motril
Avda. Playa de Poniente s/n
18600 Motril (Granada)
✆ 958 60 77 44, Fax 958 60 77 76
www.hoteleselba.com
Direkt am Meer und zwischen dem Golfplatz Los Moriscos und dem Sporthafen gelegen. Garten und Innenpool vorhanden. €€€€

NERJA

Balcón de Europa
Paseo Balcón de Europa 1
29780 Nerja (Málaga)
✆ 952 52 08 00, Fax 952 52 44 90
www.hotelbalconeuropa.com
Am Aussichtspunkt gelegen, der dem Hotel den Namen gab. Ruhig und modern, viel Marmor in der Ausstattung. Sonnenterrasse. Mit Pool und Sauna. €€

Carabeo
C/Hernando de Carabeo 34
29780 Nerja (Málaga)
✆ 952 52 54 44, Fax 952 52 17 34
info@hotelcarabeo.com
Ein kleines Hotel mit Design und nur 6 Zimmern. Der Patio mit Blumen verfügt über einen Pool und Blick aufs Mittelmeer. Mit exzellentem Restaurantbetrieb. €

Don Peque
Diputación 13-1, 29870 Nerja (Málaga)
✆ 952 52 13 18, Fax 952 52 26 77
www.hostaldonpeque.com
Kastilisches Mobiliar, Pension mit einfachen aber korrekten Zimmern im Zentrum von Nerja. Schöne Terrasse. Nichtraucherhotel. €

PUNTA UMBRIA

Ayamontino
Avda. De Andalucía 35
21100 Punta Umbria (Huelva)
✆ 959 31 14 50, Fax 959 31 03 16
www.hotelayamontino.com
Ein Familienbetrieb, preiswert und nur einige Meter vom Meer gelegen. €

Pato Amarillo
Avda. Océano s/n, Urb. Everluz
21100 Punta Umbria (Huelva)
✆ 959 31 12 50, Fax 959 31 12 58
www.hotelespato.com
Eines der besten Hotels in diesem Gebiet. 20 km Strand sind in fester Hand spanischer Urlauber. Das Hotel hat Blick auf den Atlantik. Schwimmkurse und Unterhaltung für Kinder werden angeboten. Restaurant mit Buffet. €€€

RONDA

Ala€era de los Baños
C/San Miguel s/n
29400 Ronda, Apartado 97
✆/Fax 952 87 91 43
alavera@telefonica.net
Eine kleine und neue Pension mit 10 Zimmern, Innenhof mit kleinem Pool, Terrasse und Restaurant unten an den arabischen Bädern gelegen. €€

La Fuente de la Higuera
Partido de los Frontones
Ctra. A 376, 6 km bis Ronda
29400 Ronda
✆ 952 11 43 55, Fax 952 16 56 09
www.hotellafuente.com, info@hotellafuente.com
In Partido de los Frontones schlägt man die A 376 Richtung Sevilla ein und bei km 5,5, bevor man den Fluss Guadiaro überquert, biegt man rechts ab und nach gut 3 km erreicht man das Landgut. Ein deutsches Ehepaar hat die ehemalige Ölmühle aus dem 18. Jh. im Olivenhain gekauft und restauriert und in ein geschmackvolles Hotel, allerdings mit wenigen Zimmern, verwandelt. Rechtzeitig reservieren! €€€€

Hotel Husa Reina €ictoria
C/Jerez 25, 29400 Ronda
✆ 952 87 12 40, Fax 952 87 10 75
reinavictoriaronda@husa.es
Im englisch-viktorianischen Stil erbautes und eingerichtetes Hotel. In der Halle hängen die Bilder von König Alfons XIII. und seiner Frau Victoria Eugenia. Der Terrassengarten bietet traumhafte Bergaussicht. Hier wohnte Rilke, sein Gastzimmer kann besichtigt werden. Für warme Tage gibt es einen Pool.
€€€-€€€€

San Gabriel
C/Marqués de Moctezuma 19
29400 Ronda
✆ 952 19 03 92, Fax 952 19 01 17
info@hotelsangabriel.com
21. Dez–8. Jan. und 21.–31. Juli geschl.
Das familiäre Hotel wirbt mit dem zutreffenden Satz: »Ihr Haus in Ronda.« Zentral und historisch: eine Mansion von 1736. Wenn möglich, sollte man ein Zimmer zum gepflegten Patio hin bestellen. 16 Zimmer. €€€

ROQUETAS DE MAR

Playaluna
Urb. Playa Serena s/n
04740 Roquetas de Mar (Almería)
✆ 950 33 45 00, Fax 950 33 41 10
reservas@hotelesplaya.com
Komfortabel und von Gärten umgeben. 800 m vom Golfplatz Playa Serena entfernt. Tägliches Animationsprogramm. Restaurant mit Buffet.
€€€

Zoraida Garden
Avda. Mariano Hernandez 131
04740 Roquetas de Mar (Almería)
✆ 950 32 21 12, Fax 950 32 21 72
Pool von tropischen Pflanzen umgeben, Theater, Musikkonzerte und Animation. Tennisplatz, Sauna und Fitnessraum vorhanden.
€€-€€€€

SALOBRENA

Salambina
Ctra. Málaga, km 326, 1 km vor Salobreña Richtung Málaga, 18680 Salobreña (Granada)
✆ 958 61 00 37, Fax 958 61 13 28
www.hotelsalambina.com
Im Vorgebirge mit tollem Blick aufs Meer und auf Zuckerrohrfelder. Auch vom modern eingerichteten Restaurant aus hat man Meerblick. €

SANLÚCAR DE BARRAMEDA

Doñana
C/Orfeón Santa Cecilia s/n
11540 Sanlúcar de Barrameda (Cádiz)
✆ 956 36 50 00, Fax 956 36 71 41
info@hoteldonana.com
Das Hotel liegt an der Mündung des Guadalquivir ins Meer und am Nationalpark. Mit Pool. €€

Los Helechos
Plaza Madre de Díos 9
11540 Sanlúcar de Barrameda
✆ 956 36 13 49, Fax 956 36 96 50
www.hotelloshelechos.com
Familiäres kleines Hotel an einem hübschen Platz in der Altstadt. Die Zimmer sind um Patios herum angeordnet. €

Hospedería Duques de Medina Sidonia
Plaza Condes de Niebla 1
11540 Sanlúcar de Barrameda (Cádiz)
✆ 956 36 01 61, Fax 956 36 96 08

Nur 6 Zimmer, die einmal für Studenten der Sommeruni bestimmt waren. Die Einrichtung ist wie in einem Parador. €

Tartaneros
C/Tartaneros 8
11540 Sanlúcar de Barrameda (Cádiz)
✆ 956 38 53 93, Fax 956 38 53 94
hoteltaranteros@telefonica.net
Ein altes Herrenhaus mit eleganten Salons. €€

Posada de Palacio
C/Caballeros 11
11540 Sanlúcar de Barrameda (Cádiz)
✆ 956 36 48 40, Fax 956 36 50 60
www.posadadelpalacio.com
Ein Palasthotel in der Altstadt mit einer Dekoration im andalusischen Stil. €€€-€€€€

SEVILLA

Hotel Alfonso XIII
C/San Fernando 2, 41004 Sevilla
✆ 954 91 70 00, Fax 954 91 70 99
Reservierungszentrale: ✆ 900 98 35 30
www.luxurycollection.com/AlfonsoXIII
Das absolute Luxushotel Sevillas. Alfons XIII., Juan Carlos' Großvater weihte es 1929 ein. Panoramablick zur Giralda, Swimmingpool, Glaskuppel im Jugendstil, 146 Zimmer und 19 Suiten! Die Gäste sind überwiegend betuchte Amerikaner. €€€€

Hotel Fernando III
C/San José 21, 41004 Sevilla
✆ 954 21 77 08, Fax 954 22 02 46
www.hotelfernandoiii.com
Gutes Hotel, gleich um die Ecke der Casa de Pilatos. €€-€€€

Taberna del Alabardero
C/Zaragoza 20, 41001 Sevilla
✆ 954 50 27 21, Fax 954 56 36 56
www.grupolezama.es
In Rathausnähe liegt der Adelspalast, in dem heute eine Gastronomiefachschule untergebracht ist. Stilvolles Ambiente. Die eleganten Hotelzimmer im Stile des 19. Jh. haben modernste Accessoires, bis hin zu Jacuzzi und Satellitenantenne. €€€

Hotel Doña María
C/Don Remondo 19, 41004 Sevilla
✆ 954 22 49 90, Fax 954 21 95 46
Reservierung: ✆ 902 50 05 24
www.hdmaria.com
69 Zimmer mit Air-Condition und Swimmingpool, mit Cafeteria auf der Dachterrasse gegenüber der Kathedrale! Alle Zimmer sind unterschiedlich dekoriert, mit Himmelbetten und viel Plüsch. €€€

Hostería del Laurel
Plaza de los Venerables 5
41004 Sevilla
✆ 954 22 02 95, Fax 954 21 04 50
www.hosteriadellaurel.com
Inmitten des malerischen Barrio Santa Cruz liegt das kleine Hotel. Ideal für Nachtschwärmer! Das Haus hat Geschichte: Es war Schauplatz im Stück des Don Juan Tenorio, das José Zorilla 1881 in der Bar verfasste. 21 Zimmer mit Bad, TV, Klimaanlage. Die Bar ist vollgehängt mit Schinkenkeulen. Leckere Tapas! €€

Hacienda de Orán
Ctra. Estación Don Rodrigo km 7
Utrera/Sevilla
✆ 902 93 43 94 und 696 93 02 04
Fax 902 93 43 95
www.haciendadeoran.com
Restaurierte Hacienda mit Pferden und Kutschenmuseum. Landhotel mit 16 Zimmern, 30 Min. von Sevilla entfernt. €€€

Hotel Palacio de los Granados
Emilio Castelar 42, 41400 Ecija
✆ 955 90 53 44, Fax 955 90 14 12
www.palaciogranados.com
8 Zimmer wie aus Tausendundeinernacht, Orangenhof und Patio in einem Palast mitten in Écija, zwischen Sevilla und Córdoba gelegen. Das Hotel lohnt den Abstecher. €€€€

TARIFA

Camping Jardín de las Dunas
Los Algarves s/n
11380 Tarifa (Cádiz)
✆ 956 68 91 01, Fax 956 68 91 06
www.campingjdunas.com
Ein Surfertreffpunkt direkt am Dünenstrand. €

Camping Tarifa
Ctra. Nac. 340, km 78,87
11380 Tarifa (Cádiz)
✆/Fax 956 68 47 78

www.campingtarifa.es
Eine geschmackvolle Anlage mit gepflegtem Swimmingpool und Garten, direkt am Meer. €

Dos Mares
Ctra. N Cádiz-Málaga, km 79,5
11380 Tarifa (Cádiz)
✆ 956 68 40 35 und 956 68 00 90
Fax 956 68 10 78
www.dosmareshotel.com
Bungalows und Zimmer zu Füßen des Strandes. Junges und Surfer-Ambiente. Surfschule, Fitnessraum, Pferde und ein lauschiges Restaurant! €€

Cortijo de las Piñas
Ctra. N Cádiz-Málaga, km 74,3
11380 Tarifa (Cádiz)
✆ 956 68 51 36, Fax 956 68 41 92
www.cortijolaspinas.com
Ein andalusischer Hof konvertiert in ein Aparthotel. In der Nähe von Valdevaqueros, dem Lieblingsort der Windsurfer. Die Besitzer verwalten 21 Zimmer und eine Reitschule. Mit Pool. €-€€

Hurricane
Ctra. N 340, km 78, 11380 Tarifa (Cádiz)
✆ 956 68 49 19, Fax 956 68 03 29
www.hotelhurricane.com
Auf der Windsurfwelt bekannt: Im Stile eines englischen Kolonialhotels und von Afrika inspiriert. Große Unterschiede in der Zimmerausstattung! Reit- und Surfschule und Fitnessraum. €€-€€€

VEJER DE LA FRONTERA

Convento de San Francisco
La Plazuela s/n
11150 Vejer de la Frontera (Cádiz)
✆ 956 45 10 01
Fax 956 45 10 04
Convento-san-francisco@tugasa.com
Feine Restauration des alten Konvents oberhalb von Vejer. 25 Zimmer und ein gutes, landestypisches Restaurant. €

Hotel Ecológico Chumbera Azul
Cañada de Pátria s/n
11150 Pátria/Vejer de la Frontera (Cádiz)
✆ 956 04 30 60, Fax 956 10 82 03
chumberazul@telefonica.net
Ökologie und Luxus müssen kein Widerspruch sein: Das kleine neu eröffnete Hotel mit 12 Zimmern, Appartements und Suiten verfügt über Jacuzzis, Innen- und Außenpool, Sauna, Fitnessraum und großen Garten. Recyclingmaterial und Sonnenenergie sorgen für Umweltschutz. 6 km liegt die Anlage von Vejer entfernt und schmiegt sich an einen Hügel an, der das Meer und die Felder des Umlandes sehen lässt. €€€€

ZAHARA DE LOS ATUNES

Antonio
Ctra. Atlanterra, km 1, Bahia de la Plata
11393 Zahara de los Atunes (Cádiz)
✆ 956 43 91 41, Fax 956 43 91 35
www.antoniohoteles.com
info@antoniohoteles.com
2. Ausgabe des Antonio-Hotels, neuer, moderner und mit größeren und luxuriöser ausgestatteten Zimmern. Direkt am Strand, 36 Zimmer. €€-€€€

Cortijo de la Plata
Ctra. Atlanterra, km 4
11393 Zahara de los Atunes (Cádiz)
✆ 902 93 20 13, Fax 902 93 26 14
www.hotelcortijodezahara.com
Ein Bauernhof aus dem 19. Jh., 300 m vom Strand und am Berg. Familiär und rustikal eingerichtet. 14 Zimmer. €€-€€€€

Doña Lola
Plaza Thomson 1
11393 Zahara de los Atunes (Cádiz)
✆ 956 43 90 09, Fax 956 43 90 68
www.donalolazahara.com
Kleines Hotel an der Ortseinfahrt, in Strandnähe und an der Sierra del Retín. Komfortable und schön dekorierte Zimmer. Pool im Garten. 28 Zimmer. €

Service von A–Z

Anreise

Linienmaschinen nach Málaga und Sevilla machen bisweilen eine Zwischenlandung in Madrid, die weit häufigeren **Chartermaschinen** fliegen von den meisten deutschen Flughäfen direkt nach Málaga, manche auch nach Sévilla. Auch sogenannte Billigairlines haben Sevilla bzw. Málaga in ihrem Programm. Die Flugzeit beträgt zwei bis drei Stunden. Bei Iberia gibt es Last-Minute-Angebote.

Mit dem **Auto** braucht man für die Fahrt durch Frankreich und die Einreise nach Spanien den nationalen Führerschein, Kfz-Zulassung, Nationalitätenkennzeichen, grüne Versicherungskarte, dazu Personalausweis, Kinderausweis oder Eintragung im Pass der Eltern. Anfahrt von Deutschland rund 2400 km.

Schnellste Anfahrtswege von Norddeutschland aus: Aachen – Paris – Lyon – Perpignan – Le Perthus/La Jonquera – Barcelona – Valencia – Alicante – Almería – Málaga. Anfahrt aus Süddeutschland, Österreich und der Schweiz: Entweder Karlsruhe – Mühlhausen – Lyon ... oder Basel – Zürich – Genf – Lyon ...

Eine **Zugreise** von Deutschland nach Andalusien ist nur ausgesprochenen Zugfreaks zu raten, weil eine Schnellzugverbindung bis nach Spanien nicht existiert. Freunde des Autoreisezugs fahren am besten bis Narbonne/Südfrankreich, dann mit dem eigenen Fahrzeug nach Barcelona, von wo erneut ein direkter Autoreisezug nach Sevilla verkehrt. Zu den anderen Orten Andalusiens gelangt man mit dem Autoreisezug nur direkt von Madrid aus. Zwischen Madrid und Sevilla verkehrt der AVE, Spaniens schnelles Pendant zum ICE. 2,5 Stunden braucht der Schnellzug für die rund 650 km nach Sevilla. Er hält einmal, nämlich in Córdoba. Mit dem AVE von Madrid nach Málaga braucht man ebenfalls 2,5 Stunden.

Innerhalb Andalusiens gibt es gute Busverbindungen, angeboten von unterschiedlichen privaten Unternehmen. Am besten informiert man sich vor Ort an den jeweiligen Busbahnhöfen. Regionalzüge verkehren zwischen den größeren andalusischen Städten, schneller voran kommt man mit den Busverbindungen (Busfirma alsa, www.alsa.es. Züge: www.renfe.es).

Ärztliche Vorsorge

Spanien hat eine international gerühmte Krankenversorgung, die im Notfall gratis ist, wenn etwa die Ambulanz ins Hotel gerufen wird oder man ein Krankenhaus aufsucht. Beim Arztbesuch bezahlt man Behandlungen bar, gegen Quittung und Beschreibung der Behandlung erstatten die deutschen Krankenversicherungen den entsprechenden Betrag zurück.

Einige Erleichterungen bietet die ADAC-Krankenhilfe. Sie vermittelt über den ADAC München deutschsprachige Ärzte am Urlaubsort. Der Telefonarzt setzt sich mit dem behandelnden Arzt in Verbindung, besorgt dringend notwendige Medikamente und veranlasst, falls es erforderlich sein sollte, den Rücktransport in die Heimat.

ADAC Abteilung Verkehrsmedizin und Notrufzentrale
Baumgartnerstr. 53, 81373 München
✆ von Spanien aus:
(+ 49) 89 22 22 22 (tägl. rund um die Uhr)
www.adac.de

Medizinische Hilfe: ✆ (+49) 89 76 76 76

Auskunft

Fremdenverkehrsämter:

In Andalusien:
Consejería de Turismo, Comercio y Deporte
Juan Antonio de Vizarrón s/n
41071 Sevilla
✆ 955 06 51 00
www.andalucia.com

Die Adressen der **örtlichen Tourismusbüros** finden Sie in den Kapiteln der einzelnen Reiseregionen.

Spanische Fremdenverkehrsämter:
In Deutschland:
- Kurfürstendamm 63
D-10707 Berlin
✆ (030) 882 65 43, Fax (030) 882 66 61
berlin@tourspain.es

- Grafenberger Allee 100
D-40237 Düsseldorf
✆ (02 11) 680 39 80/81
Fax (02 11) 680 39 85/86
Mo–Fr 9–13 Uhr
duesseldorf@tourspain.es

- Myliusstr. 14
D-60323 Frankfurt
✆ (069) 72 50 38, Fax (069) 72 53 13
Mo–Fr 9–14 Uhr
frankfurt@tourspain.es

- Schubertstr. 10, Postfach 15 19 40
D-80336 München
✆ (089) 530 74 60
Fax (089) 507 46 20
munich@tourspain.es

In Österreich:
Walfischgasse 8
A-1010 Wien 1
✆ (01) 512 95 80, Fax (01) 512 95 81
viena@tourspain.es

In der Schweiz:
Seefeldstr. 19
CH-8008 Zürich
✆ (044) 253 60 50, Fax (044) 252 62 04
zurich@tourspain.es

Automiete/Autofahren

Pkws kann man in allen größeren Städten Andalusiens mieten. In Málaga haben die internationalen und nationalen Vermieter ihre Büros direkt am Flughafen, in Sevilla am Flughafen und an der Zugstation Santa Justa.

Höchstgeschwindigkeit in Frankreich/Spanien: auf Autobahnen 120 km/h, mit Anhänger 80 km/h; Straßen mit getrennten Fahrstreifen 100 km/h; außerhalb geschlossener Ortschaften 90 km/h; in geschlossenen Ortschaften 50 km/h, falls nicht anders angezeigt.

Es besteht Gurtpflicht für alle Autoinsassen und für Motorradfahrer Sturzhelmpflicht. Das Abschleppen ist verboten. Wegen der seltenen Schadenersatzzahlungen der spanischen Versicherungen ist der Abschluss einer kurzfristigen Vollkasko-Versicherung unbedingt erforderlich (Mallorca-Police).

Vorsicht mit Falschparken: Es wird rigoros abgeschleppt. Und bei Geschwindigkeitsüberschreitungen verlangt die Guardia Civil bisweilen Sofortkasse.

Pannenhilfe:
Mitglieder der deutschen, österreichischen und schweizerischen Automobilclubs können nach Vorlage ihres Mitgliedsausweises die Pannenhilfe des spanischen Automobilclubs in Anspruch nehmen.

Notrufzentrale des ADAC:
✆ 935 08 28 28

Pannenhilfe des spanischen Automobilclubs RACE:
✆ 902 40 45 45 (24-Stunden-Service)

Notrufnummern:
Allgemeiner Notruf ✆ 112
Feuerwehr ✆ 080
Nationalpolizei ✆ 091
Rettungswagen ✆ 061

Diebstahl/Sicherheit

Gerade in den größeren Städten gibt es Spezialisten im Taschendiebstahl. Wertsachen sollte man grundsätzlich gut verstauen. Am besten lässt man sie im Hotelsafe und nimmt nur das Nötigste mit.

Niemals sollte man die Wertsachen in Umhängetaschen tragen oder in Gesäß- und Brusttaschen. Ein Geldgürtel oder ein Brustbeutel sind unbedingt zu empfehlen! Umhängetaschen immer quer und vorne am Körper tragen, Rucksäcke ebenfalls vorne am Körper tragen. Und Vorsicht mit Mobiltelefonen, die einem aus der Hand gerissen werden können. Spanische Städte sind nicht unsicherer als deutsche, doch Touristen leichte Opfer, abgelenkt von den Schönheiten der Monumente. Alleine nachts spazieren zu gehen, auch für Frauen ohne Begleitung, ist völlig unproblematisch, meiden sollte man etwas ärmere Viertel, wie z.B. auch den Sacromonte in Granada.

Sollte es trotzdem zu einem Diebstahl kommen, empfiehlt sich die Anzeige bei der Polizei, die von den Versicherungen in Deutschland für eventuelle Erstattungen verlangt wird.

In allen Ortschaften gibt es eine *Policía Municipal*, auf dem Land übernimmt die *Guardia Civil* Polizeifunktionen. Bei Unfällen, Diebstählen etc. ist sie die Anlaufstelle. Falls Reisepapiere verloren gegangen sind oder irgendwelche unvorhergesehenen Schwierigkeiten auftreten, wendet man sich an das zuständige Konsulat oder die Botschaft.

Diplomatische Vertretungen

Botschaft der Bundesrepublik Deutschland
Calle de Fortuny 8, E-28010 Madrid
✆ 915 57 90 00, Fax 913 10 21 04
www.madrid.diplo.de

Generalkonsulat der Bundesrepublik Deutschland

Als Fortbewegungsmittel vielfältig genutzt: Der Esel gehört in Andalusien zum Straßenbild

C/Fernández y González 2–2°
Edificio Allianz, E-41001 Sevilla
✆ 954 23 02 04, Fax 954 23 95 52

Österreichische Botschaft
Paseo de la Castellana 91
E-28046 Madrid
✆ 915 56 5315, Fax 915 97 35 79
www.bmeia.gv.at/botschaft/madrid

Schweizer Botschaft
Calle Nuñez de Balboa 35
E-28001 Madrid
✆ 914 36 39 60, Fax 914 36 39 80
www.eda.admin.ch/madrid

Spanische Botschaft in Deutschland
Lichtensteinallee 1
D-10787 Berlin
✆ (030) 25 40 07-0
www.spanischebotschaft.de
embespde@correo.maec.es

Einkaufen

Falls Sie auf Selbstversorgung aus sind, finden Sie frischen Fisch und Meeresfrüchte besonders an der Küste auf den Märkten oder direkt bei den Versteigerungen. Fleisch, Gemüse und Obst gibt es frisch und am preiswertesten auf den bunten Märkten *(mercados)*, die in größeren Städten täglich, in kleinen Orten nur wöchentlich stattfinden. Geöffnet sind die Märkte in der Regel vormittags von 8 bis 14 Uhr. In Málaga, Sevilla und anderen größeren Städten wird auch zwischen 16.30 bzw. 17–20.30 Uhr noch einmal geöffnet.

Beliebte andalusische Souvenirs sind Lederwaren aus Ubrique in der Provinz Cádiz

Zu den Erntezeiten wird Obst oft direkt an der Straße an improvisierten Ständen verkauft. Wenn Sie alles auf einem Fleck haben wollen, gibt es moderne Supermärkte und Warenhäuser vorwiegend in den Städten und touristischen Gebieten. Auf den Dörfern sind die Läden oft nicht sonderlich bezeichnet.

Die Geschäfte und Märkte sind normalerweise 9–14 und 17–20.30 Uhr geöffnet. Bäcker *(panaderías)* öffnen schon um 8 Uhr.

Mitbringsel bekommt man überall, ein Preisvergleich lohnt immer. Einige Beispiele:

Almería: die Korbwaren von Alhabia, Keramik von Albox

Cádiz: Jerez-(Sherry-)Weine, Berberdecken aus Grazalema, Lederwaren aus Ubrique, Korbwaren aus Medina Sidonia

Córdoba: Weine aus Montilla-Moriles, Corduan- und Saffianleder aus Córdoba und aus Belalcázar, Keramik aus Bujalance und Lucena

Granada: luftgetrockneter Schinken aus Trevélez, Berberdecken aus den Alpujarras, Fajalauza-Keramik, schmiedeeiserne Laternen und Holzeinlegearbeiten, Gitarren sowie seidengestickte Schultertücher *(mantillas)* aus Granada

Huelva: Condado-Weine, Schinken aus Jabugo, Decken aus Encinasola, Lederschuhe aus Valverde del Camino, Aracena-Keramik

Jaén: Korbwaren und Schilfteppiche aus Úbeda, Olivenöl

Málaga: Málaga-Wein, Keramik aus Coín und Fuengirola

Sevilla: Keramik aus Triana, Silberschmuck und *mantones de Manila* (kostbar bestickte Schultertücher).

Essen und Trinken/Restaurants

Die **Restaurants** wurden in drei Kategorien eingeteilt, die Preiskategorien gelten jeweils für Vor- und Hauptspeise und ohne Getränke:

€ – unter 15 Euro
€€ – 15 bis 30 Euro
€€€ – über 30 Euro

Spanische Ess- und Trinkgewohnheiten kommen einem wirklich spanisch vor: Die Mahlzeiten sind mehr als zwei Stunden zeitverschoben, und nicht selten sieht man Gäste noch um 17 Uhr am Mittagstisch eines Restaurants sitzen. Doch gerade im heißen Andalusien wird einem klar, warum die Uhren hier einen anderen, dem Klima entsprechenden Takt schlagen.

Das **Frühstück**, *desayuno*, spielt für Spanier nur eine untergeordnete Rolle. Niemals würde man den Wecker früher stellen, um vor dem Weg zur Arbeit noch zu Hause zu frühstücken! Einen *café solo*, einen Espresso (Filterkaffee ist geradezu unbekannt), trinkt man in einer Stehkneipe auf dem Weg zur Arbeit. Und in der Frühstückspause im Büro gibt es dann etwa um 10.30 Uhr einen Milchkaffee, *café con leche*, mit einem Croissant.

Ein waschechter Andalusier allerdings lässt nichts über seine *tostada con aceite* kommen! Die geröstete Weißbrotscheibe wird mit einer Knoblauchzehe eingerieben. Dann sticht man mehrmals mit der Gabel auf die Teigware ein, die das darüber geträufelte, nussig schmeckende und jungfräuliche Olivenöl in sich aufsaugt. Mediterrane Diät eben und gut fürs Herz! Zerstampfte Tomaten kann man wahlweise auch noch aufs Weißbrot streichen. In den meisten Hotels hat man sich allerdings schon auf europäische üppige Frühstücksgewohnheiten mit einem umfangreichen Buffet eingestellt. Manchmal kann man erst ab 8 Uhr frühstücken, meistens ab 7.30 Uhr.

Frühstückt man auswärts in einer Cafeteria, gibt es auch *churros*, Schmalzkringel, die man in den Kaffee eintunkt. Und vor allem frisch gepressten *zumo de naranja*, Orangensaft.

Vor dem **Mittagessen**, besonders am Sonntag, etwa um 13 Uhr, trifft man sich zum sogenannten *aperitivo*, zu einem Gläschen Sherry oder Zapfbier mit der viel gerühmten *tapa*, einem Appetithappen.

Danach geht es ins Restaurant, zwischen 13.30 und 16 Uhr. In vielen Lokalen werden preiswerte Mittagsmenüs angeboten, denn Büroangestellte haben dann über zwei Stunden Pause und in der Regel keine Kantine. Wer nur einen Salat essen möchte, sollte jedoch nicht das Restaurant aufsuchen, denn das bedeutet, einen *primer* und einen *segundo plato* zu bestellen, d.h. eine Vorspeise und ein Hauptgericht. An den Tisch kann man Wein meist nur flaschenweise ordern – Spanier sind es gewohnt zu teilen! Und nach der Mahlzeit kommt ein Tellerchen mit der Rechnung für den gesamten Tisch. Vom Wechselgeld lässt man fünf bis zehn Prozent auf dem Teller liegen. Und bitte setzen Sie sich nicht einfach an einen x-beliebigen Tisch. Der Ober ist bei der Sitzplatzwahl behilflich. Es gilt als extrem unhöflich, sich an einen Tisch dazuzusetzen. Umgekehrt sind am Tresen der Lokale Andalusier mehr als offen und man kommt schnell ins Gespräch.

Die Mittagsmahlzeit fällt wirklich üppig aus, abends isst man nur noch eine Kleinigkeit. Und die

Kinder sind mittags in den ganztägigen Schulen versorgt. Das **Abendessen** findet zwischen 20.30 und 24 Uhr satt, landestypische Restaurants öffnen auch nicht vorher. In international frequentierten Strandregionen ist es oft schon ab 19 Uhr möglich zu speisen.

Wer essen will wie die Einheimischen, sollte den Besuch von Tapas-Bars nicht versäumen. Vorsicht vor »Touristen-Menüs«, die kein Einheimischer bestellen würde.

Die andalusische Tapas-Kultur:
Tapas sind jene geschmackvollen Appetithäppchen, die wie die bunte Palette eines Malers unzählige Tresen zieren und einem schon beim bloßen Anblick das Wasser im Mund zusammenlaufen lassen. Am besten wählen Sie direkt am Tresen mit dem Zeigefinger (siehe Tapas-ABC, S. 198).

Angeblich soll ein Schankkellner in Jerez – über den Ort der Erfindung wird gestritten – erstmals ein Bierglas mit einem Deckel, einer *tapa*, zugedeckt haben, auf den er eine kleine Speise platzierte, sozusagen als Lockvogel, um Kunden zu gewinnen. Er fand in ganz Spanien Nachahmung und begründete eine wahre Kultur. Die *tapa* gibt der Wirt gratis zum Getränk dazu, kann deshalb nicht gefordert oder reklamiert werden, und sie kann alles Mögliche sein. Bestellt man sie und will sogar mehrere, muss man natürlich dafür bezahlen. Für den größeren Appetit empfehlen sich *raciones*, d.h. ein großer Teller von einem Gericht, oder auch Schinken oder Käse.

Jamón, Schinken, ist sowieso eine Wissenschaft für sich. Der bekannte *jamón serrano* heißt wörtlich übersetzt Bergschinken und ist die billigste Variante der luftgetrockneten Schweinekeulen. In den Bergen Rondas entdeckte man die Methode des Lufttrocknens in Trockenhäusern, um das Fleisch haltbar zu machen.

Beim *jamón serrano* handelt es sich um gewöhnliche Hausschweine mit hellem Huf. Möchte man etwas Besseres, dann sollte man *pata negra* oder *jamón ibérico* verlangen, von Schweinen mit schwarzem Huf und dunkler Behaarung, die mehr oder weniger frei auf den Feldern gehalten werden. Wenn die Tiere die letzten drei Monate vor der Schlachtung ausschließlich mit Steineicheln, *bellotas*, genährt wurden, von der *encina*, dem weit verbreiteten Baum, der jährlich an die 40 kg dieser Früchte trägt, dann ergibt das einen besonders zarten und nussigen Geschmack des Schinkens.

An »Jamón«, Schinken, kommt man auf einer Andalusien-Reise kaum vorbei; der luftgetrocknete Schinken aus Trevélez (Provinz Granada) ist schon etwas Besonderes

Der *jamón de bellota* ist der teuerste, auch noch als *reserva* erhältlich und fünf Jahre abgehangen. Als beste Region zählt die Gegend um den Ort Jabugo, im Nordwesten Andalusiens gelegen.

In den Bars sieht man oft die vielen Schinken von der Decke hängen, mit einem weißen Schälchen darunter, das das herabtropfende Fett auffängt. Am Tresen steht der *jamonero*, eine Art Schraubstock für den Schinken, der hauchdünn abgehobelt werden soll. Weiße Pünktchen im *jamón* bedeuten, dass das Schwein frei gehalten wurde und Temperaturunterschiede mitmachte. Fürs Schinken-Schneiden gibt es sogar nationale Meisterschaften, bei denen die Virtuosen die Keule wie eine Violine halten.

Zum Schinken wird Käse angeboten, meistens *manchego*, aus der Mancha in Kastilien und aus Schafsmilch hergestellt, den man auch in Öl, *en aceite*, jung, mittel oder alt, *curado*, bekommt, und der fast an Parmesan erinnert. *Lomo* und *salchichón*, luftgetrocknete Schweinelende und Salami, werden mit Käse und Schinken als *plato mixto* angeboten.

Was als *tapa* nie fehlen darf, sind die Oliven, für die es viele spezielle Zubereitungsmethoden gibt. Ursprünglich waren die Tapas auch die kleinen Begleithäppchen zum Wein, meist zum **Sherry** aus der Region von Jerez, den man als Fino, Amontillado, Oloroso, Dulce oder Cream-Sherry trinkt. Nicht zu verachten ist der göttliche Manzanilla-Sherry, eine Spezialität aus Sanlucar de Barrameda (siehe Jerez, S. 49).

Der Penicillin-Entdecker Alexander Fleming meinte: »Mit Penicillin heilt man die Kranken; mit dem Manzanilla-Wein jedoch stehen Sterbende wieder vom Krankenlager auf.«

Andalusische Küche:
Auch wenn die Tapas-Kultur in ganz Spanien Verbreitung fand, ist es schwer, von »der« spanischen Küche zu sprechen, zu groß sind die regionalen

Unterschiede. Eines ist sicher: Mit Kataloniens Küchen-Picasso Ferrán Adrià besitzt Spanien derzeit den Stern am Gourmet-Himmel und macht in Expertenkreisen Frankreich seinen Rang streitig. Und Andalusien glänzt nicht nur mit Schinken, Sherry und Olivenöl, sondern auch mit seinen vorzüglichen **maurischen Gerichten**. Milchlamm mit Honig *(cordero lechal a la miel)* oder Rebhuhn in Kräutern *(perdiz a las finas hierbas)* sprechen genauso für arabisches Erbe wie der Spinat mit Kichererbsen *(espinacas con garbanzos)* oder geräucherter Stockfisch mit Orangenfilets, schwarzen Oliven und hart gekochtem Ei *(ensalada remojón)*.

Weniger raffiniert zubereitet, aber vorzüglich ist die Fisch- und Krustentierauswahl in der Küstenregion. Ein Blick in eine der vielen Markthallen genügt! Das Preisniveau überrascht allerdings, denn nach der Öltankerkatastrophe in Galizien 2004 muss Spanien noch mehr Fisch und Meeresfrüchte importieren. Kaum ein *pulpo*, ein Riesenkrake, der nicht aus Nordafrika stammen würde.

Paella, die Reispfanne, meist mit Miesmuscheln, Huhn und Tintenfisch, goldgelb durch Safrangewürz, ist übrigens nur eine Vorspeise, die man wegen der schweren Verdaulichkeit mittags isst. Ihr Ursprung liegt nicht in Andalusien, sondern in Valencia, wo Reis angebaut wird – eine wiederum von den Mauren eingeführte Kulturpflanze, und wo man die Paella als eine Art Resteessen kreierte. Aus der Not wurde wie sooft eine Tugend: spanische Esskultur!

Phantastische Vorspeisen bei heißen Temperaturen sind die kalten Gemüsesuppen aus Tomate und Gurke *(gazpacho, salmorejo)* und die weiße *gazpacho* aus Mandeln (Rezept für Salmorejo s. S. 89). In Córdoba und Sevilla fehlt das Stierschwanzragout niemals auf der Speisekarte, *rabo de toro*. Almería ist für seine *migas* berühmt, Brotkrümel mit Knoblauch und Schweinefilet, geröstet und mit Weintrauben garniert.

Zum Aperitiv und zwischendurch trinkt man Sherry, zum Essen **Wein**, der allerdings meist aus Rioja und Ribera del Duero stammt. Aufgrund von Boden und Klima produziert Andalusien keine großartigen Weine. Prinz Alfonso von Hohenlohe, der Ronda zu seiner Wahlheimat erklärte, hat auch einen guten andalusischen Rotwein kreiert. Weißwein kommt am besten aus Cádiz, süffig und leicht ist der Barbadillo, der Weißwein aus dieser Bodega wird beinahe überall angeboten. Mahou, Cruzcampo und San Miguel sind die einheimischen Bierbrauereien, deren *cerveza* selbst deutsche Gäste zufrieden stellt. Sangría ist eine touristische Erfindung aus Mallorca, bei der Weinreste mit Orangen- und Zitronenschalen sowie Zitronenlimonade und einem Schuss Cointreau verarbeitet werden. Die Nachfrage bestimmt das Angebot, so wird auch Sangría vielerorts angeboten. Spanier bevorzugen den *tinto de verano*, den Sommerwein, d.h. Rotwein mit Limonade gespritzt. Zum Aperitif wird auch gerne *vermut* getrunken, als Digestif empfehlen sich die vorzüglichen Cognacs wie Duque de Alba, Carlos I. oder Cardinal Mendoza. Ein Kräutertrester hilft der Verdauung: Verlangen Sie *orujo de hierbas*.

»Salud, dinero y amor y los amigos para disfrutarlo!«, »Gesundheit, Geld und Liebe und die Freunde, das zu genießen«, empfiehlt einer der sympathischsten Trinksprüche der Spanier, ein einfaches *»salud«* tut es aber auch.

Feiertage/Feste

Als katholisch geprägtes Land hat Spanien viele kirchliche Feiertage. Es gibt allerdings, außer in der Semana Santa (Karwoche), keine Doppelfeiertage, d.h. sowohl Ostermontag wie auch zweiter Weihnachtstag sind Arbeitstage. Fällt ein Feiertag auf einen Sonntag, ist stattdessen der Montag arbeitsfrei.

Zu den nationalen Feiertagen gesellen sich die Stadt- und Dorffeste für den jeweiligen örtlichen Heiligen und Patron. Folgende gesetzliche Feiertage gibt es:

Hohe Feiertage: die »Semana Santa« (Karwoche) in Granada

1. Januar: Neujahr
6. Januar: Reyes Magos (Heilige Drei Könige)
Semana Santa: Gründonnerstag und Karfreitag
1. Mai: Tag der Arbeit
Anfang Juni: Fronleichnam
25. Juli: Santiago – Schutzheiliger Spaniens
15. August: Mariä Himmelfahrt
12. Oktober: Tag der Entdeckung Amerikas (Día de la Virgen del Pilar/Día de la Hispanidad)
1. November: Allerheiligen
24./25. Dezember: Weihnachten
Dazu kommen auf regionaler und lokaler Ebene eine Unmenge von Patronalfesten, Wallfahrten etc., an denen ebenfalls die Arbeit ruht.

Geld

Offizielle Währungseinheit ist der Euro, der die Peseta mit Beginn des Jahres 2002 abgelöst hat. Bargeld sollte man nur für die Fahrt und vielleicht den Ankunftstag mitbringen. Nachschub kann man sich dann an den Geldautomaten per Kredit- bzw. EC-Karte holen. Gängige **Kreditkarten** auch in Hotels und größeren Restaurants Andalusiens sind Visa, Amex, Diners und Master Card.

Banken sind in der Regel Mo–Fr von 8.30–14.00 Uhr geöffnet, einige empfangen Kunden zwischen 16 und 17.30 sowie Samstag von 9 bis 13 Uhr.

Gepäck/Kleidung

Zum Urlaub in Andalusien gehört selbstverständlich Freizeitkleidung für den ganzen Tag. Die Sitten sind in touristischen Strandgebieten lockerer, Männer fallen auch in kurzen Hosen nicht auf. Der Andalusier im Inland wird allerdings selbst bei größter Hitze nie seine langen Hosen ablegen; er sucht sich vielmehr den kühlen Schatten. Wenn Sie nicht als Exot gelten wollen, halten Sie sich an die einheimischen Sitten. Auch sieht man in Kirchen Männer und Frauen nicht gern mit kurzen Hosen und leichter Strandbekleidung. Für den Restaurantbesuch am Abend wird Wert auf elegante Kleidung gelegt.

Da sich ein Großteil des Lebens im Süden am späten Abend und bis weit in die Nacht hinein im Freien abspielt, sollten Sie einen Pullover oder eine warme Strickjacke nicht vergessen. Sobald die Sonne untergegangen ist, kann es manchmal empfindlich frisch werden. Besucher in der Zeit zwischen November und März/April sollten auch Regenschutz in den Koffer packen. Ab April ist dann bereits ein Sonnenhut oder eine Schirmmütze angebracht.

Besonders in großen Tourismuszentren (u.a. Málaga, Sevilla, Granada) sollte man nachts Reisegepäck und Autoradio mit ins Hotelzimmer nehmen sowie auch tagsüber nichts sichtbar im Auto liegen lassen. Fahren Sie in Städten, wo Sie in keinem Hotel absteigen, zur Besichtigung von Sehenswürdigkeiten am besten auf bewachte Parkplätze, oder parken Sie neben Polizeistationen.

Mit Kindern in Andalusien

Für Kinder ist Andalusien ein Paradies. Familien mit Kindern sind praktisch überall gern gesehen und unterliegen keinerlei Beschränkungen. Geschrei und Herumtollen von Kindern in Lokalen ist gängig, und die Spanier stören sich daran wenig. Kinder unter sechs Jahren werden hier sehr tolerant erzogen. Spezielle Kindermenüs gibt es nur in Tourismus-Gebieten, doch man kann leichte Gerichte überall extra bestellen. Viele Restaurants, v.a. beliebte Ausflugslokale, haben Kinderspielplätze.

Beim Baden an der Küste von Almería ist auf gefährliche Strömungen zu achten (meist Warnung der Einheimischen) und am Atlantik auf Ebbe und Flut. Die großen Naturparks mit ihrem Tier- und Pflanzenreichtum sind Eldorados für die kindliche Phantasie.

Die Hitze in den Sommermonaten, v.a. abseits der Strände und Berghöhen, kann für Kinder anstrengend werden.

Presse

In den größeren Orten und Tourismuszentren bekommt man normalerweise deutsche Tageszeitungen wie FAZ, SZ, Welt, Bild (am Sonntag) sowie die wichtigsten Illustrierten und den Spiegel.

Spanische Tageszeitungen mit Regionalausgaben gibt es von El País, El Mundo, ABC, Diario 16; Regionalzeitungen und lokale Veranstaltungskalender finden Sie an Kiosken, in Sevilla gibt es El Giradillo.

Reisezeit

Jede Jahreszeit wird Ihnen Andalusien mit einem anderen Gesicht zeigen. Wenn Sie einmal im Frühling dort waren und dann im Sommer oder Herbst wiederkommen, werden Sie manche Landschaften nicht wiedererkennen.

Mai und **Juni** sind zweifellos die besten Reisemonate, weil dann das Klima angenehm mild ist (im Juni kann es allerdings schon ziemlich heiß werden). Man kann bereits baden, die meisten großen Feste steigen – zwischen Palmsonntag und Pfingsten –, allerdings sind auch Scharen von Touristen unterwegs.

Schön, wenngleich weniger farbig, ist es im **September** und **Oktober**. Von **November** bis **April** werden Sie etwas von der Regenzeit erleben, die die ausgetrockneten Wadis von Ostandalusien binnen weniger Stunden in reißende Ströme verwandelt und an den Küsten Westandalusiens den berüchtigten Levante aufkommen lässt. 80 Prozent der Niederschläge fallen in dieser Zeit. Dennoch sind gerade November und Februar ein Erlebnis, mit warmen Temperaturen, die auf 20 Grad ansteigen können, und im Februar mit der Mandelblüte, die Andalusien in ein weißes Kleid steckt.

Wenig empfehlenswert sind die Sommermonate **Juli** und **August**, weil dann die meisten Badetouristen unterwegs sind. In dieser Zeit steigen die Temperaturen in Sevilla und Córdoba auf 40 und mehr Grad, es ist praktisch nur am Strand oder in Höhen über 800 m auszuhalten. Die **Badesaison** dauert von Mitte Mai bis in den November, wobei das Mittelmeer wesentlich wärmer (20–30°C) ist als der Atlantik, wo das Thermometer auch im Sommer nicht über 20°C steigt.

Sportmöglichkeiten

In einer Landschaft zwischen Gebirge und Meer gibt es natürlich eine breite Palette von Sportgelegenheiten, die in den jeweiligen **Kapiteln der Regionen** noch einmal separat aufgeführt sind.

Golf:
Andalusien ist für den Golfsport prädestiniert. Allein die Costa del Sol besitzt zwischen Málaga und San Roque auf 85 km entlang der N 340 (Nationalstraße) die höchste Golfplatzdichte der Welt – 32 Plätze. Einer der schönsten ist der 18-Loch-Platz im Golf Club Marbella, N 340, km 199, ✆ 952 83 05 00. In der Hotelliste sind die besten Golf-Hotels aufgenommen.
Auskunft erteilt (auch deutschsprachig):
Golfpoint, ✆ 952 81 49 19, Fax 952 90 82 88
www.golfpointspain.com

Reiten:
Schon vor mehr als 10 000 Jahren wurde in Andalusien geritten. Das belegen Höhlenzeichnungen. Im Zuchtpferdeland gehört Reiten zu den großen touristischen Angeboten (s. Jerez). Schöne Hotels mit Reitmöglichkeit sind in der Hotelliste aufgenommen. Auskünfte:
www.caballosdeandalucia.com

Empfehlenswerte Reiterhöfe sind:
Escuela de Arte Ecuestre Costa del Sol
N 340, km 159, C/Rio Padrón
Estepona
✆ 952 80 80 77, Fax 952 80 80 78
www.escuela-ecuestre.com
Centro de Equitación Club El Ranchito
Calle Senda del Pilar 4, Torremolinos
✆ 952 38 30 63
www.ranchito.com
Club Hípico de Benalmadena Finca Los Caballeros
Urb. Torrequebrada Norte
29639 Benalmádena
✆ 952 56 84 84, Fax 952 56 82 00
www.clubhipico.com

Segeln:
Real Federación Española de Vela
– Luis de Salazar 9, 28002 Madrid
✆ 915 19 50 08
– Av. Ramón de Carranza 26–27, 11006 Cádiz
✆ 956 07 01 94, www.rfev.es
Federación Andaluza de Vela
Avda. de la Libertad s/n
11500 El Puerto de Santa María
✆ 956 85 48 13, www.rfev.es

Andalusien ist für den Golfsport prädestiniert: Golf Alimerimar (El Ejido, Provinz Almería)

Jachthäfen:
Andalusien hat als Zentrum des Segelsports über 18 Marinas mit 3600 Anlegeplätzen und an der Atlantikküste über zehn Marinas mit 1400 Anlegeplätzen. Eine komplette Auflistung und tabellarische Beschreibung der andalusischen Jachthäfen liefert die vom Spanischen Fremdenverkehrsamt herausgegebene Broschüre *»Instalaciones Náuticas en Andalucía«*. Auskünfte über:
Real Federación Española de Motonáutica
Av. América 33, 28002 Madrid
✆ 914 15 37 69, www.rfem.org

Skisport:
Skifahren kommt in Andalusien immer mehr in Mode. Das von November bis Ende Mai schneesichere Gebiet von **Solynieve** in der **Sierra Nevada** bietet etwa 50 km Piste für Anfänger und Fortgeschrittene sowie ein enges Netz von Seilbahnen, Sesselliften und Schleppliften. Ausgangspunkt ist das Dorf **Pradollano** (2100 m), etwa 30 km von Granada, dessen Zufahrt ganzjährig offen gehalten wird. Auskünfte erteilt:
Federación Andaluza de Montañismo
Camino de Ronda 101, 18003 Granada
✆ 958 29 13 40, www.fedamon.com
Federación Andaluza de Deportes de Invierno
C/ARABIAL 117, 18004 Granada
✆ 958 52 12 45, www.fadi.es
ATudEM
Padre Damian 43, 28036 Madrid
✆ 913 59 15 57, Fax 913 45 55 62
www.atudem.org
ATudEM gibt einen aktuellen Schneelage- und Pistenbericht heraus.

Tennis:
An der Costa del Sol und an der Costa de la Luz gibt es Hunderte von Tennisplätzen. Die meisten sind Hotels oder Apartmentsiedlungen angeschlossen.

Im Jachthafen von Benalmádena südwestlich von Málaga liegt eine neuzeitliche »Niña« vor Anker

Wandern:
Gut erschlossene Wandergebiete gibt es in den Alpujárras am Südrand der Sierra Nevada, in der Sierra Morena sowie der Sierra de Grazalema bei Ronda und in der Sierra de Cazorla y Segura.

Sprachführer

Alltag/Umgangsformen

¡Buenos días! Wer kennt diese Begrüßung nicht? Sie wird in Spanien bis zum Mittagessen verwendet. Danach sagt man schon *buenas tardes* bis zum Sonnenuntergang. Am späteren Abend sagt man *buenas noches*. Zu jeder Tageszeit können Sie *¿Hola, qué tal?* – Hallo, wie geht's? – verwenden. Dies ist zum Beispiel bei einer Vorstellung üblich. Geantwortet wird auf diese Frage entweder gar nicht oder mit einem einfachen *¡Bien!* – Gut!

Die Spanier sind in der Regel sehr hilfsbereit, freuen sich über ausländische Besucher und fragen neugierig nach deren Herkunft und dem Grund des Besuches.

Keine Panik, wenn Sie befürchten, zwar eine Frage stellen zu können, die Antwort aber nicht zu verstehen: Mit Körpersprache (wie z.B. mit einem Lächeln) kommt man fast immer weiter. Im Übrigen wissen Sie ja: *Sí* heißt ja, *no* nein. Und vergessen Sie nicht, sich zu bedanken – *gracias!*

¡Buenos días!	Guten Tag!
¡Buenas tardes!	Guten Abend!
¡Buenas noches!	Gute Nacht!
¡Hola!	Hallo!
¿Cómo está?	Wie geht es Ihnen?
¿Cómo estás?	Wie geht es dir?
¡Adiós!	Auf Wiedersehen/ Tschüss!
¡Buen viaje!	Gute Reise!
¡Hasta pronto!	Bis bald!
¡Hasta mañana!	Bis morgen!
Me alegro mucho de haberte conocido.	Schön, dich kennen gelernt zu haben.
sí/no/quizás	ja/nein/vielleicht
Me llamo …	Ich heiße …
¿Cómo te llamas?	Wie heißt du?
¿Cómo se llama?	Wie heißen Sie?
¡Perdón!	Entschuldigung!
¡Gracias!	Danke!
¡De nada!	Bitte schön/Keine Ursache!

Falls Sie nicht alles verstehen, können Sie sagen: *No entiendo. Por favor, hablame más despacio.* Wenn auch das nichts hilft, bleibt noch, sich das Gesagte aufschreiben zu lassen: *Por favor, escríbamelo.*

Autofahren

Sollten Sie mit dem Auto unterwegs sein, können Sie die folgenden Vokabeln sicher gut gebrauchen …

Was auf Straßenschildern steht

obras	Baustelle
el desvio	Umleitung
el callejón sin salida	Sackgasse
prohibido aparcar	Parkverbot
la tarjeta de estacionamiento	Parkscheibe
el peligro	Gefahr
la curva	Kurve

Rund ums Auto

Quisiera alquilar un coche.	Ich möchte ein Auto mieten.
un todoterreno	ein Geländewagen
una moto	ein Motorrad
un caravana	ein Wohnmobil
Me han abierto el coche.	Mein Auto ist aufgebrochen worden.
Por favor, déme su nombre y dirección/su seguro.	Bitte geben Sie mir Ihren Namen und Ihre Adresse/Ihre Versicherung an.
Usted iba demasiado rápido.	Sie sind zu schnell gefahren.
la licencia de conducir	Führerschein
Su documentación, por favor.	Ihre Papiere bitte.
Usted ha tomado mal la curva.	Sie haben die Kurve geschnitten.
Usted no ha respetado la distancia.	Sie sind zu dicht aufgefahren.
Yo iba a … kilómetros por hora.	Ich bin … km/h gefahren.
la autopista	Autobahn
el aparcamiento	Parkplatz
el parquímetro	Parkuhr
la máquina expendedora de tickets	Parkscheinautomat
¿Se puede aparcar aquí?	Kann ich hier parken?
el cinturón de seguridad	Sicherheitsgurt
la gasolinera	Tankstelle
la gasolina	Benzin
sin plomo	bleifrei
gasoil, diesel	Diesel

Llene el depósito, por favor.	Bitte volltanken.
Por favor, cambie el aceite.	Machen Sie bitte einen Ölwechsel.
conducir	fahren
remolcar	abschleppen
reparar	reparieren
a la derecha/a la izquierda/todo recto	rechts/links/geradeaus
cruzar	überqueren
meter la marcha	Gang einlegen
el plano de la ciudad	Stadtplan
seguridad	Sicherheit
el atasco	Stau

En el tallermecánico	**In der Werkstatt**
He tenido un accidente.	Ich habe einen Unfall gehabt.
Se acabó la gasolina.	Ich habe kein Benzin mehr.
¿Podría usted remolcar mi coche?	Könnten Sie meinen Wagen abschleppen?
Mi coche no arranca.	Mein Auto springt nicht an.
La batería está descargada.	Die Batterie ist leer.
El freno se estropeó.	Die Bremse ist defekt.
el taller	Werkstatt
el aceite para el motor	Motoröl
el cambio de aceite	Ölwechsel
el motor	Motor
el cambio de marchas	Getriebe
la bujía	Zündkerze
el guardabarros	Kotflügel
el carburador	Vergaser
el intermitente	Blinker
el neumático	Reifen
el arranque	Anlasser
el limpiaparabrisas	Scheibenwischer
la dínamo	Lichtmaschine
el faro	Scheinwerfer
el radiador	Kühler

Einkaufen

¿Cuánto cuesta …?	Was kostet …?
el dinero	Geld
la caja	Kasse
gastar	ausgeben
pagar	bezahlen
vender	verkaufen
la oferta	Sonderangebot
el escarparate	Schaufenster
Un poco menos, por favor.	Etwas weniger bitte.
Un poco más, por favor.	Etwas mehr bitte.
más pequeño/más grande	kleiner/größer
¿Dónde puedo conseguir …?	Wo bekomme ich …?
Quisiera …	Ich hätte gerne …
Por favor, déme un paquete de …	Geben Sie mir bitte eine Packung …
Por favor, enséñeme …	Zeigen Sie mir bitte …
¿Qué desea?	Was wünschen Sie?
¿Le puedo ayudar en algo?	Kann ich Ihnen helfen?
¿Puedo probármelo?	Kann ich das anprobieren?
¿Puedo pagar con esta tarjeta de crédito?	Kann ich mit dieser Kreditkarte zahlen?
Quisiera algo más barato.	Ich hätte gerne etwas Billigeres.
demasiado caro	zu teuer
¿Tienen este modelo en otra talla?	Haben Sie das noch in einer anderen Größe?
¿Qué talla tiene usted?	Welche Größe haben Sie?
Tengo la talla …	Ich habe Größe …
las rebajas	Schlussverkauf
la camisa	Hemd
el pantalón	Hose
el pantalón vaquero	Jeans
el abrigo	Mantel
la falda	Rock
el vestido	Kleid
el traje	Kostüm
el panty	Strumpfhose
las medias	Strümpfe
la americana	Sakko
la chaqueta	Jacke
los zapatos	Schuhe
el pañuelo	Halstuch/Taschentuch

Colores y motivos	**Farben und Muster**
beige	beige
azul	blau
marrón	braun
amarillo	gelb
rojo	rot
verde	grün
negro	schwarz
blanco	weiß
gris	grau
unicolor	einfarbig
estampado	gemustert
a cuadros	kariert

Essen und Trinken

Wo bekommt man's

la panadería	Bäckerei
la carnicería	Fleischerei
la pescadería	Fischgeschäft
el mercado	Markt
el verdulero	Obst- und Gemüsehändler
la frutería	Obstgeschäft
el supermercado	Supermarkt

En el Restaurante	**Im Restaurant**
¿Dónde hay por aquí cerca un buen restaurante?	Wo gibt es hier in der Nähe ein gutes Restaurant?
¿Dónde hay por aquí cerca un restaurante barato?	Wo gibt es hier in der Nähe ein preiswertes Restaurant?
Por favor, una mesa para ... personas	Einen Tisch für … Personen bitte.
Quisiera reservar una mesa para … personas a las …	Ich möchte einen Tisch für … Personen um … Uhr reservieren.
¿Perdone, dónde están los servicios?	Entschuldigung, wo sind hier die Toiletten?
Allí detrás.	Dort hinten.
Por favor, la carta.	Die Karte bitte.
la carta de bebidas	Getränkekarte
Quisiera comer algo.	Ich möchte gerne essen.
¿Qué me recomienda?	Was empfehlen Sie mir?
Le recomiendo …	Ich empfehle Ihnen …
¿Tienen comida vegetariana?	Haben Sie vegetarische Gerichte?
Quisiera una ración …	Ich möchte eine Portion …
No voy a tomar primer plato.	Danke, ich nehme keine Vorspeise.
Quisiera una cerveza.	Ich möchte ein Bier.
Quisiera un vino tinto.	Ich möchte einen Rotwein.
¡Que aproveche!	Guten Appetit!
¡Salud!	Zum Wohl!
Quisiera pagar.	Ich möchte zahlen.
Por favor, cuentas separadas.	Wir möchten getrennt bezahlen.
Por favor, todo junto.	Alles zusammen bitte.
Por favor, me hace una factura.	Ich möchte eine Quittung.
¿Le ha gustado?	Hat es Ihnen geschmeckt?
Estaba todo muy bueno, gracias.	Danke, sehr gut.
comer	essen
beber	trinken
el agua mineral sin gas	Mineralwasser ohne Kohlensäure
el agua mineral con gas	Mineralwasser mit Kohlensäure
la cerveza	Bier
el zumo	Fruchtsaft
el vaso	Wasserglas
la botella	Flasche

Mariscos/pescado	**Muscheln/Schalentiere/Fisch**
los mariscos	Meeresfrüchte
los mejillones	Miesmuscheln (gefüllt: *tigres*, in Essig und Öl: *en ventresca*)
el salpicón de mariscos	Salat aus Meeresfrüchten
los cangrejos de río	Flusskrebse
los cangrejos de mar	Meereskrebse
la langosta	Languste
los boquerones	Sardinen
el atún	Thunfisch
la dorada	Goldbrasse
la caballa asada	gegrillte Makrele
la merluza	Seehecht
la anguila	Aal
la trucha	Forelle
el pez espada	Schwertfisch
las sardinas al espeto	Sardinen am Spieß
el salmón	Lachs

Platos de carnes	**Fleischgerichte**
el cerdo	Schwein
el solomillo de cerdo	Schweinefilet
el conejo	Kaninchen
el conejo al ajillo	mit Öl und Knoblauch gebratenes Kaninchen
el escalope	Schnitzel
el filete de ternera	Kalbsschnitzel
el estofado de cordero	Lammragout
las chuletas de cordero	Lammkoteletts
la vaca	Rind
la chanfaina	geschmorte Leber und Lunge
la parillada de carne	verschiedene Sorten Grillfleisch
la brocheta de carne	Fleischspieß
el bistec	Beefsteak
el cochinillo	Spanferkel
la pata	Keule
el cabrito	Zicklein

SERVICE von A–Z

Aves	**Geflügel**
el pavo	Truthahn
el pollo	Hähnchen
el pollo asado	Brathähnchen
el pollo en salsa de Jerez	Hähnchen in Sherrysoße
las codornices	Wachteln
Pastas	**Teigwaren**
la empanada	gefüllte Teigpastete
Arroz	**Reisgerichte**
el arroz	Reis
arroz a la banda	mit Fisch und Meeresfrüchten
arroz a la cubana	mit Tomaten, Spiegelei und Banane
arroz con costra	mit Fleisch, Gemüse und geschlagenem Ei
arroz negro	mit Tintenfischsud
el caldero	Reispfanne mit Fischen
la paella mixta	Reispfanne mit Fisch, Meeresfrüchten, Fleisch und Gemüse
Un diccionario de Tapas	**Tapas-ABC**
aceitunas	Oliven
albóndigas	Hackfleischbällchen in Soße
alcachovas con jamón	Artischocken mit Schinken
berenjenas	Auberginen
fritas	fritiert
rellenas	gefüllt
gratinadas	überbacken
con miel	mit Honig
caracoles	Schnecken
coquinas	kleine ovale Venusmuscheln mit Knoblauch und *vino fino*, eine der köstlichsten Tapas Andalusiens
chanquetas	fritierter Fisch aus Málaga und Almería
flamenquín	panierte und fritierte Käse-Schinken-Rolle
gitana	große, weißgestreifte Schnecke aus Huelva, in Sevilla heißt sie *cabrilla*
habas con jamon	kleine dicke Bohnen oder Babysaubohnen mit Schinken – typisch für Granada
pan con aceite	Weißbrot mit Olivenöl beträufelt, das typische Frühstück in ganz Andalusien
patatas alioli	Kartoffelsalat mit Knoblauchmayonnaise
papatas bravas	Kartoffeln mit scharfer Soße
tortilla española	spanisches Kartoffelomlett
picadillo	Salat aus klein gehacktem Gemüse
pincho moruno	gebratener Fleischspieß, vorher in Pökelsoße gewälzt
salmorejo	kalte Tomatencreme mit Ei und Schinken
gazpacho	kalte Tomaten-Gurken-Suppe
ajo blanco	weiße Gazpacho aus Mandeln mit Knoblauch, Apfel und Rosinen
jamón serrano	luftgetrockneter Bergschinken
jamón ibérico, pata negra, jamón de bellota	Schinken bester Qualität
ensalada remajón	Stockfischsalat mit Oliven und Orangenfilets, typisch in Granada
choco	Tintenfisch in Wacholdersoße
Verduras	**Gemüse**
espárragos	Spargel
espinacas	Spinat
perejíl	Petersilie
judías verdes	Bohnen
guisantes	Erbsen
patatas	Kartoffeln
ensalada mixta	gemischter Salat
tomate	Tomate
pepino	Gurke
calabacín	Zucchini
brécol	Brokkoli
cebolla	Zwiebel
maíz	Mais
Frutas	**Obst**
la manzana	Apfel
la pera	Birne
las fresas	Erdbeeren
las frambuesas	Himbeeren

las cerezas	Kirschen
el melón	Melone
el melocotón	Pfirsich
el plátano	Banane
el limón	Zitrone
la naranja	Orange
las uvas	Weintrauben

Además	**Was es sonst noch gibt**
la leche	Milch
la nata	Sahne
el queso	Käse
el yogur	Joghurt
el huevo	Ei
la mantequilla	Butter
especiales	Gewürze
el ajo	Knoblauch
la sal	Salz
la pimienta	Pfeffer
la guindilla	scharfe Pepperoni
el estragón	Estragon
el orégano	Oregano
el azúcar	Zucker
el vinagre	Essig
el aceite de oliva	Olivenöl
la miel	Honig
el café	Kaffee

En la panadería	**Beim Bäcker**
el pan	Brot
una barra de pan	eine Stange Brot
pan integral	Vollkornbrot
bocadillo	belegtes Brot
pasteles	Gebäck
la tarta	Kuchen/Torte

Kosmetik/Presse/Bank/Öffentliche Verkehrsmittel

Was Sie für die Körperpflege brauchen

el cepillo de dientes	Zahnbürste
la pasta dentífrica	Zahnpasta
los algodones	Wattepads
la navaja de afeitar	Rasiercreme
el cuchillo de afeitar	Rasierklinge
el peine	Kamm
el cepillo	Haarbürste
el lápiz de labios	Lippenstift
el jabón	Seife
el champú	Shampoo
el secador de pelo	Fön
los pañuelos kleenex	Papiertaschentücher
las toallas de cosmética	Kosmetiktücher
la loción corporal	Körperlotion
el desodorante	Deo
la protección contra los mosquitos	Mückenschutz

En el quiosco	**Im Zeitschriftenladen**
el periódico	Zeitung
la revista	Zeitschrift/Illustrierte
Quisiera un periódico alemán.	Ich hätte gerne eine deutsche Zeitung.
el sello	Briefmarke
el papel para cartas	Briefpapier
el sobre	Briefumschlag
el papel	Papier
el bolígrafo	Kugelschreiber
el libro	Buch
la novela	Roman

En el banco	**In der Bank**
¿Perdón, dónde hay un banco por aquí?	Entschuldigen Sie bitte, wo ist hier eine Bank?
¿Hasta cuándo está abierto el banco?	Wie lange ist die Bank geöffnet?
Quisiera retirar dinero.	Ich möchte Geld abheben.
Déme también cambio, por favor.	Geben Sie mir bitte auch etwas Kleingeld.
el efectivo, el dinero contado	Bargeld
el cajero automático	Geldautomat
el importe máximo	Höchstbetrag
la tarjeta de crédito	Kreditkarte
la transferencia	Überweisung
la firma	Unterschrift

Transporte público	**Öffentliche Verkehrsmittel**
el tren	Zug
la estación de trenes/ RENFE	Bahnhof
el autobús	Bus
el metro	U-Bahn
el avión	Flugzeug
el aeropuerto	Flughafen
el barco	Schiff
el puerto	Hafen
el ferry	Fähre

Asistencia médica	**Medizinische Versorgung**

En el médico	**Beim Arzt**
el médico	Arzt

el dentista	Zahnarzt
Tengo …	Ich habe …
¿Hay alguien aquí que hable alemán?	Gibt es hier jemanden, der Deutsch spricht?
Mi marido/mujer está enfermo/enferma.	Mein Mann/meine Frau ist krank.
Tengo una indigestión.	Ich habe mir den Magen verdorben.
He vomitado.	Ich habe mich übergeben.
Estoy muy resfriado/resfriada.	Ich bin stark erkältet.
Estoy embarazada de … meses.	Ich bin im … Monat schwanger.
Tengo la tensión alta/baja.	Ich habe einen hohen/niedrigen Blutdruck.
Tengo dolores aquí.	Hier habe ich Schmerzen.
Me he herido.	Ich habe mich verletzt.
Me he caído.	Ich bin gestürzt.
la boca	Mund
el brazo	Arm
el tobillo	Knöchel
el corazón	Herz
el diente	Zahn
la rodilla	Knie
la pierna	Bein
la mano	Hand
el ojo	Auge
el oído	Ohr
la piel	Haut
el pie	Fuß
la cabeza	Kopf
la espalda	Rücken
las diarreas	Durchfall
vomitar	erbrechen
las náuseas	Brechreiz
la tos	Husten
el dolor de cabeza	Kopfschmerzen
los trastornos circulatorios	Kreislaufstörungen
el lumbago	Hexenschuss
la quemadura solar	Sonnenbrand
el mareo	Schwindel
la alergia	Allergie, Heuschnupfen
la gripe	Grippe
la pomada, el ungüento	Salbe, Wundsalbe
los comprimidos	Tabletten
el somnífero	Schlaftablette
las gotas	Tropfen
el remedio contra el dolor	Schmerzmittel
los vendajes	Verbandszeug
las pastillas de carbón	Kohletabletten

Wo? Wie? Was? – Orientierung

Wie man nach dem Weg fragt (und die Antwort versteht)

¿Perdone, dónde está …?	Entschuldigung, wo ist …?
¿Por dónde se va a …?	Wie komme ich nach …?
¿Cuál es el camino más rápido a la estación de trenes?	Wie komme ich am schnellsten zum Bahnhof?
¿Cómo llego a la autopista?	Wie komme ich zur Autobahn?
Todo recto.	Geradeaus.
A la derecha.	Nach rechts.
A la izquierda.	Nach links.
Cruce el puente.	Überqueren Sie die Brücke.
¿Esta callelleva a …?	Ist das die Straße nach …?

Welche Sehenswürdigkeiten gibt es in der Stadt

el puente	Brücke
el palacio	Schloss
el anfiteatro	Amphitheater
la fuente	Brunnen
el monumento	Denkmal
el río	Fluss
la iglesia	Kirche
la catedrál	Kathedrale
la mezquita	Moschee
el museo	Museum
el ayuntamiento	Rathaus
la ruina	Ruine

Llamar por teléfono — Telefonieren

¿Dónde puedo llamar por teléfono?	Wo kann ich hier telefonieren?
¿Podría indicarme dónde hay una cabina telefónica?	Können Sie mir bitte sagen, wo hier eine Telefonzelle ist?
¿Dónde puedo comprar una tarjeta telefónica?	Wo bekomme ich eine Telefonkarte?
¿Cuál es el prefijo de …?	Wie ist die Vorwahl von …?
No contesta nadie.	Es meldet sich niemand.
Inténtelo otra vez.	Versuchen Sie es noch einmal.
La línea está comunica.	Die Leitung ist besetzt.

Alojamiento	**Unterkunft**
¿Sabe usted dónde puedo encontrar una habitación?	Wissen Sie, wo ich hier ein Zimmer finden kann?
Busco un alojamiento.	Ich suche eine Unterkunft.
¿Cuánto cuesta?	Wie viel kostet es?
¿Puede hacerme allí una reserva?	Können Sie für mich dort reservieren?
¿Está lejos de aquí?	Ist es weit von hier?
¿Cómo llego ahí/allí?	Wie komme ich dorthin?
¿Tiene alguna habitación doble/individual libre?	Haben Sie ein Doppel zimmer/Einzelzimmer frei?
¿Puedo ver la habitación?	Kann ich mir das Zimmer ansehen?
¿Puede poner una cama para un niño?	Können Sie ein Kinderbett aufstellen?
el lavado con baño	Waschbecken mit Bad
Mañana salimos.	Wir reisen morgen ab.
Prepare la cuenta, por favor.	Machen Sie bitte die Rechnung fertig.
Por favor, llame un taxi.	Rufen Sie bitte ein Taxi.
el camping	Campingplatz
la tienda de campaña	Zelt

El tiempo	**Wetter**
¿Qué tiempo hará hoy?	Wie wird das Wetter heute?
Hará calor.	Es wird warm.
mucho calor	heiß
frío	kalt
fresco	kühl
Hace bochornoso.	Es ist schwül.
Hay tormenta.	Es ist stürmisch.
¿Cuántos grados tenemos?	Wie viel Grad haben wir?
la nubosidad	Bewölkung
la tormenta	Gewitter
el calor	Hitze
la lluvia	Regen
el sol	Sonne
el viento	Wind
la nube	Wolke

Numeros	**Zahlen**
cero	null
uno	eins
dos	zwei
tres	drei
cuatro	vier
cinco	fünf
seis	sechs
siete	sieben
ocho	acht
nueve	neun
diez	zehn
once	elf
doce	zwölf
trece	dreizehn
catorce	vierzehn
quince	fünfzehn
dieciséis	sechzehn
diecisiete	siebzehn
dieciocho	achtzehn
diecinueve	neunzehn
veinte	zwanzig
treinta	dreißig
cuarenta	vierzig
cincuenta	fünfzig
sesenta	sechzig
setenta	siebzig
ochenta	achtzig
noventa	neunzig
cien	hundert
mil	tausend

Fechas/horas/calendario
Zeitangaben/Kalender

¿Qué hora es?	Wie spät ist es?
Es la una.	Es ist 1 Uhr.
A las nueve aproximadamente.	Ungefähr um 9 Uhr.
hoy	heute
ayor	gestern
anteayer	vorgestern
mañana	morgen
pasado mañana	übermorgen
por la mañana	vormittags
por la tarde	nachmittags/abends
temprano	früh
tarde	spät
el día	Tag
la semana	Woche
el mes	Monat
el año	Jahr
el lunes	Montag
el martes	Dienstag
el miércoles	Mittwoch
el jueves	Donnerstag
el viernes	Freitag
el sábado	Samstag
el domingo	Sonntag

enero	Januar
febrero	Februar
marzo	März
abril	April
mayo	Mai
junio	Juni
julio	Juli
agosto	August
septiembre	September
octubre	Oktober
noviembre	November
diciembre	Dezember
primavera	Frühling
verano	Sommer
otoño	Herbst
invierno	Winter

Strom

Üblich sind 220 Volt. Einen Adapter braucht man selbst in älteren Häusern nicht mehr. Die modernen Hotelketten haben Wifi und PC-Anschlüsse.

Telefon/Post

In Spanien sprießen die **Locutorios** nur so aus dem Boden, Büros, in denen man billig telefonieren kann, genutzt von den vielen lateinamerikanischen Einwanderern, die in die Heimat anrufen wollen. Es gibt deshalb auch jede Menge Internet-Cafés für diese Leute, die sich keinen eigenen Computer leisten können. Es stehen außerdem öffentliche Telefonapparate zur Verfügung, für die entweder eine *tarjeta de teléfono* nötig ist, erhältlich in Tabakgeschäften und an Kiosken, die zugleich aber auch mit Münzen funktionieren. Vom Hotelzimmer aus ist es etwas teurer, doch bei einem kurzen Anruf spielt der Preisunterschied der Bequemlichkeit zuliebe kaum eine Rolle. Mobiltelefone aus Deutschland funktionieren sowieso auch in Spanien.

In Spanien gibt es keine Ortsvorwahlnummern mehr, sie sind Bestandteil der Telefonnummer und werden auch bei Ortsgesprächen mitgewählt.

Aus Spanien ins Ausland wählt man 00 und tippt dann die Landesvorwahl ein (Deutschland ✆ 49, Schweiz ✆ 41, Österreich ✆ 43), dann die nachfolgende Ortsvorwahl ohne die 0. Die Vorwahl nach Spanien ist +34, die 9 am Anfang einer Ortsnummer muss stets mitgewählt werden. Vom Zimmertelefon im Hotel wählt man meist die 0 vor, um ein Amt zu bekommen und dann + 49 für Deutschland.

Die Postämter sind Mo–Fr von 9–13 oder 14 Uhr geöffnet. Das Porto für Karten und Briefe in EU-Länder und die Schweiz beträgt € 0,62. Briefmarken gibt es außer in den dünn gesäten Postämtern in Tabakgeschäften und vielen Hotels. Karten und Briefe nach *Alemania*, *Suiza* oder *Austria* sind etwa eine Woche unterwegs.

Telefonauskunft:
Inland ✆ 118 18
International ✆ 118 25
Gelbe Seiten ✆ 118 88

Trinkgeld

Trinkgeld erhalten Gepäckträger, Zimmermädchen, Taxifahrer in der Regel nicht. Richtwert für die Bedienung im Restaurant sind fünf bis zehn Prozent. Am Tresen in der Bar lässt man normalerweise kein Trinkgeld.

Andalusier bezahlen im Lokal meist alles zusammen. Nach der zweiten oder dritten Einladung dürfen Sie ruhig mal in aller Heimlichkeit beim Kellner vorsprechen und schnell die Rechnung übernehmen, auch wenn Sie »zum Dank« noch zwei Gläser mehr leeren müssen.

Unterkunft

Es ist nicht ganz einfach, sich im Kategorisierungssystem des spanischen Hotelwesens zurechtzufinden. Die Sternezahl lässt nur begrenzt auf den Komfort schließen. Die spanischen Hotelpreise sind mit der Euroumstellung sehr in die Höhe geschnellt, von der Sternzahl in Relation zum Komfort sollte man gedanklich einen abziehen. Garantiert gut aufgehoben sind Sie in den *Paradores Nacionales* (siehe Hotels, S. 169). Das sind staatliche Hotels in ausgesuchter Lage, meist in alten, restaurierten Burgen oder Klöstern, die durchgängig über einen hohen Standard an Komfort und über einen ausgezeichneten Service verfügen.

Außerdem gibt es die *Hostales*, die manchmal kleinen Luxushotels entsprechen, aber auch nur einfache Familienpensionen sein können. Normalerweise haben die *Hostales* kein Restaurant.

Für Leute mit schmalerem Geldbeutel sind die *Pensiones* interessant, die Privatpensionen, die oft nur mit dem Schild *camas* (Betten) bezeichnet sind. Sie verfügen meist über keinerlei Komfort und haben Gemeinschaftsduschen, sind dafür aber zahlreich in netten alten Stadtvierteln angesiedelt, was für so manchen Mangel entschädigt. Vorwiegend in Strandzonen kann man sich ein Apartment oder einen vornehmen Bungalow mieten, doch meist nur für mindestens zwei Wochen.

Wenn man seinen Reiseplan im Voraus festlegen kann, empfiehlt sich eine Reservierung, bei der die Hotels die Angabe einer Kreditkartennummer erwarten. Meist gibt es keine Probleme, noch im letzten Moment eine Unterkunft zu finden. Eine Ausnahme bildet die Zeit der großen Feste, z.B. der Semana Santa in Sevilla. Dafür müssen Sie schon Monate im Voraus buchen und zudem rund das Doppelte oder gar das Dreifache der Standardpreise entrichten. Deshalb empfiehlt es sich, zu diesen Zeiten weiter außerhalb zu nächtigen.

Die Generaldirektion für Tourismus gibt alljährlich einen nach Provinzen geordneten *Hotel-, Apartment- und Campingführer* heraus, der über die spanischen Fremdenverkehrsämter im In- und Ausland zu beziehen ist.

Eine gute Möglichkeit, Land und Leute kennen zu lernen, preiswert zudem, ist das Buchen von Ferienzimmern und -wohnungen:

RAAR –
Red Andaluza de Alojamientos Rurales
C/Sagunto 8
04004 Almería
✆ 950 28 00 93, Fax 950 27 04 31 (auch deutsch)
www.raar.es

Naturverbundene haben in Andalusien die Möglichkeit, in abgelegenen Dörfern in Naturparks zu übernachten. Vermittelt werden alte, durchweg gut renovierte Häuser, für die pro Woche 200–€ 300 zu zahlen sind. Besonders geeignet für Familien, Naturfreunde und Liebhaber abgeschiedener Urlaubsorte.

Information und Buchung:
Rural-Andalus
Calle Montes de Oca 18
29007 Málaga
✆ 902 43 15 83, Fax 952 64 12 62
www.ruralandalus.es

Zeitzone

In Andalusien gilt die mitteleuropäische Zeit, es gibt keine Zeitverschiebung.

An der Costa del Sol

Orts- und Sachregister

Die **fetten** Hervorhebungen verweisen auf ausführliche Erwähnungen, *kursiv* gesetzte Begriffe und Seitenzahlen beziehen sich auf den Service von A–Z.

Orts- und Sachregister/ Namenregister

Namenregister

Namenregister

Bildnachweis

Fridmar Damm, Köln: S. 4, 5 o., 16/17, 19 u., 61 o., 64, 68 o., 77, 88 u., 97, 99 o., 100
Franz Marc Frei, München: S. 20, 51, 59 o., 62, 66, 68 u., 72 o., 81, 83 u., 87, 90 o., 92, 121, 122 u.
Dirk Gasse, Karlsruhe: S. 33 u.
Herbert Hartmann, München: S. 80, 112 u., 113, 115, 116, 117, 118, 119, 120, 128 o., 133
János Kalmár, Wien: S. 32, 104, 106 o.
Ralph Lueger, Essen: S. 111, 125, 126, 127
Anna Neumann/laif, Köln: S. 24, 50, 129 u.
Johannes Spiegel-Schmidt, Ansbach: S. 31, 42, 70 o.
Turespaña: S. 5 u., 6, 8 o., 8 u., 9 o.r., 19 o., 21 o., 21 u., 22 u., 23 o., 23 u., 26 o., 27 o., 27 u., 28, 29, 30 o., 34, 37, 38, 40 u., 41, 47 r., 48/49, 53 o., 55 o., 55 u., 56, 57, 58, 83 o., 85, 86, 88 o., 90 u., 91 o., 91 u., 95 u., 105 o., 106 u., 107, 112 o., 124 o., 124 u., 131 o., 132, 137, 147, 148, 156, 158, 161, 162, 171
Turismo Antequera: S. 95 o., 122 o., 123, 128 u., 129 o.
Turismo de Ronda: S. 33 o.
Turismo de Sevilla: S. 9 u., 15 u., 63 o., 65 u., 67, 72 u.
Vista Point Verlag (Archiv), Köln: S. 10 o., 10 u., 11 u., 12 o., 12 u., 13 o., 13 u., 15 o., 30 u., 44 u., 45 o., 45 / 2.v.o., 45 / 3.v.o., 45 u., 49 o., 59 u., 61 u., 63 u., 65 o., 84 o., 96, 99 u., 101, 102, 103, 105 u.
White Star, Hamburg: S. 7, 9 o.l., 11 o., 22 o., 25, 26 u., 35 o., 35 u., 40 o., 43, 44 o., 46, 47 l., 52, 53 u., 69 o., 69 u., 70/71, 73 o., 73 u., 75, 78, 79, 84 u., 93, 108, 109, 130, 131 u., 134/135, 136, 155, 159

Umschlagvorderseite: Sevilla – Höhepunkt jeder Alcázar-Besichtigung ist der Botschaftersaal. Foto: Fridmar Damm, Köln
Vordere Umschlagklappe (innen): Übersichtskarte des Reisegebietes
Schmutztitel (S. 1): Zur Wallfahrt nach El Rocío sind die Pilger schmuck herausgeputzt. Foto: White Star, Hamburg
Innentitel (S. 2/3): Blick auf das Bergdorf Competa nördlich von Nerja. Foto: Ralph Lueger, Essen
Hintere Umschlagklappe (außen): Farbige Blütenteppiche bestimmen häufig die andalusische Landschaft. Foto: White Star, Hamburg
Umschlagrückseite: Der Stierkampf hat in Andalusien seine Wiege, Foto: Fotolia, Emmanuel Steffan (oben); Algodonales nordwestlich von Ronda, Foto: Dirk Gasse, Karlsruhe (Mitte); Der Löwenhof in der Alhambra in Granada, Foto: Fridmar Damm, Köln (unten)

Gaia ist eine Marke der Vista Point Verlag GmbH, Köln

Verlegerische Leitung und Reihenkonzeption: Horst Schmidt-Brümmer, Andreas Schulz
Bildredaktion: Andrea Herfurth-Schindler
Textredaktion: Kristina Linke, Assistenz: Amrei Risse
Lektorat: Christina Richter/Textagentur Da Rin
Layout und Herstellung: Sandra Penno-Vesper
Illustrationen: Martina Pütz, Köln
Kartographie: Borch GmbH, Fürstenfeldbruck; Kartographie Huber, München
Gedruckt auf chlorfrei gebleichtem Papier

ISBN 978-3-86871-421-0